$L\,n^{\circ}\overset{87}{598}$

MÉMOIRES

DU

MARQUIS D'ARGENS.

Les Contrefacteurs et Débitans de Contrefaçons seront poursuivis. En conséquence, deux Exemplaires de cet Ouvrage ont été déposés, en vertu de la Loi, à la Bibliothèque Impériale.
Paris, ce 10 mars 1807.

Libraire, rue Gît-le-Cœur, n° 10.

DE L'IMPRIMERIE DE Mme VEUVE JEUNEHOMME,
RUE DE SORBONNE, n° 4.

MONUMENT élevé au Marquis d'Argens, à AIX, en 1775, par Frédéric le Grand, Roi de Prusse.

MÉMOIRES

DU

MARQUIS D'ARGENS,

CHAMBELLAN

DE FRÉDÉRIC-LE-GRAND,

ROI DE PRUSSE,

ET DIRECTEUR DE L'ACADÉMIE ROYALE DE BERLIN;

CONTENANT

Le Récit des Aventures de sa Jeunesse, des Anecdotes et des Observations sur plusieurs Événemens du Règne de Louis XV, et des Personnes de ce temps.

NOUVELLE ÉDITION,

Précédée d'une Notice Historique sur la Vie de l'Auteur; sur son séjour à la Cour de Frédéric II; sur ses relations avec ce Prince, et sur les Personnes dont il est parlé dans l'Ouvrage;

Et suivie de Lettres du même Auteur sur différens Sujets.

——

A PARIS,

Chez F. Buisson, Libraire, rue Gît-le-Cœur, n° 10, ci-devant rue Hautefeuille, n°s 20 et 23.

——

1807.

NOTICE HISTORIQUE

SUR

LE MARQUIS D'ARGENS,

SA RÉSIDENCE A LA COUR DE PRUSSE, ET SES OUVRAGES.

Le marquis d'Argens est un de ces hommes instruits du dernier siècle, qui se sont rendus plutôt remarquables qu'illustres par leurs opinions, leurs aventures et la réputation de leurs ouvrages.

Comme Saint-Evremond, le marquis d'Argens a passé une partie de sa vie en intrigues galantes, et l'autre à la cour d'un Prince et dans le commerce du grand monde; mais le premier avait un talent et un état dans la société au-dessus de l'autre. Quelques morceaux de Saint-Evremond, tels que les *Considérations sur le Peuple Romain*, annoncent du génie et un goût que l'on ne trouve pas dans l'auteur de la *Philosophie du Bon Sens*, ou des *Lettres Juives*.

Les écrits du marquis d'Argens ne sont

cependant pas sans mérite; ils ont eu un débit rapide; ils ont été lus avec avidité dans le temps, et, en cela, ils ressemblent à ceux de Saint-Evremond; mais la postérité y trouvera moins de choses à conserver que dans ceux de celui-ci.

Les premières années de la vie de Saint-Evremond sont inconnues; au moins jusqu'à présent n'a-t-on rien d'authentique qui en donne des détails. Le marquis d'Argens a écrit des mémoires de la sienne, qui se font lire avec plaisir, qui contiennent des faits piquans, dont la narration plaît, malgré quelques négligences de style et l'inconsidération de ces réflexions, que l'on nommait alors *philosophiques*, et que l'on peut plus convenablement appeler *d'un jeune homme*.

Il les commence à l'époque où les passions se font sentir; car c'est par l'essai d'une des plus entraînantes qu'il entre en matière, sans indiquer ni le lieu de sa naissance, ni l'état de ses parens.

Des renseignemens, puisés ailleurs, suppléent à son silence. Il naquit en 1704, à Aix, en Provence, de M. Boyer, marquis d'Argens, procureur-général au parlement de cette ville. Il était naturel que son père, qui occupait une des premières places de la magistrature, le destinât à cette honorable profession; mais l'ardeur du jeune âge, l'impatience d'agir, et l'idée que l'état militaire offre plus de chances aux plaisirs, lui fit préférer le parti des armes, où il entra, qu'il avait à peine quinze ans. Il servit d'abord dans le régiment de la *Marine*, et ensuite dans celui de *Richelieu*, après avoir été reçu chevalier de Malte : mais bientôt il oublia l'état qu'il avait embrassé; et ses amours avec la belle Sylvie, dont il fait l'histoire dans ses mémoires, n'y contribuèrent pas peu.

La pétulance et la fougue de sa jeunesse donnèrent beaucoup de tourmens à son père, qui le déshérita; mais dans la suite, M. d'Eguilles, son frère cadet, président au parlement d'Aix, annulla les effets de l'exhérédation, en appelant le marquis au partage de la succession, et en faisant rendre, par l'adoption, à une fille naturelle du marquis, les droits et le nom qu'elle tenait de son père. Il n'avait pas d'abord voulu y consentir, craignant, par-là, de faire quelque chose qui déplût à la famille; mais les raisons et les principes de justice que le magistrat fit valoir, l'emportèrent aisément dans son cœur; et mademoiselle Mina devint marquise d'Argens.

De retour d'un voyage d'Espagne, où il laissa Sylvie, sa maîtresse, il revint à Aix, se raccommoda avec sa famille, mais bientôt quitta la France et partit pour Constantinople, avec M. d'Andreselle, notre ambassadeur à la Porte, ainsi qu'il le rapporte dans ses *Mémoires*. On jugera de son caractère et de sa conduite dans cette ville, par cette anecdote que nous a conservée M. Thiébault, dans *ses Souvenirs*.

« Arrivé à Constantinople, dit cet auteur, il forma le dessein de voir les cérémonies usitées dans les mosquées (1) : rien ne put le détourner de cette entreprise périlleuse, dans laquelle, s'il eût été découvert ou trahi, il n'aurait pu échapper au supplice qu'en prenant le turban, c'est-à-dire qu'en se faisant musulman. Il s'adressa au Turc qui avait les clefs de la mosquée de Sainte-Sophie, et le gagna à force d'argent. Il fut convenu qu'à la prochaine grand'fête, l'infidèle introduirait le chrétien pendant la nuit, et en grand secret, et qu'il le cacherait derrière un tableau, placé depuis long-temps au fond de la tribune qui

---

(1) Les mosquées sont les temples des mahométans ; ils y remplissent certains devoirs que leur religion prescrit ; il y font les cérémonies de leur culte.

est au-dessus du portail. Le marquis devait être d'autant plus en sûreté dans cet endroit, que cette tribune n'était ordinairement ouverte à personne; que, de plus, elle était à l'occident de la mosquée, et que les mahométans devant toujours, dans leurs prières, être dirigés vers la Mecque, c'est-à-dire vers l'orient de Constantinople, nul d'eux ne pourrait retourner la tête sans causer un grand scandale; article sur lequel ils portent le scrupule jusqu'à ne sortir de leurs mosquées qu'à reculons.

» Le marquis d'Argens vit donc, assez à son aise, les cérémonies de la religion turque; cependant il causa de fréquentes alarmes à son guide; à chaque moment il quittait son asyle et s'avançait jusqu'au milieu de la tribune, pour mieux voir tout ce qui se passait dans la mosquée; sur quoi son pauvre Turc, qui savait ne pas risquer moins que d'être empalé, le conjurait par les signes et les gestes les plus expressifs, de se retirer bien vîte derrière son tableau. La frayeur de cet homme amusait singulièrement le chevalier de Malte, qui n'en était que plus porté à multiplier ses étourderies.

» Ce fût bien pis quand celui-ci s'avisa de tirer de sa poche un flacon de vin et un morceau de jambon, et qu'il se mit à faire usage de l'un et de l'autre : le disciple de Mahomet, troublé et confondu, se désespérait. Mais que faire ? il fallait tout supporter, pour ne pas découvrir son crime et périr ; il fallut même, car le marquis l'exigea, menaçant de se montrer si on ne lui obéissait pas ; il fallut que le Turc bût du vin et mordît du jambon, et que de cette sorte il profanât lui-même et son culte et sa mosquée. Ce malheureux fut quelques instans comme pétrifié ; il lui semblait voir le glaive de son prophète suspendu sur sa tête. Peu à peu, néanmoins, il se calma ; il se familiarisa même avec son crime, et lorsque tous les dévots furent sortis et qu'il se vit seul avec son chien de chrétien, on acheva le déjeuner de bonne grace, en riant du danger que l'on avait couru ; et enfin on se quitta bons amis. »

Le marquis d'Argens expose avec franchise les aventures de son voyage et les motifs de son retour en France, dans ses *Mémoires*. Son père voulut le déterminer à prendre la carrière des lois, et entrer dans la magistrature : le caractère fougueux du jeune homme ne se prêta pas à ses sages leçons ; il reprit le service militaire, et entra dans la cavalerie en

1733; il se trouva au siége de Kell, où il fut blessé légèrement; en 1734, après le siége de Philisbourg, il fit une chute de cheval qui le blessa tellement, qu'il ne put plus remonter la selle, et qu'il fut obligé de renoncer au service.

Il paraît que c'est à l'époque de son refus d'entrer dans la magistrature, lorsqu'il revint de Constantinople, que son père le déshérita, ne pouvant, à cause de la médiocrité de sa fortune, soutenir avec honneur les dépenses d'une vie aussi dissipée que celle que menait son fils.

Il fut donc forcé, à la sortie du service, de passer en Hollande pour y chercher des ressources dans sa plume. La liberté de la presse, qui y existait alors, lui permit de choisir le sujet qui lui semblerait bon; il publia successivement *les Lettres Juives, Chinoises, Cabalistiques*; elles furent goûtées, et lui produisirent de l'argent, presque toutes roulant sur des sujets de morale, de politique, sur les mœurs, les usages religieux et les travers des nations. La manière piquante dont elles sont écrites, la hardiesse de quelques idées, la singularité du cadre, les firent rechercher.

Les *Lettres Juives*, sur-tout, lui firent le plus de réputation: le roi de Prusse, qui n'était alors que prince royal, les lut et voulut en connaître l'auteur; il désira même l'attacher à son service, espérant le tirer par-là de l'état fâcheux où sa jeunesse l'avait jeté; il lui écrivit donc, et lui fit des offres utiles et honorables. Tout semblait assurer que le marquis accepterait avec d'autant plus d'empressement, qu'on ne lui proposait que de vivre en amis, et de philosopher ensemble; cependant sa réponse ne fut point telle qu'on l'attendait. Après des témoignages d'une juste reconnaissance, il ajouta : « Daignez considérer, monseigneur, que pour me rendre auprès de vous il faudrait passer bien près des trois bataillons de gardes qui sont à Postdam ; le puis-je sans danger, moi qui ai cinq pieds sept pouces, et qui suis assez bien fait de ma personne (1)? »

Il n'eût peut-être pas été sûr, en effet, pour le marquis d'Argens, âgé alors d'environ trente ans, de venir en Prusse, et si près de la demeure de Frédéric-Guillaume, père de celui qui lui écrivait

Le monarque était un homme du connaître des lettres, et mettant toute sa gloire et son

(1) Thiébault, t. v, p. 325.

plaisir à avoir dans ses troupes les plus grands et les plus beaux soldats de l'Europe, et d'immenses trésors dans ses caves.

« Frédéric Guillaume, dit Voltaire, était un véritable vandale, qui, dans tout son règne, n'avait songé qu'à amasser de l'argent et à entretenir, à moins de frais qu'il le pouvait, les plus belles troupes de l'Europe. Jamais sujets ne furent plus pauvres que les siens, et jamais roi ne fut plus riche: la Turquie est une république en comparaison du despotisme qu'exerçait Frédéric-Guillaume. C'est par ce moyen qu'il parvint à entasser dans les caves de son palais plus de quatre-vingts millions, enfermés dans des tonneaux garnis de cercles de fer.

» Le monarque sortait à pied de son palais, vêtu d'un méchant habit de drap bleu à boutons de cuivre, qui lui venait à moitié des cuisses; et quand il achetait un habit neuf, il faisait servir ses vieux boutons. C'est dans cet équipage que sa Majesté, armée d'une grosse canne de sergent, faisait tous les jours la revue de son régiment de géans; ce régiment était

(1) Mémoire pour servir à la Vie de Voltaire. In-8°, p. 6, etc.

son goût favori et sa plus grande dépense; le premier rang de sa compagnie était composé d'hommes de sept pieds; il les faisait acheter au bout de l'Europe et de l'Asie; j'en vis encore quelques-uns après sa mort.

» Quand Frédéric-Guillaume avait fait sa revue, il allait se promener par la ville; tout le monde s'enfuyait au plus vite. S'il rencontrait une femme, il lui demandait pourquoi elle perdait son temps dans la rue. « Va-t-en chez toi, gueuse ! une honnête femme doit être dans son ménage. » Il accompagnait cette remontrance d'un bon soufflet, ou d'un coup de pied ou de coups de canne; c'est ainsi qu'il traitait aussi les ministres du Saint-Evangile, quand il leur prenait fantaisie d'aller voir la parade.

» On peut juger, continue Voltaire, si ce barbare était étonné et fâché d'avoir un fils plein d'esprit et de grace, de politesse et d'envie de plaire, qui cherchait à s'instruire et qui faisait de la musique et des vers. Voyait-il un livre dans les mains du prince héréditaire, il le jetait au feu; le prince jouait-il de la flûte, le père cassait la flûte, et quelquefois traitait son altesse royale comme il traitait les dames et les prédicans à la parade.

» Le prince, lassé de la conduite de son père, résolut un beau matin, en 1730, de s'enfuir, sans bien savoir encore s'il irait en Angleterre ou en France : l'économie paternelle ne le mettait pas à portée de voyager comme le fils d'un fermier-général ou d'un marchand anglais ; il emprunta quelques centaines de ducats. Deux jeunes gens fort aimables, Kat et Keil, devaient l'accompagner. Kat était le fils unique d'un brave officier-général, et Keil était gendre d'une baronne de Kniphausen, que Frédéric-Guillaume fit condamner à trente mille francs d'amende parce qu'elle fit un enfant, quoique veuve. Le jour et l'heure du départ étaient fixés : le père fut informé de tout; on arrêta le prince et ses deux compagnons de voyage. Le roi crut d'abord que la princesse Guillemine, sa fille, qui épousa depuis le margrave de Bareith, était du complot; et comme il était expéditif en fait de justice, il la jeta, à coups de pied, par une fenêtre qui s'ouvrait jusqu'au plancher. La reine-mère, qui se trouva à cette expédition, dans le temps que Guillemine, sa fille, allait faire le saut, la retint à peine par ses jupes. Il resta à la princesse une contusion au-dessus du teton gauche, qu'elle a conservée toute sa vie.

» Ce prince avait une espèce de maîtresse, fille d'un maître d'école de la ville de Brandebourg, établie à Postdam : elle jouait du clavecin assez mal ; le prince royal l'accompagnait de la flûte ; il crut être amoureux d'elle ; cependant, comme il avait fait semblant de l'aimer, le père fit faire à cette demoiselle le tour de la place de Postdam, conduite par le bourreau qui la fouettait sous les yeux de son fils.

» Après l'avoir régalé de ce spectacle, il le fit transférer à la citadelle de Custrin, située au milieu d'un marais. C'est là qu'il fut enfermé six mois, sans domestiques, dans une espèce de cachot, et au bout de six mois on lui donna un soldat pour le servir.

» Le prince était depuis quelques semaines dans ce château de Custrin, lorsqu'un jour un vieil officier, suivi de quatre grenadiers, entra dans sa chambre, fondant en larmes. Frédéric ne douta point qu'on ne vînt lui couper le cou ; mais l'officier, toujours pleurant, le fit prendre par les quatre grenadiers qui le placèrent à la fenêtre, et qui lui tinrent la tête tandis que l'on coupait celle de son ami Kat, sur un échafaud dressé immédiatement sous sa croisée. Il tendit la main à Kat et s'évanouit. Le père était présent à ce specta- tacle, comme il l'avait été à celui de la fille fouettée. »

L'on juge facilement que le marquis d'Argens eut de solides raisons de ne point aller en Prusse sous le gouvernement d'un pareil prince ; il y aurait perdu la vie ou la liberté, avec le caractère ardent et frondeur qui dirigeait ses actions.

Mais lorsqu'en 1740, Frédéric II monta sur le trône, les choses changèrent et les mêmes craintes cessèrent d'exister; le nouveau monarque écrivit alors au jeune marquis : « Ne craignez plus les bataillons de gardes, mon cher marquis ! venez les braver jusque dans Postdam. »

Lorsqu'il reçut cette lettre, il était à Stutgard, attaché au service de la duchesse douairière de Wirtemberg ; elle désirait voir Berlin et Frédéric. La circonstance se trouvant favorable, ils firent le voyage ensemble. Lorsqu'ils furent arrivés, le marquis s'aperçut, ou crut s'apercevoir que la princesse était amoureuse de lui : chose toute naturelle ; d'Argens était un grand bel homme de trente-six ans, gentilhomme français et plein d'esprit : mais une pareille intrigue lui inspira des inquiétudes ;

elle était parente du roi; il prit le parti de s'en aller brusquement, un soir que la princesse paraissait plus tendre qu'à l'ordinaire; d'ailleurs, elle était laide et n'était pas jeune. Frédéric, qui sut cette aventure, en rit et fut si peu effrayé des conséquences qui en pouvaient résulter, qu'il voulut que le marquis rentrât au service de la princesse et l'accompagnât à son retour chez elle, pour ensuite revenir à Berlin.

« Le roi l'y reçut très-bien, dit M. Thiébault(1); tous les jours il le faisait inviter à dîner avec lui. La conversation était agréable et vive; rien n'était, en apparence, plus flatteur et plus propre à satisfaire les vœux et l'ambition d'un philosophe. Mais les semaines s'écoulaient, et l'on ne parlait point de remplir les promesses d'après lesquelles le nouvel hôte avait quitté un poste moins brillant, mais suffisant pour ses besoins.

» Le marquis, après avoir cherché vainement le sujet de cette négligence et attendu six semaines, perd patience, et en rentrant chez lui, un jour immédiatement après le dîné, il envoie au roi un billet conçu en ces termes:

(1) Souvenirs de vingt ans de séjour à Berlin, t. V, p. 336.

« Sire, depuis six semaines que j'ai l'honneur d'être auprès de votre Majesté, ma bourse souffre un blocus si rigoureux, que si vous, qui êtes un grand preneur de villes et un grand gagneur de batailles, ne venez promptement à son secours, je serai obligé de capituler et de repasser le Rhin dans la huitaine. » Le roi avait son ami Jordan auprès de lui lorsqu'on lui apporta ce billet : « Voyez donc, lui dit-il, ce que m'écrit ce fou de d'Argens, qui veut nous quitter ! » Jordan aimait le marquis, c'est pourquoi il dit à son maître, après avoir lu le billet : « Je connais les Provençaux et leur vive impatience; je connais en particulier le marquis; dès que l'inquiétude le tourmente et que son esprit s'y arrête, il ne dormira plus, et après avoir menacé de partir dans huit jours, il disparaîtra dans deux ou trois jours au plus tard. » Le roi eut peur que Jordan ne devinât juste; et il renvoya au marquis ces deux mots en échange du billet : « Soyez tranquille, mon cher marquis ! votre sort sera décidé demain pour dîner, et j'espère qu'il le sera à votre satisfaction. » En effet, le marquis reçut le lendemain, en arrivant, la *clef de chambellan*, avec une pension de six mille francs, et fut de plus nommé directeur de la classe des belles-lettres à l'académie; ce qui lui donnait encore annuellement huit cents francs.

Ces générosités, de la part de Frédéric, firent changer bientôt de résolution au marquis : il se fixa à Berlin; il cultiva les lettres et l'amitié du grand prince qui savait si bien traiter ceux qui en font leur occupation; il était des soupers et de la société habituelle du roi.

Dans les commencemens, Algaroti, Voltaire, Maupertuis, étaient auprès de Frédéric les premiers en faveur. Le caractère enjoué, aimable, et l'instruction du premier, plaisaient sur-tout au Prince, Voltaire le captivait par le brillant de sa conversation, par ses saillies et ses grands talens; Maupertuis était en possession de traiter les matières savantes et les sciences; c'était en quelque sorte le ministre de cette partie; il dirigeait l'académie et faisait connaître au roi les bons ouvrages qui paraissaient dans chaque genre d'érudition et de sciences. Le marquis d'Argens n'avait point autant que ces trois hommes les qualités qui les faisaient rechercher; mais sa bonhomie, son honnêteté, ses connaissances, le firent aimer; et bientôt le roi le préféra lorsque les divisions et les tracasseries eurent jeté le trouble entre les membres de cette société. Le

marquis

marquis joignait au ton de la bonne compagnie, un caractère facile et la vivacité provençale, qui rendaient sa conversation piquante ; ses ouvrages, connus dans toute l'Europe, et dont la lecture est agréable et instructive, étaient encore pour lui un titre de faveur auprès de Frédéric ; l'originalité et la bizarrerie de sa conduite particulière, dont nous rapporterons plus d'un trait, n'altérèrent point l'estime du roi pour lui, quoiqu'il en fît plus d'une fois l'objet de ses plaisanteries et de ses sarcasmes.

C'était sur-tout dans les soupers où Frédéric réunissait les gens de lettres qu'il avait attirés près de lui, que se passaient les scènes et se tenaient les propos gais et spirituels qui ont été, pendant trente ans, l'objet de l'attention, et quelquefois de la satire du reste de l'Europe. Ils ne ressemblaient pas, à beaucoup près, aux orgies du régent en France ; il y avait plus d'esprit, un choix de conversation différente, et sur-tout la débauche et l'impiété en étaient bannies ; mais la liberté et la licence des discours y étaient poussées, comme aux soupers du duc d'Orléans, assez loin pour déplaire quelquefois au maître.

« Dans l'un de ces soupers, dit M. Thiébault,

qui, jusqu'à la guerre de sept ans, se sont assez souvent prolongés bien avant dans la nuit, Frédéric demanda aux convives comment chacun d'eux voudrait gouverner s'il était roi. Il y eut une vive contestation entre tous pour étaler leurs maximes politiques; c'était à qui tracerait ses plans le premier et étalerait le mieux son système: le marquis les écoutait et ne disait rien; à la fin le roi s'aperçut de son silence, et lui demanda de dire aussi ce qu'il ferait s'il était à sa place. « Moi, Sire, répondit le marquis, je vendrais bien vite mon royaume pour acheter une bonne terre en France. » Cette plaisanterie, au moyen de laquelle il échappait au ridicule de débiter une doctrine déplacée ou ridicule, obtint l'approbation du roi et fit cesser cette discussion. C'est d'après de semblables disputes que Frédéric écrivit, dans un moment de mauvaise humeur, que s'il voulait bien punir une province, il la donnerait à gouverner à des philosophes. »

« Mais ce mot, rapporté par les historiens de la vie de ce prince, examiné de près, ne signifie rien; ce n'est qu'une boutade ou un jeu d'esprit. Frédéric lui-même était philosophe, et les plus grands monarques, dont il était admirateur, l'ont été. A moins d'être un imbécille, il est aisé de voir qu'un homme à qui l'on suppose de la philosophie, c'est-à-dire de la raison et des sentimens de justice, se garderait bien de mettre en pratique quelques maximes douteuses que l'on soutient par manière de disputes; qu'il ne se hasarderait pas à compromettre la sûreté de l'état et le bonheur des familles pour faire des essais d'Utopie; qu'un philosophe ne sacrifierait pas non plus ni l'un ni l'autre à l'ambition, à la vaine gloire, aux intérêts de famille et à son goût pour les conquêtes. Frédéric n'a point cessé d'être un très-grand roi, quoiqu'il fût philosophe, et même athée; ce qui n'est point du tout un attribut de la philosophie : il fit la guerre; mais la sottise et le fanatisme des opinions, des religions ou des mœurs, ne tourmentèrent pas ses états. Ainsi les plaisanteries contre les philosophes, sous le rapport des lois et du gouvernement, posent sur un principe faux, sur une supposition tirée d'exemples de fous, mus par des passions viles ou meurtrières, et non pas de sages et d'hommes attachés à la raison et à la justice. Revenons au marquis d'Argens.

Ce fut encore dans un autre souper que les mêmes convives, s'appuyant sur la déclaration faite par Frédéric, qu'il n'y avait point de roi présent, et que l'on pouvait, sans risque, penser et parler tout haut, se mirent à mesurer les princes et les gouvernemens, mais avec une liberté si franche et si sévère, que leur hôte trouva qu'ils allaient trop loin, et jugea qu'il devait les arrêter. C'est pourquoi il leur dit tout-à-coup : « Paix, paix, messieurs! prenez garde, voilà le roi qui arrive; il ne faut pas qu'il vous entende, car peut-être se croirait-il obligé d'être encore plus méchant que vous. »

Un jour que le baron de Pollnitz devait dîner chez Frédéric, qui dînait à l'heure précise de midi, et qu'ayant à parler de quelque affaire au marquis d'Argens, il vint pour le prendre vers onze heures (1), surpris de le trouver

(1) Le baron de Pollnitz était un homme d'esprit, autrefois prêtre, et qui passa une partie de sa vie à voyager. Comme il savait un grand nombre d'anecdotes, il était d'une conversation agréable; aussi était-il admis dans les meilleures sociétés d'Allemagne. On a de lui un ouvrage d'un style assez correct et plein de faits curieux, intitulé, *Lettres et Mémoires du baron de Pollnitz*, contenant les observations qu'il a faites dans ses voyages, et le caractère des personnes qui composaient les principales Cours de l'Europe, en 5 vol. in-12, publié à Amsterdam en 1737.

Le baron de Pollnitz, que Frédéric II avait fait un de ses chambellans, était de toutes les parties d'amuse-

encore au lit, il lui demanda s'il était malade, et lui apprit l'heure qu'il était; sur quoi le marquis, tout surpris, appelle son domestique, nommé *La Pierre*, et lui reproche vivement de ne l'avoir point averti. « Ma foi, lui dit La Pierre, que ne regardez-vous à votre montre! Moi, j'ai fait ma besogne, et

ment du prince : c'était, au reste, un homme sans beaucoup de mesure dans les actions. On raconte qu'un jour le roi étant avec ses courtisans dans la chapelle de Charlottembourg, il lui prit une saillie assez singulière : il commanda à M. de Pollnitz de monter en chaire et de prêcher. Le baron, qui ne demandait pas mieux, monte, se mouche, jette le coup d'œil à la ronde; il prend pour texte : *Rendez à César ce qui appartient à César, et à Dieu ce qui appartient à Dieu*. Il divisa et sous-divisa gravement son discours comme il est d'usage, et commença par prouver « qu'en tout les zélés serviteurs de César lui avaient rendu ce qui lui appartenait, en le suivant dans ses disgraces, en lui sacrifiant le peu de fortune qu'ils avaient, en exposant leur tête même pour son service : mais César a-t-il rendu à Dieu ce qui appartient à Dieu? » Il prononçait ces mots en frappant sur les bords de la chaire, et terminait en disant : « Le César de Prusse a-t-il rendu à Dieu ce qui appartient à Dieu, en récompensant de si fidèles serviteurs? »

Le roi, qui pensait les avoir assez récompensés, écoutait tranquillement les déclamations du prédica-

ne sais pas quelle doit être la vôtre. Est-ce qu'il me faudra tout vous dire comme à un petit enfant? » Le marquis ne se possédant plus de colère, s'élance hors de son lit, court s'emparer d'une bûche, et revient sur La Pierre, qui, restant immobile et les bras croisés, lui dit d'un ton flegmatique : « Voilà donc ce

teur, qui s'arrêta enfin faute de poitrine pour soutenir le ton élevé qu'il avait pris. « Monsieur le prédicateur, lui dit le roi, vous m'avez beaucoup édifié ; mais il faudrait encore un point dans votre sermon pour me convaincre. » Le baron, qui ne se sentait pas de force, ne jugea pas à propos de remonter en chaire, et laissa le monarque dans l'impénitence.

Ce baron né riche, d'une famille des anciens barons d'Empire dans la Franconie, avait, dans sa jeunesse, assisté au sacre de Frédéric 1er, roi de Prusse, en 1701. Il quitta sa patrie pour voyager, vint à Paris et y resta presque tout le temps de la régence. Il fut particulièrement considéré de madame Charlotte de Bavière, mère du duc d'Orléans, régent ; elle goûtait sa conversation à cause du grand nombre de nouvelles et d'anecdotes qu'il lui racontait et qui lui servaient pour la correspondance très-étendue qu'elle entretenait avec les personnes les plus distinguées de l'Europe. Voltaire reproche au baron de Pollnitz d'avoir changé deux ou trois fois de religion ; cela peut être faux, mais ce qui ne l'est pas, c'est que se plaignant un jour de sa pauvreté à Frédéric, ce prince lui dit : « Je suis fâché

qu'on appelle un philosophe ! Allons, monsieur, pour me punir de vos torts, et payer mon zèle et ma fidélité, tuez-moi ; cela fera beaucoup d'honneur à la philosophie ! » — « Ah, mon ami ! s'écria le marquis en jetant sa bûche, je vous demande pardon ; mais, je que vous ne soyez pas catholique, car je pourrais vous être utile ; ayant plusieurs canonicats vacans, je vous en donnerais un. » Le baron crut qu'il n'avait rien de mieux à faire que de se faire catholique ; dès le soir même il fit abdication, et vint le lendemain dire au roi que, suivant le conseil de sa majesté, il s'était rendu catholique. « Diable ! dit le roi, c'est trop tard ; j'ai nommé au canonicat vacant ; mais si vous vouliez vous faire juif, il y a une place de rabbin que je vous promets. »

Le baron de Pollnitz avait joui d'une grande faveur près de Frédéric-Guillaume, père de Frédéric ; il en avait obtenu de fortes pensions ; mais sa prodigalité ne lui permit pas de rien économiser : il ne savait point administrer son bien ; c'était un gaspillard, un prodigue ; de plus, il était roué, ne croyait à rien ; il mourut dans un âge très-avancé, à plus de quatre-vingt-cinq ans.

Il avait laissé des Mémoires sur la Prusse, qui contenaient des choses fort intéressantes. Le prince de Prusse, qui depuis fut roi sous le nom de Frédéric-Guillaume, les lui acheta, et ils n'ont pas été rendus publics. (Voyez les Souvenirs de M. Thiébault, t. 3, p. 58.)

vous en prie, habillez-moi vite, afin que j'arrive, s'il est encore temps, avant qu'on se mette à table. » La Pierre fit tant de diligence, que le vœu de son maître fut rempli.

Dans le premier voyage que Voltaire fit à Berlin, en 1743 (c'est encore M. Thiébault qui nous fournit cette anecdote), la franchise du marquis d'Argens ne lui permit pas de dissimuler même devant l'auteur de la Henriade, que Jean-Baptiste Rousseau lui paraissait un homme du plus rare talent, qu'il en plaignait les infortunes, et qu'il le voyait innocent des choses dont on l'accusait, et qui lui avaient attiré tant de chagrins. Voltaire n'ayant pu le convertir sur ce point, en ressentit une colère qu'il dissimula, mais qu'il voulut néanmoins satisfaire. Pour concilier ce desir avec les ménagemens qu'il croyait devoir garder, il fit en secret une épigramme sanglante contre le marquis, cherchant à le couvrir de ridicule, tant pour son caractère moral, que pour ses talens, et le désignant par le titre de *Juif errant*, faisant allusion aux *Lettres Juives*. Il vint ensuite lui faire une visite affectueuse, et lui dire: « Mon cher marquis, vous avez, en faveur de ce misérable Rousseau, une prévention que j'ai en quelque sorte respectée, parce qu'elle fait honneur à la franchise de votre ame. Mais, mon ami, je suis aujourd'hui contraint de vous entretenir de nouveau de cet homme ; votre propre intérêt et mon amitié pour vous m'en font un devoir. Je viens vous convaincre que vous êtes la dupe d'un ingrat et d'un monstre qui ne sait que répandre du venin. Lisez cette épigramme : un de mes correspondans vient de m'en adresser une copie qu'il tient de celui à qui Rousseau l'a envoyée. Elle est peu connue encore, parce que Rousseau craint qu'on ne le devine, et recommande la plus grande discrétion. Je viens de répondre à mon correspondant, homme d'ailleurs dont je suis sûr comme de moi-même, de ne négliger aucune des mesures qu'il est à portée de prendre pour faire supprimer cette abominable épigramme, ou au moins pour la rendre aussi odieuse aux yeux du public, qu'elle le sera toujours aux yeux de ceux qui vous connaissent. »

Le marquis fut d'abord dupe de cette fourberie ; il remercia sincèrement Voltaire, et déclama contre Rousseau ; il jura qu'il se vengerait, et qu'il ferait en réponse, non de petites épigrammes, mais un ouvrage qui serait un monument pour les temps à venir, et dans lequel il démasquerait cet hypocrite, et le vilipenderait jusque chez la postérité. Voltaire eut donc un triomphe complet: mais d'Argens ne tarda pas à faire des réflexions. Cette infamie de la part de Jean-Baptiste Rousseau, lui semblait trop grande pour ne pas lui laisser des doutes. Rien ne pouvait l'avoir provoquée; elle exposait l'auteur à un ressentiment trop dangereux, d'autant plus qu'il ne pouvait y avoir aucune ame honnête qui n'en fût indignée. Le marquis trouva dans ses amis le même doute et les mêmes soupçons; ce qui le détermina enfin à en écrire à Jean-Baptiste Rousseau lui-même, qui détruisit si parfaitement la calomnie, offrit si loyalement toutes les garanties que le marquis pouvait desirer, et donna enfin des preuves si sensibles de son innocence, qu'il fut bien constaté que l'épigramme n'avait pour auteur que celui qui l'avait dénoncée: faiblesse inexplicable dans un homme du mérite et du talent de Voltaire!

Mais les motifs qui avaient engagé Voltaire à prendre des voies obliques pour punir le marquis d'Argens de s'être déclaré l'admirateur de Rousseau, engagèrent le marquis à dissimuler aussi son ressentiment : il ne voulut point faire imprimer, comme Rousseau l'y autorisait, la lettre qui l'avait détrompé.

Il régnait une grande intimité de confiance entre Frédéric et le marquis d'Argens ; celui-ci paraissait réellement affecté, lorsqu'il apprenait que l'on dût livrer une bataille où la vie du roi pourrait être exposée. Leur correspondance était très-active en temps de guerre, et quelquefois ils passaient ensemble le temps des quartiers d'hiver.

Aussi, lorsque dans la guerre de sept ans, c'est-à-dire, de 1756 à 1763, Frédéric vit ses états envahis par les Russes, les Autrichiens et les Français, et qu'il ne lui restait presqu'aucun espoir de salut, ce fut au marquis d'Argens qu'il fit part du dessein qu'il avait formé de s'ôter la vie.

Voltaire rend compte de cette singularité remarquable dans un roi, avec cette liberté originale de style dont il s'est presque toujours servi en parlant des sottises et des misères humaines. Nous rapporterons ce passage ; il est tiré des *Mémoires pour servir à l'histoire de sa vie.*

« L'Angleterre, dit-il, fit une guerre de pirates à la France pour quelques arpens de neige en Canada, dès 1756. Dans le même temps l'impératrice reine de Hongrie parut avoir quelqu'envie de reprendre, si elle pouvait, sa chère Silésie, que le roi de Prusse lui avait enlevée dans la guerre de 1741. Elle négociait dans ce dessein avec l'impératrice de Russie, avec le roi de Pologne, seulement en qualité d'électeur de Saxe, car on ne négocie point avec les Polonais; le roi de France, de son côté, voulait se venger sur les États d'Hanovre, du mal que l'électeur d'Hanovre, roi d'Angleterre, lui faisait sur mer; Frédéric qui était allié avec la France, et qui avait un profond mépris pour notre gouvernement (1), préféra l'alliance de l'Angleterre à celle de la France, et s'unit avec la maison d'Hanovre, comptant empêcher d'une main les Russes

(1) Voici ce qu'il en écrivait à Voltaire :

O nation folle et vaine!
Quoi, sont-ce là ces guerriers,
Sous Luxembourg et Turenne,
Couverts d'immortels lauriers?
Qui, vrais amans de la gloire,
Affrontaient pour la victoire
Les dangers et le trépas?
Je vois leur vil assemblage
Aussi vaillant au pillage
Que lâche dans le combat.
Quoi! votre faible monarque,

d'avancer dans la Prusse, et de l'autre les Français de venir en Allemagne : il se trompa dans ces deux idées ; mais il en avait une troisième dans laquelle il ne se trompa pas : ce fut d'envahir la Saxe, et de faire la guerre à l'impératrice reine de Hongrie, avec l'argent qu'il pilla chez les Saxons. Le marquis de Brandebourg (le roi de Prusse), par cette manœuvre singulière, fit seul changer tout le système de l'Europe. Le roi de France, voulant le retenir dans son alliance, lui avait envoyé le duc de Nivernois, homme d'esprit, et qui faisait de très-jolis vers. L'ambassade d'un duc et pair et d'un poète semblait devoir flatter la vanité et le goût de Frédéric ; il se moqua du roi de France, et signa son traité avec l'Angleterre, le jour même que

> Jouet de la Pompadour,
> Flétri, par plus d'une marque,
> Des opprobres de l'amour ;
> Lui qui, détestant les peines,
> Au hasard remet les rênes
> De son empire aux abois ;
> Cet esclave parle en maître,
> Ce Céladon, sous un hêtre,
> Croit dicter le sort des rois !

Il écrivait cela après les victoires qui ont couronné ses armes dans les dernières années de la guerre de sept ans.

l'ambassadeur arriva à Berlin ; il joua très-poliment le duc et pair, et fit une épigramme contre le poète.

» C'était alors le privilége de la poésie, de gouverner les États. Il y avait un autre poète à Paris, homme de condition, fort pauvre, mais très-aimable, en un mot, l'abbé de Bernis, depuis cardinal. Il avait débuté par faire des vers contre moi, continue Voltaire, et ensuite était devenu mon ami, ce qui ne lui servit à rien ; mais il était devenu celui de madame de Pompadour, et cela lui fut plus utile : on l'avait envoyé du Parnasse en ambassade à Venise ; il était alors revenu à Paris, il y avait un grand crédit.

» Le roi de Prusse avait glissé dans ses poésies un vers contre l'abbé de Bernis :

Évitez de Bernis la stérile abondance.

» Je ne crois pas que ce vers fût parvenu jusqu'à la connaissance de l'abbé ; mais, comme Dieu est juste, Dieu se servit de lui pour venger la France du roi de Prusse. L'abbé conclut un traité offensif et défensif avec M. de Staremberg, ambassadeur d'Autriche, en dépit de M. Rouillé, alors ministre des affaires étrangères. Madame de Pompadour présida à cette négociation. M. de Rouillé fut obligé de signer le traité, conjointement avec l'abbé de Bernis, ce qui était sans exemple. Ce ministre Rouillé, il faut l'avouer, était le plus inepte secrétaire d'état que jamais roi de France ait eu, et le pédant le plus ignorant qui fût dans la robe; il avait demandé un jour, si la Vétéravie était en Italie (1). Tant qu'il n'y eut point d'affaires épineuses à traiter, on le souffrit; mais dès qu'on eut de grands objets, on sentit son insuffisance; on le renvoya, et l'abbé de Bernis eut sa place. Madame de Pompadour était véritablement premier ministre. Certains termes outrageans, lâchés contr'elle par Frédéric, qui n'épargnait ni les femmes ni les poètes, avaient blessé le cœur de la marquise, et ne contribuèrent pas peu à cette révolution dans les affaires, qui réunit en un moment la maison de France et d'Autriche, après plus de deux cents ans d'une haine réputée immortelle. La cour de France qui avait prétendu, en 1741, écraser l'Autriche, la soutint en 1756; et enfin l'on vit la France, la Russie,

(1) La Vétéravie ou Wéterravie, nom d'une province d'Allemagne, située entre la Hesse, le Bas-Rhin, la Westphalie et la Franconie. Son nom lui vient de la rivière de Wetter qui y prend sa source. Francfort sur le Mein est en Vétéravie.

la Suède, la Hongrie, la moitié de l'Allemagne, déclarées contre le seul marquis de Brandebourg. Ce prince, dont l'aïeul pouvait à peine entretenir vingt mille hommes, avait une armée de cent mille fantassins et de quarante mille cavaliers, bien composée, encore mieux exercée, pourvue de tout ; mais enfin il y avait plus de quatre cent mille hommes en armes contre la Prusse.

» Il arriva dans cette guerre que chaque parti prit d'abord tout ce qu'il était à portée de prendre : Frédéric prit la Saxe ; la France prit les États de Frédéric, depuis la ville de Gueldres jusqu'à Minden sur le Weser, et s'empara pour un temps de tout l'électorat d'Hanovre et de la Hesse, alliée de Frédéric ; l'impératrice de Russie prit toute la Prusse.

» Frédéric, battu d'abord par les Russes, battit les Autrichiens, et ensuite en fut battu dans la Bohême, le 18 juin 1757. La perte d'une bataille semblait devoir écraser ce monarque. Pressé de tous côtés par les Russes, par les Autrichiens et par la France, lui-même se crut perdu. Le maréchal de Richelieu venait de conclure, près de Stadt, un traité avec les Hanovriens et les Hessois, qui ressemblait à celui des Fourches-Caudines. Leur

armée

armée ne devait plus servir; le maréchal était près d'entrer dans la Saxe avec soixante mille hommes; le prince de Soubise allait y entrer d'un autre côté avec plus de trente mille, et était secondé de l'armée des Cercles de l'Empire; de là on marchait à Berlin; les Autrichiens avaient gagné un second combat et étaient déjà dans Breslau, capitale de la Silésie; un de leurs généraux même avait fait une course jusqu'à Berlin, et l'avait mis à contribution; le trésor du roi de Prusse était presque épuisé, et bientôt il ne devait plus lui rester un village; on allait le mettre au ban de l'Empire, son procès était commencé, il était déclaré rebelle; et s'il était pris, l'apparence était qu'il aurait été condamné à perdre la tête.

» Dans cette extrémité, il lui passa par la tête de vouloir se tuer; il écrivit à sa sœur, madame la margrave de Bareuth, qu'il allait terminer sa vie. Il ne voulait point finir la pièce sans quelques vers; la passion de la poésie était plus forte encore en lui que la haine de la vie. »

Ce fut dans cette occasion qu'il adressa au marquis d'Argens une longue épître en vers sur ce projet, les malheurs de la vie et les principes de stoïcisme. Quelque légère que puisse paraître cette résolution, et quelque singulière que soit la manière dont Frédéric se servit pour en faire part à un de ses courtisans, il n'en résulte pas moins que le marquis d'Argens avait une place distinguée dans l'estime du prince, parce que ce fut à lui qu'il s'adressa dans ce moment d'angoisse. Il lui disait :

>Ami, le sort en est jeté ;
>Las de plier dans l'infortune
>Sous le joug de l'adversité,
>J'accourcis le temps arrêté
>Que la Nature, notre mère,
>A mes jours remplis de misère,
>A daigné prodiguer par libéralité.
>D'un cœur assuré, d'un œil ferme,
>Je m'approche de l'heureux terme
>Qui va me garantir contre les coups du sort,
>Sans timidité, sans effort.
>Adieu grandeurs, adieu chimères,
>De vos bluettes passagères
>Mes yeux ne sont plus éblouis.
>Si votre faux éclat, dès ma naissante aurore,
>Fit trop imprudemment éclore
>Des desirs indiscrets, long-temps évanouis ;
>Au sein de la philosophie,
>École de la vérité,
>Zénon me détrompa de la frivolité
>Qui produit les erreurs du songe de la vie.

Adieu, divine volupté,
Adieu, plaisirs charmans qui flattez la mollesse,
Et dont la coupe enchanteresse
Par des liens de fleurs enchaîne la gaîté.
Mais que fais-je, grand Dieu! courbé sous la tristesse,
Est-ce à moi de nommer les plaisirs, l'allégresse?
Et sous les griffes du vautour
Voit-on la tendre tourterelle,
Et la plaintive Philomèle,
Chanter ou respirer l'amour?
Depuis long-temps, pour moi, l'astre de la lumière
N'éclaire que des jours signalés par mes maux;
Depuis long-temps Morphée, avare de pavots,
N'en daigne plus jeter sur ma triste paupière.
Je disais ce matin, les yeux couverts de pleurs:
Le jour, qui dans peu va renaître,
M'annonce de nouveaux malheurs.
Je disais à la nuit: tu vas bientôt paraître
Pour éterniser ma douleur.
Vous, de la liberté, héros que je révère,
O mânes de Caton! ô mânes de Brutus!
Votre illustre exemple m'éclaire;
Parmi l'erreur et les abus
C'est votre flambeau funéraire
Qui m'instruit du chemin, peu connu du vulgaire,
Que nous avaient tracé vos antiques vertus.
J'écarte les romans et les pompeux fantômes
Qu'engendra de ses flancs la superstition;
Et pour approfondir la nature des hommes,
Pour connaître ce que nous sommes,
Je ne m'adresse point à la religion.

J'apprends de mon maître Epicure,
Que du temps la cruelle injure
Dissout les êtres composés ;
Que ce souffle, cette étincelle,
Ce feu vivifiant des corps organisés
N'est point de nature immortelle ;
Il naît avec le corps, s'accroît dans les enfans,
Souffre de la douleur cruelle :
Il s'égare, il s'éclipse ou baisse avec les ans :
Sans doute, il périra quand la nuit éternelle
Viendra nous arracher du nombre des vivans.
Vaincu, persécuté, fugitif dans ce monde,
Trahi par des amis pervers,
Je souffre, en ma douleur profonde,
Plus de maux dans cet univers,
Que dans la fiction de la fable féconde,
N'en a jamais souffert Prométhée aux enfers.
Ainsi, pour terminer mes peines,
Comme ces malheureux, au fond de leurs cachots,
Las d'un destin cruel, et trompant leurs bourreaux,
D'un noble effort brisent leurs chaînes ;
Sans m'embarrasser des moyens,
Je romps mes funestes liens,
Dont la subtile et fine trame,
A ce corps rongé de chagrins,
Trop long-temps attacha mon ame.
Tu vois, dans ce cruel tableau,
De mon trépas la juste cause :
Au moins ne pense pas, du néant du caveau,
Que j'aspire à l'apothéose.
Mais lorsque le printemps paraissant de nouveau,

De son sein abondant t'offre des fleurs écloses,
Chaque fois, d'un bouquet de myrtes et de roses,
Souviens-toi d'orner mon tombeau. »

Les heureux événemens qui suivirent bientôt les vers de Frédéric, le tirèrent de l'embarras d'exécuter cette résolution, et forcèrent ses ennemis à en venir avec lui à des conditions de paix qui lui assurèrent ses États.

Mais quelle que fût l'opinion du marquis d'Argens, sur l'étrange confidence que lui faisait le monarque, il en fut réellement alarmé; il se hâta de lui répondre, et employa tout ce que des hommes qui ne croient ni à Dieu, ni à l'immortalité de l'ame, ni à aucune espèce de révélation, pouvaient se dire en pareil cas, pour lui faire changer de sentiment.

Une autre lettre que le roi de Prusse lui écrivit après la bataille de Lignitz, gagnée par ce prince, le 15 août 1760, est une nouvelle preuve de l'importance qu'il mettait à l'amitié du marquis.

« Mon cher marquis, lui mande-t-il, l'affaire du 15 aurait autrefois décidé la campagne; à présent cette action n'est qu'une égratignure. Il faut une grande bataille pour finir notre sort; nous la donnerons, suivant toutes les apparences, bientôt; et alors on pourra se réjouir si l'événement nous est avantageux. Je vous remercie cependant de la part sincère que vous prenez à cet avantage; il a fallu bien des ruses et bien de l'adresse pour amener les choses à ce point : ne me parlez point de danger; la dernière action ne m'a coûté qu'un habit et un cheval; c'est acheter à bon marché la victoire. Je n'ai point votre lettre dont vous me parlez; nous sommes comme bloqués pour la correspondance, par les Russes du côté de l'Oder, et de l'autre par les Autrichiens. Il a fallu un petit combat pour faire passer le chasseur; j'espère qu'il vous aura rendu ma lettre.

» Jamais je n'ai été de ma vie dans une situation plus fâcheuse que cette campagne-ci; croyez qu'il faut encore du miraculeux pour me faire surmonter toutes les difficultés que je prévois; je fais savamment mon devoir dans l'occasion; mais souvenez-vous toujours, mon cher marquis, que je ne dispose pas de la fortune et que je suis obligé d'admettre trop de casuel dans mes projets, faute d'avoir des moyens d'en faire de plus solides. Ce sont des travaux d'Hercule que je dois faire dans un âge où la force m'abandonne, où mes infirmités augmentent, et, à vrai dire, quand l'espérance, seule consolation des malheureux, commence à me manquer. Vous n'êtes pas assez au fait des affaires pour vous faire une idée nette de tous les dangers qui menacent l'état; je les sais et les cache; je garde toutes les appréhensions pour moi, et je ne communique au public que les espérances ou le peu de bonnes nouvelles que je puis lui apprendre. Si le coup que je médite réussit, alors, mon cher marquis, il sera temps d'épancher sa joie; mais jusque-là ne nous flattons pas, de crainte qu'une mauvaise nouvelle inattendue ne nous abatte trop.

» Je mène ici la vie d'un chartreux militaire; j'ai beaucoup à penser à mes affaires, et le reste du temps je le donne aux lettres, qui sont ma consolation, comme elles faisaient celle du consul père de la patrie et de l'éloquence. Je ne sais si je survivrai à cette guerre; mais je suis bien résolu, en cas que cela m'arrive, de passer le reste de mes jours dans la retraite, au sein de la philosophie et de l'amitié.

» Dès que la correspondance sera plus libre, vous me ferez plaisir de m'écrire plus souvent! je ne sais où nous passerons nos quartiers d'hiver; nos maisons ont péri à Breslau dans le bombardement; nos ennemis nous envient tout, jusqu'à la lumière du jour que nous respirons; il faudra pourtant qu'ils nous laissent une place, et si elle est sûre, je me fais une fête de vous y recevoir.

» Eh bien, mon cher marquis! que devient la paix de la France? Vous voyez que votre nation est plus aveugle que vous n'avez cru; ces fous perdent le Canada et Pondichéry pour faire plaisir à la reine et à la czarine. Veuille le ciel que le prince Ferdinand les paye bien de leur zèle! ce seront les officiers innocens de ces maux et les soldats qui en seront les pauvres victimes, et les illustres coupables n'en souffriront pas. Voici des affaires qui me surviennent; j'étais en train d'écrire, mais je vois qu'il faut finir, et pour ne pas vous ennuyer et pour ne pas manquer à mon devoir. Adieu, mon cher marquis! je vous embrasse. »

FRÉDÉRIC.

Plusieurs traits prouvent que le zèle du marquis d'Argens se manifestait dans les plus petites choses. En voici une preuve dans l'anecdote suivante, que nous tirons des *Souvenirs à Berlin*. « Le prince de Kaunitz, ministre de l'empereur, ayant témoigné, en 1764, le desir d'avoir deux portraits de Frédéric, l'un pour l'impératrice et l'autre pour lui-même ; le roi se détermina à donner quelques séances à M. Vanloo, son peintre. Les séances furent courtes et nombreuses : le pauvre Vanloo s'en tira comme il put. Lorsque le portrait fut achevé, le peintre l'apporta au château pour le faire voir, et entra d'abord chez le marquis. On ne peut se figurer l'enthousiasme et la joie de ce vieux ami en voyant ce portrait ; il invitait tout le monde à l'admirer ; il le faisait placer sous tous les points de vue ; il fit monter La Pierre, son domestique, sur une table, pour le tenir à la hauteur de neuf ou dix pieds, sachant, disait-il, que ce serait ainsi qu'il serait placé à Vienne ; et toujours il le trouvait plus parfait et voulait que les autres en parlassent comme lui. Il me tourmenta, dit M. Thiébault, qui y était présent, pour me faire avouer que la ressemblance en était frappante. Comme malheureusement je n'en avais pas jugé de même, je lui dis, qu'à la vérité, je voyais le roi tous les jours, mais que je ne le voyais qu'aux lumières, et qu'il savait bien que cela ne suffisait pas pour juger des ressemblances. Il ne me laissa que ce moyen d'éviter de blesser M. Vanloo, que j'estimais beaucoup, mais qui n'avait fait le roi bien ressemblant, qu'aux yeux trop prévenus, du marquis. »

Il y avait à Berlin une troupe de danseurs et de danseuses que le roi y avait fait venir pour son opéra ; la famille des Cochois était du nombre ; le père et la mère y étaient morts, et les deux filles étaient restées à ce théâtre. Le marquis, dont le sort semblait être de s'attacher à des comédiennes, devint, à l'âge de près de soixante ans, amoureux de l'aînée des deux demoiselles Cochois. C'était une personne plutôt laide que belle, de l'âge de vingt-cinq ans, d'un excellent esprit et douée de beaucoup de connaissances et de talens; elle peignait fort bien et était sur-tout grande musicienne ; elle savait, outre le français, l'allemand et l'italien, la langue latine, autant qu'une femme peut la savoir, et même un peu de grec qu'elle avait appris par complaisance pour le marquis ; elle avait un caractère doux et réfléchi, honnête et soutenu ; elle avait l'art de réunir, sous l'apparence de la plus grande simplicité, toutes les attentions propres à plaire et à se concilier l'estime générale: c'est M. Thiébault qui en fait cet éloge.

Le marquis, après lui avoir fait quelque temps la cour, l'épousa : le mariage se fit pendant le cours de la guerre de sept ans, et à l'insu du roi ; ce qui fut une des causes qui refroidirent dans la suite l'amitié de Frédéric pour lui. On pensait bien que ces entraves, que se donnait le marquis, déplairaient au roi ; aussi fut-on très-embarrassé de lui en faire la déclaration ; on attendit la conclusion de la paix, et l'on fit intervenir tous ceux qui tenaient à la société philosophique de Sans-Souci. Après une longue délibération sur le moyen d'instruire le roi de ce qui s'était passé, il fut convenu que la marquise d'Argens irait se promener dans les jardins de Sans-Souci, à l'heure où le monarque avait coutume d'y prendre l'air ; que sa toilette serait assez soignée pour attirer l'attention, mais noble et très-décente, et que mylord Marschal se chargerait du reste. Ce plan fut suivi : le lord qui accompagnait Frédéric dans ses promenades, en passant par une allée peu distante de celle où était la marquise, la salua comme on salue une dame que l'on connaît et que l'on respecte. Ce salut donna lieu au roi de demander quelle était cette dame ; mylord Marschal répondit simplement et avec une sorte de négligence, que c'était la marquise d'Argens. « Comment, reprit le roi, et d'un ton sévère, est-ce que le marquis est marié? — Oui, Sire. — Et depuis quand?—Depuis quelques années.—Eh quoi! sans m'en avoir parlé? — C'était pendant la guerre, et alors on n'eût osé importuner votre majesté de semblables bagatelles. — Et qui donc a-t-il épousé? — Mademoiselle Cochois. — Mademoiselle Cochois! c'est une extravagance que je ne souffrirai pas. »

Le roi se calma pourtant à la longue; mais le marquis fut long-temps sans le voir; et lorsque, depuis, leur liaison reprit comme avant, jamais Frédéric ne lui parla de sa femme.

Ce n'est pas qu'il ne sût que depuis long-temps il vivait avec mademoiselle Cochois; le marquis l'avait menée avec lui dans le voyage qu'il fit en France en 1747, et l'on voit par sa correspondance qu'il en parla souvent au roi, qui paraissait craindre que cette actrice ne fût pas de retour à temps pour jouer sur le théâtre de l'opéra de Berlin, à sa reprise.

Mais quoique la marquise d'Argens et son mari demeurassent à la cour, ses premières amours avec mademoiselle Cochois n'en furent pas moins l'objet de satires assez piquantes de la part des jaloux ou des ennemis du marquis, et de la société de Berlin.

Une des plus gaies de toutes celles qui furent

rendues publiques, se trouve dans les *Mémoires d'un petit-maître philosophe*, de Mainvillers. C'est une espèce de roman historique imprimé en 1751, après le retour du marquis d'Argens et de sa maîtresse à Berlin : on y passe en revue Babet Cochois, Marianne Cochois, le jeune Cochois et tous les Cochois du monde. Le *Malade imaginaire*, de Molière, n'a pas de scènes plus plaisantes que celles que l'on fait jouer à la mère Cochois, en voyant le marquis se plaindre de son catarrhe. L'*Amour peintre* n'est pas plus ingénieux pour arriver à la belle grecque, que l'on ne fait le marquis pour parvenir à baiser la main de mademoiselle Babet Cochois.

La reine-mère; c'est le nom que l'on donnait quelquefois, en plaisantant, à madame Cochois à Berlin, avait, entre autres leçons, donné à ses filles celle de ne jamais compromettre dans leurs amours, la liberté de leur taille; ce qui leur inspirait un invincible éloignement pour accorder les grandes faveurs. Il fallait se contenter des petites; cependant Babet avait la main belle, et après bien des soupirs et des larmes, l'heureux marquis avait obtenu la permission de la posséder à son gré. Mais comment se dérober à l'œil perçant d'une mère surveillante? La *Philosophie du bon sens* n'était point assez large pour couvrir toutes les allées et venues de la main de l'écolière à la bouche du maître ; on reconnut la vanité des sciences, on appela les beaux arts ; le marquis imagina de montrer à peindre à son élève, et ce fut à l'abri des grands châssis, convenablement ajustés sur un chevalet, qu'il put jouir impunément d'une main si chère.

Mais les poursuivans des deux autres sœurs de Babet, confidens et témoins des faveurs que recueillait le marquis à l'ombre des arts, se désolaient de n'avoir rien à montrer à leurs maîtresses. Le marquis eut pitié de leur désœuvrement et leur apprit à peindre sur verre, à placer le chevalet, à suspendre une nappe, sous prétexte de ménager son jour ; et voilà la maison Cochoise érigée en académie de peinture. Figurez-vous cet attirail de châssis et de rideaux, cette troupe de courtisans et de comédiennes derrière, en grands tabliers, les manches retroussées, le beau désordre, le trémoussement universel, l'émulation, le jeu de pinceau, de prunelle, de mains, de bouches qui régnaient dans cet amoureux atelier : c'était celui où le marquis se délassait de ses dissertations philosophiques, soit qu'elles aient eu lieu avec le roi ou avec sa belle Babet même, à qui il eut la manie de vouloir tout enseigner, tandis qu'elle eut l'adresse raisonnable de faire semblant d'y prendre goût pour devenir marquise.

C'était, au reste, une femme comme il la fallait au marquis; on est généralement d'accord qu'elle avait des qualités, et que si quelque chose a pu excuser le mariage aux yeux du roi, ce fut, sinon les convenances, au moins les motifs d'une alliance qui pouvait être plus extravagante encore de la part d'un sexagénaire catarrheux et hypocondriaque.

La société du marquis d'Argens et de Frédéric a été particulièrement remarquable par les *farces*, car on peut leur donner ce nom, que le prince joua ou fit jouer à son courtisan philosophe. La singularité du caractère de celui-ci prêtait beaucoup à ce genre d'amusement.

D'Argens avait cet esprit et cette vivacité provençale qui prêtent quelquefois au ridicule, ou au moins à rire; souvent il lui échappait des gasconnades et des naïvetés qui fournissaient au roi ample matière à persiflage. Il aimait à raconter ses tours de jeunesse et les anecdotes de sa vie, dont il avait instruit, mais non édifié, l'Europe, dans les *Mémoires* qu'il en a écrits.

Il avait quelquefois des boutades qui, jointes aux assiduités qui le retenaient auprès de mademoiselle Cochois, le faisaient s'absenter de chez le roi, qui voulait avoir à souper les gens de lettres, avec la même régularité que ses secrétaires le matin à l'heure du travail.

Ayant fait demander au marquis pourquoi on ne le voyait point depuis quelque temps, il s'excusa en disant qu'il était malade. Le roi savait le contraire, et le parti fut pris de s'en venger.

Mademoiselle Cochois avait fait présent au marquis d'une belle robe de chambre (c'était avant leur mariage). Enchanté du présent, il voulut l'essayer à l'instant, et la trouva tellement à son gré, qu'il ne la quitta point de la soirée. Le roi cependant lui fait connaître une seconde fois qu'il l'attend le soir même à souper; même réponse, qu'il est malade.

Frédéric, pour dérouter les plaisirs de la société du marquis, imagina de lui faire dire qu'ayant appris le triste état de sa santé, craignant les suites funestes d'une maladie aussi dangereuse

dangereuse que celle dont il était attaqué, et desirant qu'il mourût en bon chrétien, il avait ordonné aux prêtres catholiques de lui administrer le sacrement de l'extrême-onction, et qu'ils iraient ce soir même s'acquitter de ce pieux devoir. Le marquis ne savait que penser de cette annonce; il croyait bien le roi capable de donner un pareil ordre aux prêtres catholiques, mais il doutait pourtant qu'il osât faire un tel scandale dans son palais. L'essentiel pour lui était de faire croire qu'il était réellement malade; il s'empaqueta donc la tête.

Le roi s'affubla d'un surplis et d'une étole, fit mettre deux ou trois autres personnes en noir, et tous descendirent en procession, comme portant l'extrême-onction au marquis, logé au-dessous de l'appartement du roi. Celui qui marchait le premier avait une sonnette qui fut entendue dans les appartemens, dès l'instant qu'ils furent sur l'escalier. On ne douta plus que ce ne fût le sacrement des malades que l'on apportait. La Pierre, domestique du marquis, alla voir, et s'aperçut bientôt de ce que c'était. Pour ne pas être trouvé debout, et par conséquent passer pour menteur, le prétendu malade se hâta de se mettre

D

au lit sans se déshabiller et sans ôter sa belle robe de chambre à fleurs d'or. A l'instant la procession entra lentement et gravement, et vint se ranger en cercle devant le lit. Le roi qui fermait la marche, se place au milieu de ce cercle, et annonce au marquis que l'église, toujours tendre mère et pleine de sollicitude pour ses enfans, lui envoie les secours les plus propres à le fortifier dans l'état critique où il se trouve ; il lui fait une courte exhortation pour l'engager à se résigner, et ensuite soulevant la couverture du lit, il lui verse une bouteille d'huile d'olive sur la belle robe de chambre, en disant à son frère mourant, que cet emblème de la grace lui donnera immanquablement, pour peu qu'il ait le don de la foi, le courage nécessaire pour passer dignement de cette vie dans l'autre ; après quoi la procession se retira du même pas, et aussi sérieusement qu'elle était venue.

Il est aisé de comprendre combien cette scène fit rire à la cour, et aux dépens du marquis ; mais ce qui l'affligea le plus, ce fut la perte de la robe de chambre qui, par cette farce, se trouva tachée à ne pouvoir plus être portée. Le marquis ne se serait point attendu à une mystification aussi complète ; mais Frédéric en avait déjà joué de pareilles à peu près où le marquis d'Argens lui-même avait eu part, et qui devaient lui faire savoir à quoi il pouvait s'attendre en pareille matière.

En voici un exemple, que nous tirons de M. Thiébault, et qui est également attesté par ceux qui ont écrit la vie de Frédéric.

« Le pasteur d'un village, situé au fond de la Poméranie prussienne, irrité contre le roi, on ne sait trop pourquoi, fit, dans un sermon sur le meurtre des innocens, une sortie violente contre lui, et le compara au tyran Hérode. Bientôt l'on fut instruit à Postdam de cet excès de folie, et le club philosophique eut à délibérer s'il fallait punir le coupable, et ensuite quelle peine lui serait infligée. En conséquence de l'arrêté qui fut pris à cet égard, le pasteur reçut un mandat en bonne forme, mais bien grave et bien sec, par lequel le vénérable consistoire supérieur lui enjoignait de se présenter en sa séance, tel jour, à Postdam (1). Cet homme, très-inquiet, ne

---

(1) On appelle consistoire, dans la religion réformée, une assemblée de docteurs et pasteurs d'un arrondissement de pays quelconque, qui connaissent de la discipline et des matières relatives au culte et à l'instruction religieuse.

vit d'autre parti à prendre que celui de l'obéissance ; il fit sur les chariots de poste cette longue route dans les froids les plus rigoureux de l'hiver. Les ordres étaient donnés partout pour qu'il ne pût découvrir la fausseté du mandat. On sut à point nommé son départ et son arrivée. Il n'avait encore eu le temps de faire aucune information, qu'un homme, ayant le costume d'un bedeau, vint le prendre et le conduire au consistoire assemblé, où se trouvaient avec le roi qui présidait, plusieurs gens de lettres de sa société, et le marquis d'Argens. Tous étaient vêtus en pasteurs ou en anciens, habits et manteaux noirs, grandes perruques, chapeaux ronds, maintien grave.

» M. le président commença par lui demander s'il était *tel*, pasteur à *tel* endroit. Après une réponse affirmative, il lui dit que le vénérable consistoire avait appris qu'il était scandaleusement ignorant, même dans les choses dont il était chargé d'instruire ses ouailles, et que l'on avait décidé, vu l'importance de l'accusation, qu'il serait mandé pour être examiné et interrogé à cet égard; et qu'ainsi, et d'après les ordres du vénérable consistoire, il allait lui faire quelques questions relatives à la doctrine de la sainte église. Ensuite il lui demanda combien il y avait eu d'Hérodes, rois en Judée. Ici le pauvre pasteur, qui n'avait jamais ouï parler que d'un seul Hérode, ne put répondre qu'avec embarras et tremblement: qu'il pensait qu'il n'y en avait eu qu'un. « Vous vous trompez, mon frère, répliqua le président; on en en distingue deux, qui sont très-connus, *Hérode l'Ascelonite*, surnommé le Grand, et *Hérode Antipas*, son fils. Mais lequel des deux ordonna le massacre des nouveaux nés ? et quel âge fallait-il avoir pour n'être pas compris dans cette proscription ? » Après avoir vainement attendu une réponse à ces nouvelles questions, le président reprit la parole, et dit au pasteur : « Ce n'est qu'avec une vive douleur, mon frère, que nous voyons qu'on nous a fait un trop fidèle rapport sur votre compte. Comment avez-vous pu, étant vous-même dans les plus épaisses ténèbres de l'ignorance, vous charger de l'important et redoutable emploi d'éclairer les enfans de l'église ? Ne concevez-vous pas que Dieu et les hommes vous reprocheront éternellement les égaremens du troupeau qui vous est confié, tant les égaremens d'où vous ne l'avez pas ramené, que ceux où vous l'aurez fait tomber ? Et s'il est vrai que nos crimes ne sont en général que des résultats de notre ignorance, jugez vous-même du risque où vous vous exposez ? Malheureux ! vous vous damnez ; et sans doute vous en seriez le maître, s'il ne s'agissait que de vous ! mais doit-on encore vous permettre de damner ceux que vous avez à conduire au port du salut ? Non, sans doute, et nous devrions vous déposer, ou au moins vous interdire pour un temps. Cependant nous n'oublions pas que l'esprit de la religion est un esprit de douceur et de charité, et nous différerons encore, pour cette fois, cet acte de rigueur, dans l'espérance que vous vous corrigerez ; que vous vous imposerez la loi de ne jamais parler de ce que vous n'avez pas appris ; que vous consacrerez tous vos momens à l'étude, et qu'en un mot, vous nous promettrez ici, sur votre conscience et votre salut, de ne rien négliger pour édifier autant par vos lumières et votre retenue, que vous avez scandalisé par votre insouciance et votre témérité. Allons donc, mon frère, retournez dans votre paroisse, vous humiliant, vous confondant devant le Seigneur, et n'oubliant pas que le vénérable consistoire aura toujours les yeux ouverts sur vous. »

Le pasteur, ainsi congédié, fut reconduit à son auberge par le bedeau supposé, qui lui conseilla de bonne amitié de repartir tout de suite. Il revint en effet à Berlin le même jour (l'affaire s'était passée à Postdam); mais ayant voulu voir quelques amis avant de continuer sa route, il apprit, et n'en fut que plus effrayé, que jamais le consistoire supérieur ne s'assemblait à Postdam, et qu'enfin c'était le roi qui lui avait donné cette leçon, pour le punir de la belle comparaison qu'il avait osé faire aux fêtes de Noël.

Nous n'examinerons pas ici jusqu'à quel point Frédéric pouvait manquer aux devoirs de la royauté en se jouant d'institutions respectées parmi les hommes; mais il a beaucoup mieux fait de plaisanter le pasteur médisant et de le mystifier, que de l'avoir envoyé en prison ou fait quelque chose de pis, comme auraient pu faire ses frères les autres rois.

Quoi qu'il en soit, le marquis d'Argens eut à essuyer un genre à peu près semblable de persiflage, mais qui ne fut pas le dernier de ceux dont le roi s'amusa à ses dépens.

En effet, le marquis s'obstinant encore une

autre fois à rester dans sa chambre sous prétexte de maladie, Frédéric lui adressa une épître en vers, où il le plaisantait et faisait l'énumération de tous les maux qui peuvent accabler le genre humain. Le marquis, au lieu de sortir comme le roi l'avait cru, lui écrivit la réponse suivante : « Sire, votre épître est charmante ; mais vous avez oublié de parler des maux de dents ; c'est grand dommage. J'ai l'honneur d'être, etc. »

Ayant montré ce billet à quelqu'un avant de l'envoyer, on lui représenta que répondre ainsi au roi, c'était le provoquer et s'exposer à une suite de mauvaises plaisanteries. Vous avez raison, répond d'Argens, et la lettre est déchirée. Mais, mon ami, continua-t-il, comment donc faire ? — Sortir et aller chez le roi. — Mais il fait du vent ? — Enveloppez-vous bien. — Mais les vents coulis ? — Mettez votre capuchon.

Malgré ces bonnes raisons, la crainte des vents coulis l'emporta, et il ne sortit point. Il fit seulement au roi une réponse moins laconique que la première. Le roi fut piqué. Lorsqu'il revint, il lui dit à table : Marquis, j'ai une proposition à vous faire. — Quelle, Sire ? — C'est d'épouser Madame de Buchwalde, grande gouvernante de Madame la duchesse de Gotha. Elle est maladive comme vous ; elle aime à rester au lit ; vous vous amuserez ensemble à faire des maladies. — Mais, Sire, j'ai une femme que j'aime et que j'honore. — Bon, bon, cela ne fait rien ; suivez toujours mon conseil. — Le marquis se fâche, et le roi qui s'en aperçut, se tut. Un moment après, le marquis reprend son air riant ; Frédéric croit pouvoir recommencer ; et le voilà à proposer encore Madame de Buchwalde. — Eh bien, oui, Sire, dit le marquis de l'air le plus gai, j'épouserai cette dame, mais à une condition. — Et quelle est-elle ? dit le roi. — C'est, dit alors le marquis, d'un air très-sérieux, qu'aussitôt après mon mariage, nous irons, elle et moi, aussi loin d'ici qu'il sera possible. Le roi parut embarrassé, ne dit mot et se leva de table. Le marquis se retira chez lui, et fut six semaines sans voir le roi.

Au bout de ce temps, Frédéric impatienté se mit à dire : C'en est trop, le marquis se f. de moi ; il faut qu'il vienne. D'Argens apprend ce propos, et revient. On l'invite à dîner ; il s'excuse, et promet de se trouver à sept heures chez le roi. Frédéric avait fait une pièce de vers sur la paresse, dont il comptait régaler le marquis, s'il était venu dîner; mais comme il l'avait dans sa poche, il ne put résister à la démangeaison de la lire aux autres convives. On rit beaucoup. Le colonel Quintus était de ce dîner. A peine fut-on sorti de table, qu'il court chez le marquis en riant encore. Ah! lui dit-il, quel dommage que vous ne soyez pas venu dîner chez le roi! il nous a lu une pièce de vers sur la paresse, où vous étiez arrangé de la belle manière. Ah! comme nous avons ri! Le marquis, qui ne prenait aucun plaisir à ce récit, regarde Quintus avec colère, et lui dit: Parbleu, Monsieur, il faut avouer que vous avez bien peu d'esprit et de jugement! Vous pouvez être un grand savantasse, mais assurément vous ne savez point vivre. Quintus se retira; et voilà le marquis furieux, qui prend une plume et écrit au roi pour lui demander son congé. La lettre était finie, lorsque Catt entre. C'en est fait, lui dit-il, je pars pour la Provence; et il lui raconta l'aventure. Ce n'est que cela? lui dit Catt. Et si je vous donnais un moyen pour parer le trait de cette plaisanterie? Ah! oui, voyons. — Rendez-vous chez le roi à l'heure dite; il ne manquera pas de vous dire qu'il a reçu de Paris une pièce de vers toute nouvelle

Demandez à la voir, il la lira. Trouvez-la bien faite, les vers beaux ; louez-en le style, la finesse des expressions ; sur-tout ne faites pas semblant de vous apercevoir que l'on vous ait eu en vue, et vous verrez qui sera le plus attrapé. Très-bien, dit le marquis. Aussitôt il déchire sa lettre, il s'habille, va chez le roi, et joue son rôle à merveille. Tout réussit à souhait : Frédéric fut déconcerté. Le lendemain il dit à Catt : « Ce diable de marquis, il m'a joué le tour le plus perfide ! Vous savez ma pièce de vers sur la paresse : eh bien ! je la lui lis ; le bourreau, au lieu de sentir le trait, au lieu de se fâcher, m'a applaudi d'un bout à l'autre de l'air le plus vrai et le plus sincère, si bien que j'en suis pour ma peine. »

Cette scène singulière épargna pour quelque temps des plaisanteries au marquis ; mais elles recommencèrent à la première occasion que le roi put retrouver.

D'Argens passait beaucoup de temps à la lecture des livres anciens, et sur-tout des Saints Pères, dont il tirait une foule de citations et de traits qu'il appliquait aux matières qu'il traitait dans ses écrits ou dans la conversation.

M. de Nicolaï raconte à ce sujet une anecdote qui mérite de trouver place ici.

Le roi aimait à le contredire sur son goût pour ce genre d'érudition ; il lui disait souvent : « Ne me parlez point de vos Pères, ce sont des corps sans ames. » Lorsqu'il lui donna un appartement dans le château neuf de Sans-Souci, il y conduisit lui-même le marquis et sa femme, et lui en fit remarquer tous les agrémens et les commodités (1). Il y avait fait arranger une bibliothèque où des *in-folio*

(1) Madame la marquise d'Argens et la célèbre danseuse Barbarini, sont les seules femmes qui aient eu un logement dans le palais du roi ; cette dernière était aimée de Frédéric, et toutes les personnes de distinction qui venaient à Berlin, lui faisaient la cour. Néanmoins elle quitta Berlin pour retourner à Venise, sa patrie ; mais le roi la fit de nouveau rappeler : il allait quelquefois la trouver après qu'elle avait dansé, et il prenait le thé avec elle ; quelquefois il la faisait souper chez lui avec deux ou trois dames et quelques gentilshommes ; le comte de Rotembourg, le comte Algaroti et le chevalier de Chazols étaient ordinairement de la partie ; et le roi feignait de croire qu'ils en étaient amoureux. Chazols répondait qu'il ne jouait le rôle que de Mercure. Un Anglais l'enleva, et le roi la fit enlever à son tour ; enfin un des fils du grand chancelier Cocceji voulut l'épouser. Le roi le permit, et la laissa partir pour aller vivre dans une terre qu'elle avait acquise moyennant les libéralités du roi et le produit de ses talens. (DENINA; *Vie de Frédéric II*, p. 114.)

bien reliés offraient pour titre en gros caractères, *Œuvres des Saints Pères*. Tenez, dit le roi en entrant dans cette pièce, vous trouverez ici vos bons amis dans toute leur gloire. Quand il fut arrivé dans la chambre à coucher ; Il serait indiscret, dit-il, de rester plus long-temps ici ; il ne faut pas gêner le marquis et le laisser à ses aises et à ses bonnets de nuit ; et en disant cela, il se retira.

A peine le roi fut-il sorti, que le marquis n'eut rien de plus pressé que de voler à sa bibliothèque, et d'examiner les ouvrages dont elle était remplie. Il ouvre avec empressement un des volumes des Saints Pères ; mais au lieu des homélies de S. Chrisostôme, il ne trouve que du papier blanc, ainsi que dans les autres volumes.

Le roi se plaisait beaucoup à jouer de semblables tours au marquis : en voici un plus piquant que celui qui précède, et qui mortifia beaucoup le pauvre d'Argens.

Un soir qu'il soupait avec Frédéric, ce prince lui dit : « Marquis, je vous ai acheté auprès d'ici une jolie maison avec un beau jardin ; en voici le contrat : vous pouvez aller l'occuper quand vous voudrez. » Le marquis ne fut pas insensible à ce présent : il retourna chez lui plein d'impatience ; il lui tardait que la nuit fût passée pour aller voir ce joli cadeau. Le lendemain, dès le matin, il se lève, malgré sa grande paresse, et se fait conduire à sa nouvelle maison. Il parcourt le jardin, examine les appartemens, trouve tout charmant et d'un bon goût. Il entre dans le salon qui était beau et garni de peintures. Mais quel fut son étonnement, lorsqu'au lieu de paysages et de marines, il vit dans cette galerie les scènes les plus plaisantes et les anecdotes les plus comiques de sa vie. Ici le marquis, en officier, se trouvait au siége de Philisbourg, et témoignait de la poltronnerie ; là, il était aux genoux de sa belle comédienne ; plus loin, son père le déshéritait. Un autre tableau le représentait à Constantinople ; dans un autre on voyait un chirurgien occupé à lui faire une opération que ses aventures galantes avaient rendue nécessaire ; ailleurs des religieuses, pendant la nuit, le tiraient dans une corbeille par la fenêtre de leur couvent ; dans tous ces tableaux le marquis reconnaissable était représenté dans des attitudes comiques.

Ce spectacle auquel il ne s'attendait pas, le mit dans une colère furieuse; il examina bien tout, et ensuite envoya chercher un barbouilleur, et fit tout effacer. Le roi, instruit de cette scène, s'en amusa beaucoup; il la racontait à tous ceux qui voulaient l'entendre.

Malgré la petite guerre que ce prince lui faisait, et les sarcasmes qu'il lui lançait à propos de sa paresse, de ses maladies imaginaires, il ne l'en aimait pas moins. Il voulut, un jour lui en donner une nouvelle preuve en augmentant la pension qu'il lui faisait; mais d'Argens lui répondit, en présence de plusieurs personnes qui étaient présentes: « Sire, j'ai assez; votre Majesté a beaucoup de pauvres officiers, c'est à eux qu'il faut donner. » Le roi, charmé de cette réponse honnête et désintéressée, l'en estima davantage, sans cesser pour cela d'avoir de temps en temps des tracasseries avec lui.

Le marquis, de son côté, paraissait être attaché au roi autant et plus peut-être qu'aucun des beaux esprits qui étaient à la cour.

Après la guerre de sept ans, et lorsqu'on attendait Frédéric à Berlin, les habitans avaient fait des préparatifs pour recevoir ce grand prince d'une manière à lui témoigner l'admiration et l'enthousiasme que leur inspiraient ses victoires. Tout le monde voulait prendre part à l'entrée triomphante du roi. Malgré sa paresse, le marquis résolut d'en être. Plusieurs personnes formèrent des compagnies à pied et à cheval avec des uniformes neufs. La plus considérable était celle du prince Goltskowski, qui était à cheval. Le marquis s'y était rangé, chose assez extraordinaire, parce qu'il ne s'habillait presque jamais que pour aller chez le roi, et alors il y avait plus de six mois qu'il n'était sorti de sa chambre. Comme il y avait bien vingt ans qu'il n'était monté à cheval, tout le monde lui conseillait de ne pas s'exposer dans cette bruyante et tumultueuse cavalcade. L'enthousiasme qu'il avait pour le roi, lui fit rejeter pour cette fois tous les conseils. Il fit broder un bel uniforme, et l'on chercha un cheval fort doux, qu'il montait tous les matins dans sa cour, quinze jours avant la cérémonie ; précautions passablement bizarres pour un homme qui avait servi, même dans la cavalerie ; mais il était devenu vaporeux et hypocondriaque à l'excès.

Il avait annoncé au roi qu'il irait au-devant de lui avec la cavalcade à la tête de la compagnie

gnie de Goltskowski, et qu'il aurait l'honneur de le complimenter. Le roi fit son possible pour le détourner de cette expédition, mais il persista; enfin Frédéric lui écrivit positivement, avant son arrivée, de ne point faire tous ces préparatifs, et de le dire aussi de sa part aux Berlinois; ajoutant qu'il arriverait très-tard pour éviter toutes ces cérémonies, qu'il n'aimait pas.

Mais le marquis d'Argens ne se tint pas pour battu; il fit une longue réponse au roi, dans laquelle il lui prouve, par une longue suite d'argumens, qu'il est obligé de recevoir les complimens de ses fidèles sujets, et qu'il ferait mal de troubler leur joie. Persuadé que cette lettre produirait l'effet qu'il en attendait, il monta à cheval plein de confiance: c'était le 30 mars 1763; il faisait froid et le temps était mauvais; une foule innombrable était rassemblée auprès de la porte de Berlin, qui porte le nom de Francfort; on avait attendu le roi dès les deux heures après midi, et à cinq heures on attendait encore; on murmurait d'impatience et de lassitude.

Au milieu de ce tumulte, dit M. de Nicolaï, de qui nous empruntons cette anecdote, je rencontrai, par hasard, le marquis; s'il ne m'eût pas adressé la parole, je n'aurais jamais pu le reconnaître, car je ne l'avais jamais vu qu'avec ses deux robes de chambre et ses deux bonnets de nuit. C'était une chose plaisante de le voir avec son uniforme brodé et sa perruque ronde à petite queue; le froid et l'impatience l'avaient mis de mauvaise humeur, et il déclamait contre le roi avec la plus grande vivacité. « N'avoir pas suivi mes conseils, disait-il, après tout ce que je lui ai dit, cela est indigne! Je lui ai écrit qu'il était obligé de recevoir de son peuple les témoignages de sa joie et de son attachement; cela est impardonnable de ne pas venir! Dès que je le verrai, je lui dirai bien son fait. » Il fut impossible de l'appaiser; enfin au bout d'une heure, ne pouvant plus supporter le froid, il consentit à rentrer dans la ville, et il continua de gronder pendant tout le chemin, jusqu'au château où il se rendit pour attendre avec la cour. Le roi arriva à près de huit heures du soir. Après son dîné il était allé voir le champ de bataille de Kunnersdorff, près de Francfort sur l'Oder, où ses troupes avaient été battues, en 1759, par le général Laudon, autrichien, et le général russe Soltikoff; ce qui ne devait pas lui avoir inspiré des idées bien gaies : il avait cru que le marquis avait fait savoir sa volonté aux habitans de

Berlin, ou que du moins les compagnies, lasses d'attendre, se seraient dispersées; mais il fut entouré tout-à-coup d'une si grande foule de peuple, que son carrosse pouvait à peine avancer. Les flambeaux, le tumulte, la multitude de vers dont on l'accablait de toutes parts, la crainte que quelqu'un ne fût blessé dans la foule; tout cela le mit de mauvaise humeur; il se glissa dans la ville le plus vîte qu'il put, et se rendit au château par un détour.

Quelques jours après, continue M. de Nicolaï, je vis le marquis d'Argens; il me raconta en détail tout ce qui s'était passé entre le roi et lui lorsqu'il lui avait parlé tête à tête, et il ajouta avec sa naïveté ordinaire: « Je ne le lui ai pas mâché, je lui ai dit tout net qu'il aurait dû faire ce que je lui avais écrit: il voulait tourner la chose en plaisanterie; mais je vous l'ai taucé d'importance ».

Un des traits les plus singuliers du caractère de d'Argens, était le mélange de superstition et d'incrédulité que l'on remarquait en lui, et qu'il faisait paraître dans mille circonstances: il croyait fermement aux pressentimens, aux présages. Une salière renversée, la rencontre imprévue d'une vieille femme, d'un troupeau de cochons, d'un homme vêtu de noir, suffisait pour le remplir d'inquiétude et d'effroi. Dès qu'il était sorti du lit, il en fermait avec soin les rideaux, et malheur à qui les aurait entr'ouverts par hasard ou autrement, c'était un présage des plus effrayans.

Il n'était pas moins alarmé d'une apparence de rhume ou de fluxion; toujours malade de la peur de le devenir, et craignant la mort au point de mourir de peur. Tous ceux qui ont parlé de lui en racontent les mêmes faiblesses et attestent son hypocondrie. Rien n'était aisé comme de lui faire accroire qu'il était malade, et si on lui disait qu'on le trouvait pâle, il n'en fallait pas davantage pour qu'il s'enfermât sur-le-champ et se mît au lit. Il ne sortait presque jamais que pour aller chez le roi; quand il était dans sa chambre, deux ou trois robes de chambre, mises l'une sur l'autre, le garantissaient du froid; un bonnet de coton lui descendait sur les oreilles et était surmonté d'un autre bonnet de laine qui achevait l'emballage de sa tête. Quelques nuages, un léger brouillard, une petite pluie, un vent un peu froid survenait-il? c'était assez pour l'attrister, pour le chagriner, pour le forcer à rester chez lui, et même résister aux invitations du roi: on l'a vu rester ainsi claquemuré des semaines entières pour une semblable cause.

M. de Nicolaï nous fournit encore un autre exemple de sa risible susceptibilité et de son extravagance en fait semblable.

Pendant la guerre de sept ans, le roi lui avait permis de demeurer à Sans-Souci, et avait ordonné que tous les appartemens lui fussent ouverts comme si le palais lui eût appartenu. Dans ces entrefaites, Cothenius lut à l'académie un mémoire sur le danger des ustensiles de cuivre dans les cuisines : le marquis fut tellement frappé de ce mémoire qu'il craignait à chaque instant d'être empoisonné, ne parlait d'autre chose pendant tous ses repas, et fit promettre solennellement à sa femme de bannir toute espèce de cuivre de sa cuisine.

La famille du marquis, continue M. de Nicolaï, vivait à Sans-Souci assez retirée ; et sa femme, quoiqu'assez raisonnable, aimait l'amusement. Elle s'avisa un soir de donner un petit bal de famille dans la maison du premier jardinier du roi: le marquis y consentit; mais comme on craignait que ses inquiétudes et ses singularités ne troublassent la fête, on eut soin de lui faire remarquer que l'air était fort froid, que le ciel était couvert; on savait bien qu'une remarque comme celle-là suffisait pour lui faire croire qu'il était malade et pour l'engager à se mettre au lit. Il n'y manqua pas, et aussitôt on alla dans la maison du jardinier, comptant bien que le marquis serait promptement endormi. Il s'endormit en effet, mais bientôt il se réveilla, rêvant sans cesse de cuivre et de poison, et appela à grands cris la Pierre; mais personne ne répondit; tout le monde était allé au bal. Il s'en doutait et ne se fâcha point; mais se voyant seul dans la maison, il en profita pour aller faire une visite, tout à son aise, dans la cuisine, et voir si tout le cuivre en avait été banni, comme on le lui avait promis. Il se lève sans culottes, passe seulement une robe de chambre, allume une bougie à sa lampe, et va droit à la cuisine; la première chose qu'il y aperçoit, ce sont des casseroles de cuivre, et, pour comble d'effroi, une dans laquelle était un reste de ragoût dont il avait mangé à son dîné (1). Aussitôt la colère le transporte; il prend la casserole et court, tel

(1) Sans prétendre justifier les extravagances du marquis d'Argens, il est certain que l'usage des casseroles de cuivre étamé, a été et est tous les jours la cause d'un source d'accidens, et qu'une multitude de maladies des entrailles en sont le résultat journalier.

qu'il était, à l'endroit du bal, pour y gronder sur-le-champ sa femme et ses domestiques. Il fallait descendre par des terrasses et traverser tout le jardin, qui est assez large, pour aller de chez lui à la maison du jardinier. Le marquis fit tout ce chemin dans l'obscurité et avec la plus grande célérité; il ouvre avec précipitation la porte du bal; on y voit paraître le marquis en robe de chambre, nus pieds (car il avait perdu ses pantoufles), deux ou trois bonnets sur la tête; les pans de sa chemise flottant au gré du vent, tenant à la main une casserole avec les restes du ragoût, et criant, *je suis empoisonné! je suis empoisonné!* Après cela il se répand en reproches contre sa femme et menace ses domestiques de les chasser tous pour avoir employé des casseroles de cuivre, contre ses ordres. On eut bien de la peine à l'appaiser; mais faisant tout-à-coup réflexion à l'état où il se trouvait et au danger qu'il avait couru de s'exposer presque nu à un air froid, pendant la nuit, il fut dans de nouvelles transes; on l'empaqueta bien, on le couvrit bien, et on le reporta dans son appartement.

Ces extravagances faisaient rire Frédéric; mais, sans rien diminuer de son estime pour le marquis, elles affaiblissaient seulement la considération qu'il lui avait d'abord inspirée. La superstition minutieuse et habituelle qu'il remarquait en lui, ajoutait encore au discrédit du philosophe dans l'esprit du monarque.

M. Thiébault nous a conservé des traits de ce dernier genre de faiblesse du marquis; elles méritent d'être rapportées ici, parce qu'elles confirment ce que nous en avons déjà dit, et seront un exemple de plus des bizarres contradictions que l'on remarque parmi les hommes lettrés de cette époque. Occupés toute leur vie à combattre la superstition ou ce qu'il leur plaisait de qualifier ainsi; prêchant sans mission et sans objet, s'échauffant sur des matières dont personne ne leur demandait compte, on les a vus souvent, à la fin de leur vie, avoir des faiblesses de vieille femme, et mourir avec tout l'attirail d'une conversion tardive.

La seconde cause de discrédit où était tombé le marquis d'Argens, dit M. Thiébault, était ses propres faiblesses, et sur-tout sa superstition. « Il craignait la mort au point que la seule idée d'en être menacé pouvait lui faire faire des choses ridicules. C'est d'après ces dispositions qu'ayant ouï dire que l'urine de ceux qui approchaient de ce dernier terme de la vie, se noircissait dans les vingt-quatre heures, il a été long-temps dans l'habitude d'en conserver de la sienne dans des vases qu'il allait examiner plusieurs fois le jour, jusqu'à ce que quelques personnes, instruites de cette pusillanimité, eussent secrètement découvert ce dépôt et y eussent mêlé un peu d'encre; ce qui l'effraya tellement, qu'il fallut lui avouer la supercherie qu'on lui avait faite, pour lui sauver une maladie grave. Il lui était impossible de tenir à une table où il y avait treize convives; je l'ai vu à un repas, où j'étais à côté de lui, prendre mon couteau et ma fourchette qui, par hasard, étaient croisés, et les décroiser; et comme je lui témoignais ma surprise de lui voir prendre ce soin, il me dit : « Je sais bien que cela n'y fait rien ; mais ils seront aussi bien comme je les place. »

« Sa nièce, madame de la Canorgue, m'a raconté que dans le temps qu'il travaillait à son long ouvrage sur l'esprit humain, il lui arriva un soir de se trouver si bien disposé et si heureusement inspiré, qu'il ne fut pas possible de lui faire quitter son bureau avant minuit, et qu'il vint souper très-content de lui-même et fort gai, quoique son gigot se fût desséché devant le feu à l'attendre ; mais qu'en s'étant rappelé, en se mettant à table, que c'était le premier vendredi du mois, il était allé à l'instant même jeter au feu tout ce qu'il avait écrit dans la journée. »

« Le jeune prince Guillaume de Brunswick, en me parlant du silence respectueux dans lequel il se renfermait à la table du roi son oncle, me disait, continue M. Thiébault, que seulement lorsque la conversation paraissait languir, il avait soin de pousser quelques plats vers celui qui paraissait vouloir en prendre, mais de le pousser de manière à renverser une salière ; sur quoi le roi ne manquait pas de s'écrier : « Ah ! mon neveu, qu'avez-vous fait ? Eh vite, vite, jetez une pincée de sel au feu ! jetez-en une autre par-dessus votre épaule gauche ; » faisant allusion aux craintes que cette salière renversée inspirait au marquis d'Argens.

A peine la guerre de sept ans fut-elle terminée, que le marquis alla à Aix voir sa famille. Soit amitié, soit que Frédéric fût bien aise d'avoir quelqu'un à sa cour qui fût l'objet de ses plaisanteries, et plus probablement l'un et l'autre, ce prince fit son possible pour en hâter le retour. Pour y parvenir, il usa d'un moyen qui remplissait deux objets ; l'un de turlupiner le marquis ; l'autre de jeter du ridicule sur la religion catholique ; il composa un *Mandement de monseigneur l'évêque d'Aix, contre les impies se disant philosophes ;* il en fit parvenir des exemplaires sur la route, de manière que le voyageur pût les apercevoir dans les auberges où il se retirait. Le marquis y était désigné de manière à être reconnu et personnellement excommunié. Le mandement avait tous les caractères de ce genre d'écrits ; le ton en était apostolique ; les citations très-chrétiennes, et les discussions plus animées par le zèle que fortifiées par des raisonnemens approfondis. Il y avait donc tout ce qu'il fallait pour que le marquis y fût trompé ; il le fut aussi de la manière la plus complète. Le chagrin qu'il en conçut fut extrême, sur-tout à cause de son frère, premier président du parlement de Provence. Dans sa colère, il ne songeait qu'à se venger : l'imprimé ne sortait pas de ses mains ; à chaque instant il y reportait les yeux ; à la fin, en relisant le titre et le préambule, il vit que le saint pasteur se qualifiait d'*évêque,* et non pas d'*archevêque ;* et cette observation fut pour lui un trait de lumière qui lui fit deviner la supercherie. Aussi, dès le lendemain fit-il mettre à la poste une lettre où, rendant compte à Frédéric de son empressement à le rejoindre, il lui racontait comment le démon de la guerre avait cherché à soulever une brebis fidelle contre son pasteur : « Que le diable voulant faire le mal, n'est presque jamais assez fin; qu'en ce cas particulier ce génie de discorde avait négligé de consulter l'*Almanach royal*, livre très-précieux, que l'on n'aime point en enfer, attendu que, comme l'a observé un roi très-chrétien, c'est, après les livres saints, celui qui contient le plus de vérités; que si le diable avait jeté les yeux sur l'Almanach royal, il y aurait vu que la ville d'Aix a un *archevêque*, et non simplement un petit *évêque*, ainsi que tant de bicoques; que cette erreur décelait tout à-la-fois l'ignorance et l'œuvre du méchant; que pour lui, dès qu'il aurait mis son hommage aux pieds de sa majesté, il ferait un traité complet, historique, philosophique et chrétien sur les ruses et les maladresses du malin esprit, et que s'il ne parvenait pas à faire rougir le père du mensonge, il contribuerait au moins à prévenir les ames simples et honnêtes contre ses piéges; qu'en attendant il allait écrire à notre Saint-Père le Pape, pour lui dénoncer cette diablerie, en interjeter appel au futur concile, et cependant demander que cet écrit de ténèbres fût frappé d'un juste anathême et convenablement marqué à l'index. »

L'auteur des *Lettres sur Frédéric II*, rapporte de quelle manière le roi reçut le marquis à son retour; et si l'anecdote est vraie, comme il y a lieu de le croire, d'après le caractère du principal personnage, le pauvre voyageur n'eut pas trop à se louer de son empressement à venir se mettre aux pieds de sa majesté.

Le roi était au vieux Sans-Souci, dans sa chambre, avec M. Catt, lorsqu'on lui annonça le marquis d'Argens : il le fait attendre un moment; enfin il va dans le salon, suivi de M. Catt. Le marquis fait la révérence (1).

Le roi à M. Catt. Catt, ne pourriez-vous pas m'apprendre quel est ce monsieur-là?

(1) M. Catt était suisse d'origine et attaché à la Cour de Frédéric II ; il n'y joua pas un rôle comparable à celui du marquis d'Argens, de la Mettrie ou d'Algaroti; mais le roi eut pour lui beaucoup d'estime et de considération. Il y eut de la division sur la fin. M. Catt se résigna à vivre, avec ses pensions, en homme réservé et tranquille. Il a rempli long-temps l'insignifiant emploi de lecteur du roi. Il est mort, il y a quelques années, à Berlin : il avait fait une espèce de *Journal*

Catt. Sire, c'est le marquis d'Argens.

Le roi. Le *marquis d'Argens !* Cela n'est pas possible. Le marquis a toujours des bas malpropres, une chemise sale, un habit tout ras. Voyez comme ce monsieur est propre ! considérez ses beaux bas, cette belle chemise blanche, ce bel habit propre. Non, non, ce n'est pas là le marquis d'Argens; ce ne saurait être lui.

Catt. Sire, c'est lui-même.

Le roi. Mon Dieu ! cela n'est pas possible, vous dis-je; le marquis n'a jamais été si propre que cela. Vous vous trompez assurément. Dites-moi donc qui c'est ?

Catt. C'est le marquis d'Argens qui, depuis trente ans, sert fidèlement votre Majesté.

Cette turlupinade commençait à ennuyer le marquis, qui allait se fâcher, lorsque le roi finit la plaisanterie, s'approche de lui, l'embrasse

ou *Mémoire* de tout ce qu'il avait vu ou appris à la Cour du roi. On ignore ce que cet ouvrage est devenu après sa mort.

La pièce de vers que Frédéric lui adresse, et qui commence ainsi :

<blockquote>
O Catt ! nos jours, nos ans s'écoulent ;
Qui peut hélas ! les racheter ?
</blockquote>

est une des plus jolies que ce prince ait faites.

et l'emmène avec M. Catt faire quelques tours sur la terrasse. Ces témoignages de considération ne dissipèrent pas entièrement, cependant, la mauvaise humeur que le premier accueil avait inspirée au marquis.

Il était sujet aux rhumatismes. Un jour qu'il en souffrait beaucoup et qu'il était dans la chambre où l'on attend le roi, ce prince entra et lui dit : « Le temps est beau; allons nous promener. » Sire, lui dit le marquis, je souffre et ne saurais marcher. Le roi se promena avec M. Catt. Lorsqu'il fut de retour, il causa, comme à l'ordinaire, avec le marquis; mais lorsqu'il le sut rentré chez lui, il lui envoya un de ses palfreniers avec une étrille, pour lui offrir son petit ministère de la part de sa majesté.

Le lendemain, à dîner, le roi lui dit : « Eh bien, marquis, comment vous trouvez-vous ? Je vous ai envoyé hier mes gens pour vous guérir. Sire, répond le marquis piqué, je ne suis ni un cheval ni un mulet; mais, depuis quelque temps, je m'aperçois que je suis un âne ». Le roi sentit bien que le marquis voulait dire qu'il se repentait d'être venu. Il fut piqué, à son tour, de la réponse du marquis, se leva de table, et depuis ce jour il y eut des picoteries continuelles entre eux.

M. Thiébault a observé, dans ses *Souvenirs à Berlin*, que le peu de ménagement que Frédéric observait à l'égard du marquis, quoiqu'il l'aimât, tenait à ses habitudes superstitieuses dont il ne se guérissait point, à ses hypocondries excessives, mais sur-tout à son mariage, qui s'était fait à l'insu du roi et avec une comédienne dont le marquis n'avait point d'enfant, et qu'il pouvait très-bien conserver comme maîtresse, ainsi qu'il faisait depuis long-temps.

Ce n'est pas, comme nous l'avons remarqué, que madame d'Argens n'eût des qualités estimables et qu'elle ne se conduisît très-bien ; que même Frédéric ne lui marquât de la considération, puisqu'elle fut la seule femme qui, avec madame Barbarini, logeât à la cour ; mais le roi était mécontent de cette alliance faite sans sa participation, et ne put jamais surmonter le ressentiment qu'il en eut.

Aussi le marquis, fatigué de la petite guerre qui existait entre eux, demanda à faire un troisième voyage en Provence. Le roi le lui refusa ; et le marquis, pour s'en venger, composa un dialogue entre un officier espagnol et un un capucin, où il peint sa situation et les tours que Frédéric lui joue.

Dialogue entre un Capucin et un Officier espagnol, par le Marquis d'Argens.

Dom PEDRO, Officier espagnol; et le Père IRENÉE, Capucin.

DOM PEDRO.

« En vérité, mon révérend père, je ne me serais jamais imaginé retrouver mon ancien ami dom Lopez, sous un habit de capucin. Depuis quand portez-vous le froc?

LE PÈRE IRENÉE.

Quelque temps après avoir quitté Valence, où notre régiment fut réformé, dans l'embarras de trouver un état où je pusse vivre en repos, et le cœur plein des inquiétudes et des chagrins que j'avais éprouvés, je formai enfin le dessein de quitter le monde, et je me fis moine.

DOM PEDRO.

Mais comment pouvez-vous vous accoutumer à un état si différent de celui où vous viviez auparavant?

LE PÈRE IRÉNÉE.

On s'accoutume à tout, l'habitude est une seconde nature; au commencement il me paraissait un peu dur de vivre éloigné de la société de tous les hommes; mais en faisant réflexion à tout ce que j'avais souffert, la solitude me parut agréable. J'étais obligé de réciter des psaumes soir et matin, je les récitais en paix et en tranquillité, et quand l'office était fini je faisais ce qu'il me plaisait dans ma cellule. Je mangeais une nourriture grossière; mais je la digérais bien, parce que personne ne venait troubler ma digestion. Je me disais à moi-même : combien de gens n'as-tu pas vus dans le monde, éprouver le même sort que toi? Dieu n'a-t-il pas dit à Adam, qu'il mangerait son pain à la sueur de son front? Enfin l'habitude et la réflexion me rendirent mon état si agréable, que je serais bien fâché maintenant de retourner dans le monde. Mais vous, mon ami Pedro, qu'avez-vous fait depuis trente ans que je ne vous ai vu?

DOM PEDRO.

Deux ans après vous avoir quitté, j'entrai au service du duc de *Médina Celi*, et j'y suis toujours resté depuis.

LE PÈRE IRENÉE.

Quel est votre emploi chez le duc, et à quoi lui servez-vous?

DOM PEDRO.

A vous dire le vrai, je n'en sais rien; je ne conçois pas encore à quoi je pourrais lui être utile à moins que ce ne soit à lui fournir l'occasion de se divertir par toutes sortes de plaisanteries; mais comme le bon Dieu ne m'a pas encore doué de ce renoncement à moi-même, qui fait la vertu d'un bon religieux, il m'est plus difficile de m'accoutumer à ces plaisanteries, qu'à vous de chanter vos psaumes.

LE PÈRE IRENÉE.

Mais, dom Pedro, des plaisanteries ne sont que des plaisanteries; le révérend père Séraphin, notre gardien, dit son petit mot de plaisanterie tout comme un autre; cependant tout notre couvent est très-content de lui. Mais de quelle espèce sont donc ses plaisanteries? ne blessent-elles point la charité chrétienne?

DOM PEDRO.

Il fait des plaisanteries qui mettraient le père gardien dans un grand embarras, s'il en était l'objet; je vais vous en donner un exemple.

Comme j'avais entrepris, il y a quelque temps, un voyage dans les montagnes de l'Estramadure, le duc de Médina Celi, pour se donner une petite récréation, fit imprimer, sous le nom de l'évêque de Madrid, un mandement dans lequel ce prélat conseillait à tous les Espagnols qui me rencontreraient, de me courir sus comme à un esprit fort, à un perturbateur du repos public, à un ennemi de la religion. Je pourrais vous raconter plusieurs autres petits passe-temps, moins dangereux à la vérité, mais non moins chagrinans.

LE PÈRE IRENÉE.

Que pensâtes-vous lorsque vous trouvâtes dans le mandement l'exhortation épiscopale à vous envoyer dans l'autre monde, *ad majorem Dei gloriam?*

DOM PEDRO.

Je pensai qu'il valait encore mieux exposer la vie d'un homme par plaisanterie, que d'en faire brûler cinquante dans un *auto-da-fé*.

LE PÈRE IRENÉE.

La plaisanterie du mandement me paraît un peu forte; quant aux autres, si elles ont blessé votre amour-propre, vous devez en remercier le ciel, car elles serviront à votre salut. Mais n'auriez-vous rien fait, par hasard, qui pût vous avoir attiré ces plaisanteries?

DOM PEDRO.

J'ai souvent examiné ma conduite avec la plus grande sévérité, et depuis vingt-sept ans que je suis au service du duc de Médina Celi, je n'ai rien trouvé que j'eusse à me reprocher; à moins que ce ne soit un aussi grand crime de ne pouvoir servir faute de santé, que faute de bonne volonté.

LE PÈRE IRENÉE.

Je ne sais si c'est un crime auprès des grands, d'être malade et de vieillir; mais, quand cela serait, pourquoi vous tourmenter? Dans l'espace de vingt années j'ai récité dans mon couvent quatre à cinq mille psaumes, et dans l'espace de vingt-sept années vous avez essuyé quatre à cinq mille plaisanteries; cela revient à-peu-près au même. La vie n'est qu'une espèce de comédie, où l'on a souvent plus de peine que de plaisir, et qui finit par la mort. »

L'intention du marquis était de donner ce dialogue au roi, et peut-être même de le faire imprimer, pour mieux se venger des tours qu'il lui jouait; mais Frédéric ayant été incommodé, et le marquis craignant peut-être aussi quelque disgrace trop éclatante, son projet s'évanouit.

Il n'en persista pas moins dans celui de se retirer en Provence ; il avait alors soixante ans passés, ses rhumatismes le tourmentaient, le vent du nord le faisait souffrir, il regrettait le beau soleil de cette province et aspirait au bonheur d'y finir ses jours en liberté ; peut-être aussi craignait-il que s'il venait à mourir sa femme ne pût pas vivre convenablement à Berlin.

Il s'ennuyait de la sujétion des soupers du roi, lui qui n'aimait rien tant que de rester dans sa chambre, enveloppé dans ses robes de chambre ou dans son lit, entre des oreillers et des couvertures. « La société des grands, disait-il quelquefois, est de la nature du péché, au commencement elle paraît agréable ; mais le premier agrément une fois passé, elle trouble le repos ».

Le marquis était convenu avec le roi que dès qu'il aurait soixante ans accomplis, il se retirerait en France et qu'il aurait son congé de plein droit ; cette heure était attendue avec impatience, parce que le roi n'était point d'humeur à le laisser partir une troisième fois ; encore ne fut-ce qu'en employant beaucoup d'adresse et en promettant de revenir au bout de six mois, qu'il permit au marquis de partir, comme on le verra plus bas.

Celui-ci était d'autant plus impatient de retourner dans sa patrie, que dès le voyage qu'il y fit en 1763, son frère lui avait cédé un terrain qu'il desirait à Eguilles, terre dont il était seigneur, pour y bâtir une maison et y former un jardin. Le plan de l'une et l'autre fut arrêté entre les deux frères, et l'on commença de suite les travaux. En 1766 tout fut achevé; la maison séchée, les jardins plantés et bien entretenus, tout par les soins de M. d'Eguilles, son frère, président au parlement d'Aix.

Cependant l'heure avait sonné; le marquis avait atteint sa soixantième année. Depuis long-temps l'on ne parlait plus de la convention; quelque adresse que le courtisan eût mise à en rappeler l'idée, le monarque avait témoigné de l'humeur. Il n'eût pu y revenir sans s'exposer à de cruels reproches ou à des mortifications plus cruelles encore. Cette contrainte lui inspirait un chagrin qu'il ne cachait point à ses amis.

En 1768, il insista de nouveau, et pensant peut-être que le roi ne trouverait pas bon qu'il emportât les originaux des lettres que ce prince lui avait écrites, il les lui renvoya après les avoir rangées dans un ordre chronologique, et les accompagna de la lettre suivante :

« Sire, j'ai eu jusqu'ici un gage précieux de la confiance dont votre Majesté m'a honoré; je le remets entre ses mains, parce qu'il ne me conviendrait pas de l'emporter avec moi dans un pays étranger. Mes maladies continuelles me mettent hors d'état d'être dorénavant utile à votre Majesté; et je suis convaincu que dans un climat plus doux, mes infirmités deviendront plus supportables : je prie donc votre Majesté de m'accorder mon congé, en l'assurant que mon cœur lui sera éternellement attaché. »

Le marquis obtint la permission d'aller passer six mois en Provence, et partit en 1769, avec la condition de revenir après ce terme expiré; il reçut en même temps le paquet de lettres originales que le roi lui renvoya, en l'assurant qu'il possédait sa confiance, et qu'en conséquence il ne pouvait, ni ne voulait reprendre ces lettres. Cependant le marquis ne voulut pas les emporter, et les mit en dépôt chez un de ses amis.

Il paraît que le roi fut mécontent de ce départ, et qu'il refusa de voir le marquis. On eut beau l'assurer qu'il reviendrait, il ne voulut point y croire; il était indigné qu'un homme qu'il avait comblé de bienfaits, le quittât pour des picoteries qui n'avaient diminué en rien les preuves de son estime et de sa considération pour lui. Mais le marquis avait aussi d'excellentes raisons à donner, celle sur-tout d'aller passer sa vieillesse sous un beau ciel, et près d'un frère qui l'aimait.

Il avait encore d'autres motifs de mécontentement qu'il était pressé de faire sentir au roi. A peine fut-il arrivé à Dijon, qu'il lui écrivit une lettre hardie, et telle qu'aucun de ceux qui avaient eu des désagrémens avec Frédéric, n'aurait osé lui adresser. Pour s'excuser, il disait : « Ce n'est pas au roi que j'écris, disait d'Argens, mais au philosophe, au nom de la philosophie. » Distinction dont le monarque lui-même avait donné l'exemple dans les soupers de Sans-Souci, où l'on parlait en l'absence du roi, quoiqu'à table avec lui. Enfin, après des reproches assez vifs et piquans, il finit par la fable du *Rat de ville et du Rat des champs*.

Malgré cette apparence de ressentiment, le marquis d'Argens résolut de retourner près de Frédéric, au terme convenu ; mais il lui en coûtait beaucoup pour quitter Aix et retourner à Berlin ; c'était exposer ses derniers jours à de nouveaux chagrins et en abréger de beaucoup la durée ; les fatigues et les tourmens que cette situation lui causa, produisirent le même effet, et il mourut sans avoir pu remplir sa promesse.

« Au milieu de ces souffrances, dit M. Thiébault, il fut arrêté à Bourg-en-Bresse par une maladie longue et très-grave; la marquise, entièrement occupée à le soigner, ne songea point à écrire au roi; et cependant le terme du congé était expiré. Frédéric le soupçonna d'avoir voulu le tromper. On vint chez la sœur de la marquise, et chez tous les académiciens qui avaient eu quelque liaison avec leur directeur, s'informer si l'on n'avait point de ses nouvelles; et comme il se trouva que personne ne savait rien, et qu'il y avait plusieurs mois qu'il n'était venu aucune lettre, ni de l'époux, ni de l'épouse, les soupçons du roi se changèrent tout-à-coup en certitude. Alors l'indignation et la colère furent extrêmes. Des ordres furent adressés le même jour à toutes les caisses chargées de payer les pensions du marquis, ordres qui enjoignaient d'effacer ce nom sur les états, et défendaient de lui rien payer à l'avenir. Sulzer ayant vu cet ordre à la caisse de l'académie, crut qu'il était de son devoir d'en prévenir d'Argens, et remit en conséquence, mais en secret, une lettre à un voyageur qui promit de s'informer du marquis sur toute la route, et de lui donner la lettre, s'il le rencontrait; et s'il ne le rencontrait pas, de la lui adresser de France chez le président d'Eguilles. Le voyageur trouva à Bourg-en-Bresse le marquis convalescent et prêt à repartir pour Berlin. La lettre produisit l'effet qu'on devait en attendre. L'ancien courtisan en fut plus irrité qu'affligé. Il en écrivit une autre dont on n'a point su, mais dont il est aisé de deviner le contenu, et s'en retourna dans sa chère retraite, dont il ne sortit plus que pour quelques petits voyages dans la Provence. C'est dans une de ces courses qu'il est mort à Toulouse, des suites d'une indigestion, le 11 janvier 1771 (1).

Les papiers publics et les mémoires du temps ont assuré qu'avant de mourir le marquis d'Argens demanda les sacremens; qu'il lisait l'Evangile dans sa dernière maladie, et qu'il s'était fait recevoir dans une confrérie de pénitens; faits qui peuvent s'accorder avec le

(1) On voyait avant la révolution dans l'église des Minimes d'Aix, un beau mausolée de marbre blanc, consacré à la mémoire du marquis d'Argens. L'épitaphe annonce que c'est Frédéric II, roi de Prusse, qui lui a fait élever ce monument comme une marque éternelle de sa bienveillance et de son estime pour lui. Ce mausolée a été sculpté par Bridan. Nous avons cru faire plaisir aux lecteurs d'en orner le frontispice de cet ouvrage.

caractère d'un homme qui, toujours occupé de chicanes religieuses, de disputes théologiques et de discours d'incrédulité, n'en avait pas moins un penchant à la superstition et aux erreurs qu'elle fait naître.

Dans tout ce que nous avons dit du marquis d'Argens jusqu'ici, nous n'avons fait presque aucune mention de ses ouvrages; ils sont cependant en assez grand nombre; mais, si l'on en excepte les *Lettres Juives*, aucun ne paraît avoir été pour lui un titre d'une grande recommandation auprès de Frédéric; ils n'en ont consacré que bien peu auprès de la postérité, et de tout ce qu'il a écrit, ses Mémoires sont aujourd'hui ce qu'il y a de plus intéressant et qui offre une lecture à la fois propre à faire connaître l'homme et les mœurs du temps où il a vécu; c'est aussi ce qui nous a déterminé à les publier de nouveau sur la meilleure des éditions qu'on en a faites, c'est-à-dire, celle de Londres de 1735.

Cependant, comme on peut trouver quelque intérêt à connaître plus particulièrement ses autres écrits, nous en donnerons une notice succincte, de ceux au moins qui ont conservé un peu de la réputation dont ils ont joui d'abord.

NOTICE HISTORIQUE

SUR

LES OUVRAGES

DU MARQUIS D'ARGENS.

Les *Lettres Juives* firent connaître avec quelqu'éclat le marquis d'Argens ; il les commença en Hollande, plus encore par l'espérance d'y trouver une ressource contre la gêne où il était, que peut-être par le desir de travailler à sa gloire. A l'âge où il était alors, entraîné par le tourbillon des passions ardentes, on n'a d'autres vues que de satisfaire ses besoins et de founir à ses plaisirs.

Cet ouvrage eut de la vogue ; il est écrit d'un style tranchant et sententieux ; l'auteur y soumet à son jugement les hommes, les livres, les lois et les opinions ; sous des noms de juifs, de rabbins, il traite les questions les plus difficiles de la morale et de la politique ; il décide tout avec une assurance dont les plus grands génies n'auraient pas osé donner l'exemple.

On peut le citer comme un modèle de ce langage hardi et chargé de rapprochemens singuliers qui faisait fortune alors, et qui commença la révolution survenue dans l'art d'écrire. Ce ne sont plus ces expressions naturelles et vraies que l'on retrouve dans les écrits de Bayle, de Pascal, d'Arnauld et d'autres qui ont embrassé le genre polémique; il s'en faut même de beaucoup, suivant nous, que le style des *Lettres Juives* approche de celui de l'*Espion Turc*, ouvrage écrit vers le commencement du dernier siècle, et où l'on retrouve encore avec le goût des anecdotes intéressantes, une manière d'écrire sans prétention et sans enflure.

Le succès des *Lettres Juives* fut dû à la singularité du cadre, à la variété des matières qui y sont traitées, et au système d'incrédulité et de dénigrement qui en fait le fonds. C'était alors un grand mérite; ce serait aujourd'hui d'un très-mauvais goût et un juste titre de mépris.

L'auteur annonce cependant qu'il n'a eu d'autres but « que de condamner le vice, de faire aimer la vertu; de détruire, s'il était possible, la superstition, et d'inspirer de l'amour pour les sciences, de la vénération pour les grands hommes, de l'horreur pour les fourbes et les imposteurs, et du respect pour les princes et les magistrats. »

Cet aveu est très-louable, sans doute ; mais nous ne voyons pas que le marquis d'Argens ait employé, pour parvenir à son but, cette logique saine, cette pureté de langage, ce goût qui ont rendu immortels les écrits de Bayle, l'écrivain, sans contredit, qui a le plus avancé la raison, sans l'avoir exposée à revenir sur ses pas pour l'avoir trop tôt avancée.

Croit-on, par exemple, qu'il y ait un grand jugement et beaucoup de vérité dans cette comparaison que le Juif Jacob Brito fait des mœurs indiennes et italiennes, entre lesquelles il trouve de la ressemblance?

« Je reviens, mon cher Monceca, à la ressemblance des Indiens et des Italiens. Dans le royaume de Décan, les *Nairos* ont le droit d'exiger les dernières faveurs des filles et des femmes dont la beauté les a charmés. Les maris se font un honneur d'être cocufiés par des gens d'un rang aussi élevé. A Rome, les cardinaux et les prélats, et dans le reste de l'Italie les moines et les prêtres, n'ont point réduit en forme de loi le pouvoir qu'ils ont sur le beau sexe : mais ils jouissent authentiquement des mêmes privilèges que les *Nairos*; et il n'est point de Romain, qui ne s'estime fort heureux qu'une éminence veuille bien l'honorer de quelque visite où l'époux a toujours beaucoup moins de part que l'épouse.

» Le grand Bramin, chez les Banians, a les mêmes droits et les mêmes prérogatives que le pontife romain. C'est lui qui donne les dispenses pour les mariages. C'est aussi lui qui fait le divorce. Et tout cela est payé.

» Voici encore une autre conformité entre la croyance des Italiens et des Indiens, qui emporte avec elle plusieurs des principaux points de la religion de ces peuples. Je la trouve dans l'auteur des *Cérémonies et Coutumes religieuses des peuples idolâtres*. Les Indiens, dit-il, *sur le retour de l'âge, font faire des pénitences et autres semblables œuvres estimées méritoires, afin qu'au sortir de cette vie leur ame aille loger dans un corps bien disposé, ou dans celui d'un grand seigneur. C'est à ce motif qu'il faut attribuer toutes leurs œuvres pies, aumônes, retraites, fondations, etc. Ceux qui ne se sentent point assez de courage pour supporter des austérités,*

rités, se déterminent à ces dernières prati- ques, font de grandes aumônes aux Bra- mins, et chargent leurs héritiers de faire prier Dieu pour eux. Il en est aussi qui amassent des trésors pendant leur vie, pour pouvoir s'en servir à se racheter après leur mort, lorsque leur ame a le malheur d'entrer dans le corps d'un misérable.

» La métempsycose produit chez les Indiens les mêmes effets que le purgatoire chez les Nazaréens. Je crois voir dans les Banians, qui font des charités extraordinaires, afin qu'au sortir de cette vie leur ame aille loger dans un corps bien disposé, de riches fermiers-généraux ordonner en mourant, qu'on donne à des moines une partie des trésors qu'ils ont volés.

» Je trouve encore beaucoup de ressemblance entre les riches dévots italiens et les indiens, *qui, ne se sentant point assez de courage pour supporter des austérités, achètent, moyennant une certaine somme, le droit d'en être exempts. C'est ainsi qu'en use un superstitieux, mais voluptueux Romain. Il obtient, pour dix pistoles, la permission de manger de la viande le carême, et les jours auxquels elle est prohibée par les ordres du pontife.*

Il se munit aussi d'un bon nombre d'indulgences, qu'il paye fort chèrement, et qu'il croit lui être d'une grande utilité après la mort.

» Je pense avec raison, mon cher Monceca, qu'il y a beaucoup de conformité entre les usages et les mœurs des deux peuples dont je viens de parcourir les superstitions ; et ce n'est pas seulement dans les choses qui regardent les cérémonies et le culte extérieur, que leur manière d'agir est à-peu-près la même : ils ont les mêmes idées sur ce qui concerne la dévotion mystique, et les macérations outrées et ridicules que pratiquent quelques moines Nazaréens. Les Indiens ont leurs *capucins*, leurs *pères de la Trappe*, leurs *camaldules* et leurs *chartreux*, etc. Voici une relation exacte de leur façon de vivre : elle semble être copiée sur quelqu'une qui contiendrait l'histoire extravagante des pénitences monastiques. *Sita est l'inventeur des pélerinages, et le patriarche des ermites indiens connus sous le nom de faquirs...... Quand le sommeil les surprend, ils se laissent tomber à terre sur de la cendre de bouze de vaches, et des ordures. Ils poudrent même quelquefois de ces cendres leurs longs et*

sales cheveux...... *Quelques-uns se retirent tour-à-tour dans une fosse, où ils ne reçoivent de la clarté que par un fort petit trou. Ils y demeurent jusqu'à neuf ou dix jours, sans jamais changer de posture, et sans manger ni boire, à ce qu'on assure : d'autres passent des années sans se coucher. Lorsqu'ils ne peuvent résister au sommeil, ils s'appuient sur une corde attachée des deux bouts aux branches d'un arbre.....*
D'autres pénitens se tiennent dix ou douze heures du jour un pied en l'air, les yeux tournés vers le soleil, ayant à la main un réchaud plein de feu, dans lequel ils jettent de l'encens à l'honneur de quelque idole. D'autres sont toujours assis, ou, pour mieux dire, accroupis sur leur derrière ; et, dans cette situation, ils tiennent sans cesse les mains levées sur leur tête en plusieurs façons différentes.

» Les austérités de ces faquirs sont bien un juste équivalent des folies de quelques moines nazaréens. Ignace, le grand patriarche des jésuites, voyagea pendant long-temps un pied chaussé et l'autre nu, et il se laissa manger de poux pendant long-temps, s'étant renfermé avec une troupe d'autres gueux dans un hôpital. François d'Assise se vautrait dans la neige comme un cheval de hussard dans la paille. Ses disciples aujourd'hui se piquent le corps avec des pointes de fer, vont à demi-nus, et sont aussi sales et aussi crasseux que les faquirs, aussi inutiles à la société, aussi ignorans, aussi fous et aussi révérés du bas-peuple. Peut-on trouver de ressemblance plus parfaite ? En voici une autre qui l'est autant. Elle est entre ces mêmes faquirs, et les mystiques disciples de Molinos. *A tout ce qu'on a écrit de ces ermites indiens*, dit l'Auteur que j'ai déjà cité plusieurs fois, *nous ajouterons, qu'on voit des femmes dévotes leur venir baiser les parties du corps les plus cachées, sans que pour cela ils détournent les yeux, sans que leur modestie s'en dérange, et sans la moindre sensibilité de part et d'autre. Ils affectent même, en recevant ces marques d'un respect extravagant, une espèce d'extase, une quiétude d'esprit.*

» Ai-je tort, mon cher Monceca, de soutenir qu'on retrouve dans les Indes ce quiétisme, que Molinos prêcha au milieu de Rome, et que tant de prêtres nazaréens ont adopté ? Lorsque je pense à ces béates allant baiser *les parties les plus cachées des faquirs*, je crois voir le jésuite Girard, l'esprit attaché au ciel, coler ses lèvres sur la plaie du teton de la Cadière; et, peu après cette expédition, être lui-même baisé par la fameuse Baterelle, une autre de ses pénitentes. Combien n'y a-t-il pas en Italie de moines, qui changent en reliques, ainsi que les faquirs, les parties les plus peccantes de leurs corps ? Si leurs dévotes pensaient comme Rabelais, il faudrait qu'ils se contentassent d'être baisés au visage, et nullement ailleurs. Ce Français ne voulut jamais accompagner à l'audience du souverain pontife, l'ambassadeur à la suite duquel il était venu à Rome. On lui en demanda la raison. *Je crains*, dit-il, *les mauvaises odeurs; et puisque mon maître, qui représente un grand roi, va baiser les pieds du pape, sans doute que moi, qui ne suis qu'un pauvre médecin, je ne serais admis qu'à lui baiser le derrière.*

» Le courrier va partir : le temps me presse, et je suis forcé de finir ma lettre. Regarde toujours les mœurs et les coutumes de tous les peuples avec un œil philosophe ; et tu t'apercevras aisément que ceux qui paraissent avoir quelquefois les maximes les plus éloignées, ont cependant bien des choses qui leur sont également communes.

» Porte-toi bien, mon cher Monceca! vis content et heureux, et cherche toujours ton bonheur dans l'amour des sciences et de la philosophie. »

De Tripoli, ce.....

On conçoit aisément que cette manière de parler des objets les plus importans dut attirer bien des reproches au marquis d'Argens; mais il s'en moquait, ou, pour mieux dire, c'est tout ce qu'il demandait, parce que la plainte ou les reproches faisaient naître de nouvelles discussions qui donnaient plus d'importance ou d'éclat à l'ouvrage et à l'auteur.

Aussi, lorsque le cadre qu'il avait pris pour faire parler des juifs sur nos lois, nos usages et notre littérature, fut usé, il emprunta celui des Chinois, des Rabbins cabalistes; et l'on vit naître les *Lettres Chinoises*, les *Lettres Cabalistiques*, moins recherchées que les premières, mais toujours écrites dans le même esprit et du même ton.

Nous n'entendons pas dire par ces observations sur les principaux ouvrages du marquis d'Argens, qu'ils ne renferment point de l'instruction et des connaissances ; on y en trouve beaucoup, au contraire : mais nous croyons que si l'auteur ne s'était point laissé aller au torrent des déclamations anti-religieuses, au pirrhonisme, et aux sarcasmes dans des matières qui demandent de la sagesse et un style simple et naturel, il aurait fait un ouvrage dont le succès n'aurait point été aussi éphémère.

Il fut tel cependant, que l'avidité des libraires, et quelquefois la malignité de ses ennemis, lui attribuèrent des écrits qui n'étaient point de lui. Il s'en plaint dans plusieurs endroits.

« J'avais bien prédit que je verrais éclore au premier jour quelques mauvaises copies de mon ouvrage. Il vient en effet d'en paraître deux à la fois ; et pour ne point fatiguer inutilement mes lecteurs, je ne dirai que deux mots de chacune d'elles.

» La première est intitulée : *Anecdotes historiques, galantes et littéraires*, et n'a proprement que ce titre d'intéressant et de curieux. Ce n'est autre chose qu'un assez mauvais recueil de contes usés et rebattus, d'aventures ridicules et imaginaires, et de personnalités souvent aussi fausses que peu ingénieuses; le tout pitoyablement écrit...... La seconde est intitulée : *Correspondance historique, philosophique et critique entre Ariste, Lysandre et quelques autres amis, pour servir de réponse aux Lettres Juives.* Cet ouvrage est composé, dit-on, par une cabale d'écrivains affamés et mercenaires, que certain libraire de la Haye entretient pour cet effet à ses gages. Quoi qu'il en soit, c'est un ouvrage périodique de la nature du mien; et comme si ses auteurs ne savaient où prendre de la matière pour le remplir, ils s'emparent, chaque ordinaire, de deux ou trois textes de quelques-unes de mes *Lettres*, et les paraphrasent à peu près aussi sensément que les interprètes d'Aristote ou les commentateurs de l'Apocalypse. »

Le Marquis s'applique ensuite à répondre aux objections de ses adversaires; mais, comme il arrive dans de semblables matières, la question n'en est pas plus éclaircie pour avoir été long-temps agitée; c'est que de part et d'autre on l'envisage sous un seul rapport, et qu'il y a de l'inexpérience des choses, souvent de l'entêtement, et quelquefois de la mauvaise foi dans les auteurs.

Comme presque toutes les disputes roulent sur les principes religieux, la politique, les lois, les usages de la société, il est aisé de comprendre que chacun peut persister dans son opinion malgré les raisons de l'autre, et qu'il n'y a objection à laquelle ils ne trouvent réponse.

Ces écrits étaient goûtés alors par les motifs que nous avons déjà dits ; mais la manière dont les choses y sont traitées, en altère le goût et le bon style. Bayle dans ses *Nouvelles de la République des Lettres*, dans ses *Réponses aux Questions d'une Provinciale*, dans ses *Réflexions sur la Comète*, sur-tout dans son *Dictionnaire* ; Pascal dans ses *Lettres Provinciales*, avaient aussi embrassé le genre polémique ; mais ils l'ont fait avec une supériorité de langage, une simplicité dans les expressions et une netteté dans les idées, qui font encore rechercher leurs écrits comme des modèles dans leur genre.

Il est étonnant que le marquis d'Argens se soit attaché à celui-ci ; ce n'était pas le sien ; il n'avait ni une assez forte conception, ni une diction assez nerveuse et concise pour s'y distinguer d'une manière durable : mais il était reçu alors, que pour obtenir une réputation d'écrivain, il fallait mettre dans un nouveau cadre les plaisanteries, les ridicules, les sarcasmes de ce qu'on appelait abusivement la philosophie, et adopter un style exagéré. Ce n'était point ainsi que Bayle, pour le citer encore, dévoila les sottises du papisme et les persécutions fanatiques exercées contre les sectaires, dans les ouvrages qu'il publia dans l'avant-dernier siècle.

La *Philosophie du Bon Sens*, autre ouvrage de notre auteur, ne donne pas une plus haute idée de son talent pour les matières graves ; il a voulu imiter Montagne, comme dans ses *Lettres Juives, Chinoises, Cabalistiques*, il avait pris pour modèle les *Lettres Persanes* de Montesquieu, et avant elles l'*Espion Turc* ; mais toute imitation aussi éloignée du modèle, n'annonce pas le génie qui a présidé à l'original. Il débute dans la Préface, mise à la tête de ce livre, par défendre Montagne contre ses ennemis, qu'il appelle les dévots, et cette peine très-inutile le conduit à plusieurs remarques où il juge Pascal comme on ferait d'un homme ordinaire ; il parle à peu près de même de Mallebranche, qui pouvait avoir des visions, mais qui n'était pas moins très-savant et très-habile dans la philosophie et dans la morale (1).

La *Philosophie du Bon Sens*, imprimée pour la seconde fois en 1747, est dédiée à M. de Boyer, seigneur d'Eguilles, chevalier de Malte, frère du marquis d'Argens ; l'auteur lui avait de grandes obligations pour la manière honnête dont il s'était conduit à son égard. C'est ce même frère qui, devenu président au parlement d'Aix, a appelé près de lui le Marquis dans sa vieillesse, et lui a rendu les droits à la succession de leur père, dont il avait été dépouillé.

On voit par quelques passages de cet ouvrage, qu'il le composa pour l'instruction, comme il le dit « d'une dame qu'il a aimée jusqu'à l'idolâtrie » : ce sont ses expressions. On pourrait croire que c'est la même princesse qu'il vit à Gotha, et dont on a parlé dans la notice de sa vie.

Son but a été de rendre courte et aisée à cette dame, la voie qui conduit à la philosophie et à la science. La discussion s'engage

(1) Le Traité de Morale du père Mallebranche est trop peu connu ; c'est un livre plein d'une doctrine saine, sans pédantisme, sans emphase ; l'auteur parle au cœur, et l'on se sent plus de force contre les passions et les irrésolutions de l'ame, après l'avoir lu.

par une observation que la princesse fait sur son aumônier.

« *Savez-vous bien, monsieur le Marquis, que mon aumônier entend le grec, et qu'il dit que votre Descartes n'est qu'un benêt?* Il dépendra de vous, lui dis-je, Madame (c'est le Marquis qui parle), que je vous montre, non-seulement que votre chapelain ne sait rien, mais même qu'Aristote, son grand ami, ne savait pas grand'chose. *En vérité*, me dit-elle, *vous me feriez un grand plaisir d'entreprendre une chose aussi extraordinaire, et si vous me persuadez qu'Aristote ne savait rien, je ne doute pas que vous ne veniez à bout de me faire croire que tous les hommes sont des ignorans.* Je serai peu en peine, continue le Marquis, de vous prouver qu'ils n'ont de certitude que de très-peu de choses dans la plus grande partie des sciences auxquelles ils s'appliquent. *Ah ! je vous prends au mot*, dit cette dame, *et je suis bien aise de vous voir rompre une lance contre tout le genre humain.* Vous vous trompez, répliquai-je ; je n'aurai rien à démêler avec les véritables savans, et les personnes dont le génie est doué de justesse et de bon sens seront au contraire de mon opinion, et m'aideront à vous prouver que la plupart des hommes ignorent entièrement ce qu'ils croient savoir. *Mais encore, me répondit-elle, quelles sont les sciences dans lesquelles vous bornez si fort la connaissance humaine ?* Toutes celles, repris-je en riant, que votre chapelain croit savoir ; la logique, les principes généraux de la physique, la métaphysique, l'astrologie judiciaire. « *Vous êtes étrangement fâché contre mon chapelain ; mais enfin du moins ne lui contesterez-vous pas la certitude des faits qu'il a acquis par l'histoire.* » Pardonnez-moi, madame, répliquai-je ; je vous prouverai que bien des connaissances qu'il a acquises par l'histoire, sont aussi incertaines que les autres.

« Le défi que me fit cette dame d'exécuter la promesse que je lui faisais, me fit résoudre d'employer quelques heures de temps à repasser les principaux articles dont je voulais lui montrer l'incertitude. Je couchai quelques pensées sur le papier, et insensiblement entraîné par de nouvelles matières, je fis les cinq espèces de dissertations qui composent cet ouvrage. »

Telle est l'origine de la *Philosophie du Bon Sens* : ce titre indique assez que dans le sens de l'auteur, quiconque ne pense pas d'après les principes et les maximes de ce livre, n'a pas de bon sens.

On voit par cette philosophie et les autres écrits *philosophiques* du marquis d'Argens, que ce genre de littérature lui convenait peu ; le style de persiflage et de déclamation qui était alors de mode dans les matières les plus graves, s'accommode mal avec des dissertations sur l'incertitude des connaissances humaines, la législation, la morale et les moralistes.

Il était plus heureux dans les mémoires et les récits d'événemens ; sa narration est alors plus correcte, plus naturelle, et appropriée au sujet. Son *Philosophe Solitaire* n'est pas sans quelque intérêt ; les aventures que l'on y lit, modelées sur celles qui arrivent journellement dans la société, lui donnent un caractère de vraisemblance qui attache. Les *Nouveaux Mémoires du comte de Bonneval*, qu'il ne faut pas confondre avec les *Mémoires du comte de Bonneval*, sont également remarquables par la rapidité du style, par l'enchaînement des faits et les détails des aventures de cet homme singulier : quoique publiés sous le nom de Mirone, on sait qu'ils sont du marquis d'Argens.

Enfin, ses *Mémoires* ont été singulièrement recherchés et goûtés dans le temps ; d'Argens les a écrits dans sa jeunesse, et avec tout l'attrait que l'on met à raconter ses propres actions. Il y a su entremêler beaucoup de faits particuliers aux personnes remarquables, en a fait connaître plusieurs traits, et a donné sur quelques événemens publics des éclaircissemens peu connus.

Ils forment donc une lecture agréable, propre à tous les âges, et instructive sous plusieurs rapports par les anecdotes, soit de l'auteur, soit de ceux dont il parle : l'on a cru, en conséquence, que ce serait rendre un service à la littérature de reproduire ces Mémoires ; c'est ce que nous avons fait, en les accompagnant de notes qui expliquent quelques passages du texte.

Un autre ouvrage du marquis d'Argens, moins recherché peut-être qu'aucun de ceux qu'il a écrits en très-grand nombre, sont ses *Mémoires Secrets de la République des Lettres*. On ne sait pourquoi le nom de *secrets* est là, car il n'y a rien de secret dans tout ce que l'auteur y dit des gens de lettres et de leurs écrits.

Il y passe en revue, depuis Socrate et Platon jusqu'à Leibnitz et Descartes, les opinions des philosophes; il parle aussi des poëtes, soit grecs ou latins, qui peuvent lui offrir quelques applications de ses principes anti-religieux et sceptiques. Tout cela est accompagné de beaucoup de grec et de latin qui n'ajoute pas un grand intérêt à la matière, et augmente inutilement le nombre des volumes.

Malgré cette manière très-sévère de juger les *Mémoires Secrets de la République des Lettres*, nous convenons cependant qu'ils peuvent offrir plusieurs passages instructifs, et qu'on y lit sur la vie et les actions d'un assez grand nombre d'illustres écrivains, des particularités qu'il faudrait aller chercher dans beaucoup d'ouvrages, si l'on voulait s'en instruire.

C'est un mérite assez grand, que l'on retrouve aussi dans plusieurs de ses *Lettres Juives* et *Chinoises*.

Un autre écrit moins connu, du marquis d'Argens, et qui mériterait de l'être davantage, parce qu'il fait connaître la manière dont on jugeait les beaux-arts dans le monde de son temps, c'est-à-dire vers 1750; ce sont ses *Réflexions critiques sur les différentes écoles de peinture*.

Nous doutons qu'il ait été publié sur cette
matière

matière un livre aussi instructif en aussi peu d'étendue que celui-là. L'auteur y donne une idée des ouvrages et du *genre* de chaque peintre distingué dans les écoles italienne, française et flamande. On a écrit sur le même sujet depuis, avec beaucoup de prétentions; mais on n'a pas dit ni plus ni mieux peut-être.

Le goût des tableaux était alors fort répandu en Europe, les cours riches et au sein de la paix donnaient de grands encouragemens à ce genre de luxe estimable; il suffisait au Marquis d'être l'interprète des sociétés qu'il fréquentait pour faire un ouvrage utile. Il y joignit l'érudition de la chose, et une notice bien faite de l'histoire des différentes écoles.

Nous n'entrerons pas dans de plus grands détails sur les écrits du marquis d'Argens : ce que nous venons d'en dire suffit pour donner une idée de l'auteur et de son mérite; mérite de quelque prix, lorsque la matière est conforme au talent et au génie de l'auteur, comme on le voit dans son *Philosophe Solitaire*, ses *Réflexions sur les écrits de peinture* et les *Mémoires de sa vie*; mais qui n'est plus que de l'engouement et une fausse philosophie, lorsque le sujet est hors de la portée de l'écrivain, comme dans la *Philosophie du Bon Sens*, et la morale politique ou religieuse qui occupent presque toutes les *Lettres Juives*, *Chinoises* ou *Cabalistiques*.

Le marquis d'Argens a joui d'une assez grande célébrité comme homme de lettres et comme homme du monde ; cependant il ne s'est acquis qu'une faible illustration par ses ouvrages, et aucun éclat par de grandes actions dans le militaire, qui était sa première profession. L'amitié que lui témoigna le grand Frédéric prouve néanmoins qu'il y avait en lui un mérite réel, pour avoir pu obtenir l'estime d'un homme aussi éclairé que ce prince.

On connaîtra mieux le marquis d'Argens dans les Mémoires qui suivent ; c'est là qu'il s'est peint lui-même avec cette confiance dans sa propre conduite qui en caractérise l'âge et les goûts. Quoi qu'il ne soit pas un homme illustre, on aime assez cependant à connaître ce qu'a pu être dans sa jeunesse, le favori d'un grand roi, et qui s'est fait un nom dans les lettres ; il n'est pas moins agréable d'apprendre de lui une foule d'anecdotes, dont il a été le témoin ou l'auteur, et qu'il raconte d'une manière naturelle et sans prétention.

MÉMOIRES

DU

MARQUIS D'ARGENS.

LIVRE PREMIER.

Les aventures qui me sont arrivées ont quelque chose de si surprenant, et forment des incidens si particuliers, que j'hésiterais à les écrire, si elles n'étaient connues de bien des gens, sous les yeux de qui elles se sont passées, ou si je les destinais à être imprimées; mais je ne les couche sur le papier que pour ma satisfaction. Je suis assuré qu'elles ne verront jamais le jour; rien n'a pu m'obliger à farder, ni à déguiser la vérité. J'ai dit naturellement ce que je pensais sur des matières assez délicates; c'est là, je crois, la façon dont il serait à souhaiter que tout le monde écrivît, et c'est aussi ce qui me met en repos sur la vérité de mon récit.

Je suis né à Aix en Provence, d'une famille noble et distinguée dans sa province (1). Je fus destiné en naissant à être de robe, ainsi que le sont chez moi la plupart des aînés, et quatre frères que j'avais, dont trois étaient chevaliers de Malte et l'autre abbé, ont tâché de faire leur fortune, les premiers dans le service et le dernier dans l'église. L'état qu'on me voulait faire prendre me paraissait affreux ; je le regardais comme le tombeau des plaisirs. La vie voluptueuse d'un officier avait pour moi des charmes bien plus brillans que le pénible soin d'instruire et de juger les procès d'autrui.

Je le témoignai plusieurs fois à mon père qui, lassé plutôt que convaincu par mes importunités, me plaça dans le régiment de Toulouse, auprès d'un de mes parens. Je n'avais alors que quatorze à quinze ans ; je me regardais comme l'homme du monde le plus heureux d'avoir secoué le joug de mille maîtres incommodes. Deux ans s'écoulèrent dans cette félicité parfaite. La peste qui pour lors

(1) Voyez la notice historique qui précède.

ravageait ma patrie, pouvait à peine balancer dans mon cœur le plaisir que j'avais d'être hors de tutelle (1).

La contagion étant finie en Provence, mon père souhaita de me voir. Je me rendis de Strasbourg à Aix; lorsque j'arrivai chez moi, mes parens furent charmés de voir combien je m'étais formé; je n'avais plus l'air du collége, deux ans de garnison m'avaient donné les manières d'un petit-maître; j'avois le cœur tendre, mais je ne m'en étais encore aperçu que vaguement. J'aimais généralement tout ce qu'on appelle femmes, et ne me croyais point susceptible d'une passion durable; j'éprouvai bientôt le contraire; je devins sensible

(1) La peste, dont parle le marquis d'Argens, est celle de Marseille qui arriva, en 1720, par la négligence des officiers ou *conservateurs de la santé*. Elle se répandit dans toute la Provence et y causa des ravages affreux; la mortalité fit des progrés rapides : quoique Marseille ait été vingt fois, depuis Jules César, attaquée de la peste, jamais elle n'eut d'effets aussi terribles que cette année. Ajoutez que c'était l'époque où la culbute de Lass avait jeté le désordre dans l'administration, et que l'on ne put faire passer que trop tard les secours nécessaires à Marseille. La contagion cessa au mois du juin 1721; elle durait depuis celui d'octobre précédent.

pour le reste de ma vie, et cette passion m'a jeté dans un enchaînement de malheurs dont je ne verrai peut-être la fin qu'avec celle de ma vie.

Une troupe de comédiens était arrivée à Aix, presque en même temps que moi. J'allai à la première représentation avec une foule de jeunes gens qui aimaient le spectacle : on représentait l'*Andromaque* de Racine. L'actrice qui jouait le rôle d'Hermione était une jeune brune âgée de seize ou dix-sept ans ; elle avait la taille fine, de grands yeux noirs, la voix belle et touchante. Quelque attaché que je fusse à la représentation de la tragédie, il me semblait que, d'abord qu'elle sortait du théâtre, la pièce languissait ; j'avais peine à démêler des sentimens qui ne m'étaient pas connus ; j'attendis avec impatience que la pièce fût finie ; j'allai dans sa loge ; je la trouvai remplie d'un nombre de petits-maîtres provinciaux. Un silence, qui ne m'était pas ordinaire, lui fit juger, à ce qu'elle m'a dit depuis, que j'avais assez d'usage du monde. Après lui avoir dit quelques mots, je me retirai. Toute la nuit l'idée de Sylvie m'occupa ; je la voyais sans cesse ; il me semblait que je l'entendais déclamer ; sa voix aussi bien que ses yeux avait passé jusqu'au fond de mon cœur. J'attendis le lendemain l'heure de la comédie avec une extrême impatience ; enfin quatre heures sonnèrent. J'arrivai le premier, et, comme j'étais seul dans la salle, je passai au foyer, où elle était déjà habillée. Dans l'idée que je m'étais formée d'une comédienne, je crus que je ne devais pas perdre une aussi belle occasion pour lui dire ce que je pensais : je lui fis une déclaration aussi tendre que longue.

L'air de sang-froid avec lequel elle m'écoutait me désespérait ; ce fut bien pis, lorsqu'après m'être épuisé en beaux sentimens, elle me dit en riant : Il faut avouer que le ciel aurait dû vous faire naître dans l'état où il m'a placée ; vous auriez été un grand comédien ; vous venez de réciter à merveille de fort beaux morceaux : je vous paierai quand vous voudrez en même monnaie ; car notre profession nous oblige d'apprendre par cœur nombre de pareilles déclarations.

Comme j'allais répondre à Sylvie, une foule de jeunes étourdis entrèrent ; il fallut me contraindre : j'affectai pendant la comédie de rendre mille petits soins à Sylvie ; je tins la même conduite pendant près d'un mois. Je lui avais demandé la permission d'aller chez elle : elle se tira d'affaire fort poliment, sous prétexte qu'elle était avec sa mère, qui ne recevait personne, et qu'elle n'était point sa maîtresse. J'étais devenu amoureux au dernier point, et j'avais été assez heureux pour le cacher à mes amis, parmi lesquels j'en avais plusieurs qui étaient mes rivaux.

Les principaux étaient le marquis d'Entrecasteaux et le comte de Limaille (1); ils avaient tous les deux de quoi se faire aimer par leur douceur et leur politesse. Le marquis d'Entrecasteaux joignait à ces qualités plus d'un million de biens; c'étaient aussi les deux seuls que je craignisse. Quoique Sylvie eût une grande indifférence pour ses adorateurs, je tremblais que quelqu'un ne pût lui plaire; elle me faisait bien des politesses, mais c'étaient

(1) Le marquis d'Entrecasteaux était officier de marine, il s'est distingué dans ce service; il a fait plusieurs voyages dans le Nord, dont les relations sont estimées; il eut dans un âge très-avancé le commandement de deux frégates, la *Recherche* et l'*Espérance*, pour aller à la recherche de M. de la Peyrouse; il est mort à la mer dans cette expédition en 1793. Nous ne connaissons pas le comte de Limaille, dont parle ici le marquis d'Argens.

de ces politesses ordinaires qui ne signifient rien, sur-tout pour un cœur que l'amour rend clairvoyant.

Je résolus de m'expliquer tout à fait ; je ne voyais point lorsque je parlais à Sylvie que ses yeux s'armassent de rigueur ; c'est ce qui m'enhardissait. L'occasion seule me manquait : je crus qu'en allant à la comédie avant qu'elle commençât, je pourrais l'entretenir dans sa loge ; j'y fus en effet, mais inutilement. Le marquis d'Entrecasteaux et le comte de Limaille m'avaient devancé ; je les trouvai à sa toilette ; il fallut faire bonne mine à mauvais jeu : j'avais peine pourtant à me contraindre, et, comme je sortais de sa loge, elle me dit d'un air fort obligeant : Quoi, vous sortez déjà, monsieur ! Ces paroles, dont le ton m'avait ému, m'avaient jeté dans une espèce de trouble, qui aurait pu découvrir ce que je cachais avec tant de soin, si le comte de Limaille, qui avait fait un mouvement pour sortir, ne les eût prises pour lui. Comme il était aussi amoureux que moi, il fut si enchanté de ce reproche que la saluant de la façon du monde la plus comique, il ne put jamais dire que, *bien de l'honneur, mademoiselle, bien de l'honneur.* Cet enthousiasme parut si burlesque que chacun éclata de rire ; la comédie commença et je perdais l'espérance de parler à Sylvie, lorsque le sort me donna le moyen de la voir chez elle.

Il y avait long-temps que je cherchais un prétexte pour aller chez sa mère. Elle se trouvait un jour incommodée d'un mal de dents dont elle se plaignait fort. Je m'avisai de faire le médecin ; je lui dis que j'avais un opiat excellent ; que, si elle voulait le permettre, je lui en porterais chez elle, en sortant de la comédie, et lui apprendrais comment il s'en fallait servir. Elle me remercia beaucoup sur l'assurance de la parfaite guérison que je lui promis ; j'étais dans une joie sans égale d'avoir trouvé le moyen de voir Sylvie chez sa mère ; il ne restait que l'embarras de l'opiat. Non-seulement je n'avais point ce miraculeux remède, j'en ignorais même jusqu'au nom. J'allai chez le premier apothicaire ; il me donna un onguent qu'il honora d'un nom barbare, et je portai cette drogue chez la mère de Sylvie ; je lui dis d'en appliquer sur la dent et sur la gencive. Je lui racontai mille cures admirables que j'avais vues ; elle me crut, et un quart d'heure après, soit le remède, soit la nature, soit que l'amour qui voulait me favoriser, fît un miracle en ma faveur, elle se trouva extrêmement soulagée : j'étais plus étonné qu'elle de l'effet de mon opiat. J'aurais bien mieux aimé que sa guérison n'eût pas été si prompte ; je comptais que, sous le prétexte de sa maladie, je viendrais plusieurs jours chez elle. Par bonheur, je n'eus pas besoin de cet expédient ; elle était si charmée du service que je lui avais rendu, que, lui ayant demandé la permission d'aller le lendemain chez elle pour savoir de ses nouvelles, elle me répondit que j'étais le maître toutes les fois que je voudrais lui faire cet honneur, qu'elle ne recevait point ordinairement de jeunes gens, mais que le caractère qu'elle m'avait connu m'exceptait de cette règle.

Ceux qui ont aimé véritablement jugeront quelle était ma joie dans ce moment ; je sus la contraindre, mais pas si bien que Sylvie ne s'en aperçût ; je crus même entrevoir que la permission que la mère me donnait ne lui faisait aucune peine. Je me retirai chez moi, pour ne penser qu'à Sylvie ; je me figurais qu'il m'était impossible de ne trouver pas un moment pour lui dire ce que je sentais, ayant le moyen de la voir dès que je voudrais, sans qu'elle fût obsédée d'une troupe d'importuns. Il est vrai que sa mère ne la quittait guère ;

mais il ne se pouvait point que je ne trouvasse pas un instant. Je fus pourtant près de huit jours sans avoir l'occasion de lui parler seul. Enfin ce moment fortuné arriva.

Je la rencontrai dans l'appartement de sa mère, avec sa fille de chambre ; elle étudiait le rôle de *Junie*. Il y a de l'indiscrétion, lui dis-je, à vous détourner ; mais lorsqu'on est entraîné par un penchant plus fort que soi, on est excusable. Du ton sérieux dont vous débutez, me dit-elle en riant, notre conversation ne sera pas gaie ; souffrez que j'appelle ma mère qui est, dans la chambre voisine, occupée à quelques affaires du ménage ; elle y répandra bien plus d'enjouement : aussi bien n'êtes-vous gai que lorsque vous êtes auprès d'elle. Quoi, lui dis-je, vous m'enviez donc le plaisir de vous dire une fois que je vous adore ! Est-ce un si grand crime que de vous aimer ? Si ce n'est pas un crime, me répondit-elle, du moins je sens que je fais mal de vous écouter. Croyez-moi, cessons une conversation qui nous gênerait tous deux. Non, non, poursuivis-je, je ne saurais plus me contraindre ; il faut que je vous avoue que je suis l'homme du monde le plus malheureux, si vous n'avez pour moi que de la haine. Je n'ai point de haine pour vous, me dit Sylvie ; je puis vous répondre de mon cœur : quant aux autres sentimens que vous voulez m'inspirer, consultez ma mère qui vient ; elle entra en effet dans ce moment, et nous fûmes obligés de changer de conversation.

Depuis ce temps-là, je commençai à parler plus aisément à Sylvie ; il se passait peu de jours que je ne lui dise quelque chose qui lui marquait la situation de mon cœur. Elle m'a avoué depuis qu'elle m'aimait dès-lors, mais qu'elle faisait ce qu'elle pouvait pour étouffer une passion, qu'elle regardait comme une chose qui ne pouvait que lui être nuisible. Je ne laissai pas d'être encore long-temps sans savoir que j'étais payé du moindre retour. Enfin, je vis l'heureux moment où je devais apprendre que je n'étais point haï ; je le dus à la pitié plutôt qu'à l'amour.

La situation de mon cœur avait influé sur mon esprit ; j'étais tombé dans une mélancolie affreuse. Un jour que j'étais chez elle; qu'avez-vous, me dit-elle ? Vous n'êtes plus le même depuis deux mois ; votre gaîté s'est changée en tristesse ; il semble que tout vous afflige. Belle Sylvie, lui dis-je, quand on est aussi malheureux que je le suis, on ne trouve de remède à ses maux que dans la mort. Quoi ! vous voulez mourir, répondit Sylvie ! Ah ! comme votre amie, je m'oppose à une pareille envie. Non, non, vous prenez peu de part à ce qui me regarde, continuai-je ; le ciel m'est témoin que, quoique vos rigueurs soient la cause de ma mort, je n'en accuse que mon malheureux destin : le seul regret que j'aie à la vie est de vous perdre pour toujours. Je ne pus retenir quelques larmes qui échappèrent de mes yeux ; elles firent leur effet : je vis Sylvie s'attendrir. Mais enfin, que prétendez-vous, me dit-elle, et qu'exigez-vous de moi ? Que vous m'aimiez, belle Sylvie, et que vous souffriez que je vous aime. « Que me demandez-vous, continua-t-elle ? Aimez-moi, si vous voulez, et si cet amour peut servir à votre bonheur ; mais n'exigez pas que je perde une liberté qui fait le bonheur de ma vie. Je ne sais, depuis que je vous connais, je ne suis plus aussi tranquille ; j'aime bien à vous voir ; cependant ce serait peut-être un bonheur pour moi de ne vous avoir jamais parlé. » L'air embarrassé avec lequel Sylvie me tenait ce discours me charmait ; je sentais renaître dans mon cœur l'espérance et la joie : je pris plus de hardiesse dans la suite de cette conversation, et je fus assez heureux pour lui faire avouer que je ne lui étais point indifférent.

Depuis ce moment délicieux, mes jours semblaient tissus d'or et de soie; je voyais Sylvie, je lui disais que je l'aimais, elle le souffrait; je lui faisais avouer qu'elle m'aimait. Quoique j'entrevisse que cet aveu la blessait, il ne m'en était pas moins cher. Rien n'aurait manqué à mon bonheur, si l'amour chez moi eût pu être toujours spéculatif; mais il est difficile de le réduire à ce point quand on n'a que vingt ans; d'ailleurs, dans l'idée que j'avais d'une comédienne, j'étais étonné de trouver tant de résistance. J'avais tenté la voie des présens, elle avait été inutile, elle les avait tous refusés; c'avait été avec peine que je lui avais fait accepter un bouquet; elle avait reçu les fleurs, mais elle avait constamment refusé le ruban, parce qu'elle l'avait trouvé trop beau. Nous avions été brouillés trois jours pour une toilette que j'avais envoyée chez elle; elle m'avait forcé de la reprendre, et j'avais été obligé de la rendre au marchand. Je ne savais quel parti prendre; lorsque je voulais m'émanciper à quelque petite liberté, l'air triste et sérieux que prenait Sylvie me remettait dans mon devoir; j'étais tourmenté par la crainte de lui déplaire, et par le desir d'obtenir ce parfait bonheur que le tendre amour prépare aux siens : après beaucoup de peines et de soins, je m'avisai d'un stratagême qui me réussit heureusement.

J'avais demandé plusieurs fois à Sylvie un rendez-vous, lorsque sa mère était couchée. Je prenais le prétexte que nous pourrions nous parler plus tranquillement : elle avait toujours rejeté cette proposition. Un jour que je la pressais excessivement de consentir, elle se fâcha; je fis semblant de mon côté d'être piqué de son refus. Je fus deux jours sans aller chez elle, ni à la comédie. Sa mère envoya chez moi pour savoir des nouvelles de ma santé. Je lui fis dire que j'avais un grand mal de tête, et que je comptais aller passer quelque temps à la campagne, parce que les médecins m'avaient conseillé de changer d'air. Quelque indifférence que Sylvie eût affectée pendant les deux jours que je n'avais point été chez elle, elle ne put apprendre que je partais, sans vouloir l'empêcher; elle m'aimait : toutes ses résolutions s'évanouirent lorsqu'elle crut que j'allais m'éloigner. J'étais encore plus intrigué qu'elle de savoir

savoir comment finirait cette comédie, quand mon laquais me dit que sa fille de chambre me demandait. Elle m'apportait cette lettre :

Vous êtes fait pour me rendre malheureuse, je le sens, je le connais, et malgré cela je ne puis résister à l'envie de vous voir. Venez ce soir à minuit; Annette vous conduira dans ma chambre; elle vous attendra à la porte du logis. Quittez le dessein de partir, ou résolvez-vous à me voir dans un désespoir qui me sera fatal.

Je baisai cent fois cette lettre, et fis mille extravagances. Je dis à Annette d'assurer sa maîtresse avec quelle joie je l'avais reçue. Je lui fis la réponse la plus tendre qu'il me fut possible. Je pensais que minuit n'arriverait jamais ; je regardais perpétuellement ma montre. Il fallut pourtant attendre près de sept heures; mon impatience ne me servait de rien. A onze heures et demie, je sortis avec un laquais, qui m'éclaira jusqu'à l'entrée de la rue. Là je le renvoyai, et, guidé par l'amour, j'arrivai à la porte de Sylvie. Je trouvai Annette qui m'attendait; elle me conduisit chez Sylvie.

Quels étaient dans ce moment-là mes sentimens? je ne saurais les définir moi-même.

Toutes les passions s'étaient donné rendez-vous dans mon cœur. L'amour, la crainte, la timidité, la honte, l'espérance, occupaient mon ame à-la-fois : je ne distinguais ni ce que je voulais, ni ce que je souhaitais. Dans cette agitation, je me trouvai dans sa chambre, sans savoir comment j'étais venu. L'état où je vis ma belle maîtresse ne fit qu'augmenter mon trouble. Elle était dans un fauteuil, appuyée sur une main, dans laquelle elle avait un mouchoir qui servait à essuyer des larmes qui coulaient des deux plus beaux yeux que l'amour eût jamais animés. Vous voyez, me dit-elle, ce que je fais pour vous : ma mère dort dans la chambre voisine ; songez où vous me réduiriez, si elle venait à savoir quelle est ma conduite.

Je n'avais pu, pendant que Sylvie me parlait, faire aucun usage de ma raison. Je lui embrassais seulement les genoux. « Otez-vous, me dit-elle, et écoutez-moi. Quel plaisir prenez-vous à me tourmenter? Vous savez combien j'ai résisté au penchant qui m'entraînait vers vous. Ingrat, pourquoi m'avez-vous amenée au point de ne pouvoir me guérir d'un amour que vous ne m'avez donné que pour me rendre malheureuse? »

Quoi! Sylvie, lui dis-je, vous croyez que ma plus grande envie n'est pas de faire votre bonheur! Pouvez-vous penser qu'un amant aussi tendre ait de pareils sentimens? Avez-vous vu jusqu'ici que j'aie mérité ces reproches? Eh! n'est-ce pas les mériter, me dit-elle, que d'exiger de moi de vous recevoir ici à pareille heure? Je m'excusai le mieux qu'il me fut possible. Sylvie ne voulait point me trouver coupable; j'avais à faire à un juge indulgent: ma grace fut bientôt obtenue.

Charmé d'avoir appaisé Sylvie, je fus près d'une demi-heure sans songer, pour ainsi dire, combien ce rendez-vous m'avait coûté de peines et de soins. A la fin l'amour rappela ma hardiesse; j'entremêlai notre conversation de mille privautés, dont Sylvie se défendait, et que j'enlevais moitié par ruse moitié par force. L'amour et l'occasion parlaient pour moi; je voulus en profiter: je pressais excessivement Sylvie. Dans ce désordre, j'oubliais insensiblement le respect; bientôt je n'aurais plus ménagé du tout la pudeur de ma charmante maîtresse. Ah! c'en est trop, s'écria-t-elle; si vous ne cessez vos indignes efforts, je vais appeler ma mère; j'aime mieux lui avouer la triste situation où je me suis mise, que de souffrir vos outrages.

Les larmes qu'elle joignait à ses discours, m'arrêtèrent; je fus même honteux de l'avoir violentée si fort. Je rejetai ma faute sur l'excès de mon amour. Sylvie ne me répondait plus. Elle pleurait, et la tristesse paraissait peinte sur son visage. Je restai encore quelque temps avec elle. Je ne pus sécher ses pleurs qu'à moitié, et elle était encore désolée lorsque je me retirai; elle m'en pria même de la façon du monde la plus tendre et je sortis plus amoureux que je n'étais auparavant.

Il était près de trois heures lorsque je rentrai chez moi. Je passai le reste de la nuit à penser à ma maîtresse. Le matin je reçus ce billet. *Rendez-vous à trois heures dans ma loge; j'ai à vous parler d'une affaire qui me regarde. N'y manquez pas; je vous attends.* Je fus ponctuel, et je trouvai Sylvie seule. Elle allait se mettre à sa toilette. Son air sérieux, que je croyais devoir être dissipé par l'intervalle de près de douze heures, m'étonna. Asseyez-vous, me dit-elle; je veux vous parler.

» Si je n'avais pas résolu de ne vous plus voir, continua-t-elle, je serais la dernière des femmes de vous regarder encore, après ce que vous avez fait hier. Vous avez cru sans doute qu'en m'aimant vous trouveriez de ces conquêtes aisées et passagères. Je vous avais pourtant prévenu du contraire, et il me paraît que ma manière de penser méritait que vous eussiez une autre idée de mon caractère. Je n'ai point été assez heureuse pour pouvoir vous inspirer quelque estime; j'espère que la conduite que je tiendrai dorénavant avec vous pourra me faire obtenir ce que vous m'avez refusé jusqu'ici. Je vous prie donc instamment de vouloir ne plus venir chez nous; je vous serai même obligée de m'éviter par-tout où je serai. »

Surpris autant qu'on peut l'être d'une pareille demande, je fus quelque temps à répondre. Je ne vous obéirai point, lui dis-je; et, puisque votre mère veut bien que j'aille chez elle, je me servirai de ce prétexte pour vous rendre tous les jours le témoin de mon désespoir. « Eh bien, lorsque votre présence me sera trop à charge, me répondit Sylvie avec un air piqué, je saurai m'en délivrer; aussi bien cette femme, que vous appelez ma mère, n'a-t-elle de droits sur moi que ceux que je veux bien lui donner, puisqu'elle n'est ma mère que dans l'esprit de ceux qui ne connaissent point combien je suis à plaindre. »

Ces derniers mots ne pouvaient que m'inspirer une extrême curiosité. Je priai cent fois Sylvie de vouloir m'apprendre quel était son sort; je lui demandai autant de fois pardon d'une offense qu'un amour trop violent m'avait fait faire. Après plus d'une heure de prières et de soumission, je veux bien, dit-elle, achever de mettre ma destinée entre vos mains : le ciel m'a condamnée à y abandonner mon cœur malgré moi; je dois vous rendre le maître du reste. Vous me reconduirez au sortir de la comédie; ma mère ne reviendra que long-temps après moi; elle joue dans la petite pièce, et nous sortirons dès que la tragédie sera finie. Voici ce qu'elle m'apprit, lorsque je l'eus conduite chez elle.

« Vous me voyez aujourd'hui comédienne; mais je suis née fille d'un gentilhomme. L'astre fatal qui a présidé à ma naissance a influé sur tout le reste de ma vie. Mon père était de Normandie; il s'appelait du Tremblai, et était d'une très-ancienne maison. Son père l'envoya à Saint-Malo pour quelques affaires de famille, qui l'arrêtèrent plus qu'il ne pensait. Il logeait chez un pauvre officier réformé qui n'avait pour tous biens qu'une maison, dont il occupait le quatrième étage; et il vivait du louage du reste. Il s'appelait Canton. Il avait une fille, nommée Isabelle, qui était fort jolie; elle plut à mon père, qui crut qu'elle ne résisterait pas à quelque présent. Mais il eut beau lui offrir, elle tint ferme; et il résolut de l'épouser en secret. Il le lui proposa : elle l'aimait; elle y consentit. La difficulté était de le faire approuver à Canton. La mort de cet officier arrivée dans ce temps-là laissa Isabelle maîtresse d'elle-même. Mon père l'épousa dans un village, auprès de Saint-Malo; un prêtre, parent d'Isabelle, fit le mariage.

» Pendant trois ou quatre mois, ils furent fort heureux. Mais le mariage de ma mère n'avait pas échappé à la curiosité des Malouins. On l'écrivit à son beau-père, qui, au désespoir de la sottise de son fils, fit casser son mariage par le parlement de Rouen. Mon père ne voulut point abandonner son épouse; il vécut quelque temps de l'argent qu'il pouvait avoir. Bientôt il fut obligé de vendre la maison de ma mère, le seul bien qu'il avait; et, prévoyant qu'il se trouverait encore aux expédiens, il prit le parti de se faire comédien. Il était bien fait; il avait étudié; il fut reçu avec plaisir à Toulouse par la troupe qui y était. Ma mère accoucha de moi peu de temps après, et survécut peu à ma naissance. Mon père fut extrêmement affligé de la perte de son épouse. Pour dissiper sa tristesse, il prit un grand soin de mon éducation. Il me laissa à Toulouse, où je fus élevée jusqu'à dix ans. Lorsque j'eus atteint cet âge, il me fit venir auprès de lui. Je fus fort surprise de le voir marié; cependant je m'accoutumai aisément avec ma belle-mère; elle n'avait point d'enfans; elle me regardait dès-lors, et m'a toujours regardée, comme sa fille. C'est cette même femme que j'appelle ma mère aujourd'hui.

» Environ deux ans après que j'eus joint mon père, la troupe dans laquelle il était, vint à Marseille. C'est là que, pour comble de maux, je le perdis pour toujours; il eut quelque dispute avec un de ses camarades, et, ayant mis l'épée à la main, il reçut un coup dans la poitrine, dont il mourut deux jours après. J'étais perpétuellement au chevet de son lit; j'arrosais ses mains de mes larmes. Mes pleurs ni mon désespoir ne purent le rappeler à la vie. *Ma fille*, me dit-il quelque temps avant d'expirer, *je vous laisse dans une triste situation. Le ciel m'est témoin que de tous les malheurs que j'ai essuyés, celui de vous manquer dans l'âge où vous êtes, m'est le plus sensible. Souvenez-vous que vous êtes née au-dessus de l'état où le sort vous a réduite; mais ne vous en souvenez que pour prendre les sentimens qui vous conviennent. Vous êtes pauvre; ainsi vous ne sauriez vivre dans le monde. J'ai remis mille écus à votre belle-mère, pour vous faire religieuse : c'est le meilleur parti que vous ayez à prendre.*

» J'étais si affligée que je ne pouvais dire un seul mot. Quelque temps après on m'arracha d'auprès de mon père ; ce fut pour ne plus le revoir. Dès qu'il fut mort, ma belle-mère songea à remplir ses intentions. La troupe étant allée à Montpellier, elle me mit dans un couvent, et consigna les mille écus entre les mains des religieuses. J'étais si jeune alors, que, quoiqu'élevée dans le grand monde, j'embrassai sans peine un état qui m'en éloignait à jamais. Je demeurai un an pensionnaire, n'ayant point encore l'âge pour prendre le voile. Lorsque le temps de ma profession arriva, les billets de banque furent annullés (1). Les mille écus que j'avais donnés aux religieuses ayant été remboursés en papier, et par conséquent étant devenus à rien, la mère supérieure me dit que je pouvais sortir du couvent quand il me plairait, qu'on ne pouvait pas m'y nourrir plus long-temps. En vain lui représentai-je que ce n'était pas ma faute, et que lui ayant donné mon argent, c'était à elle d'essuyer le remboursement : j'eus beau me plaindre, j'avais affaire à la nation dévote ; il

(1) C'est de la banque de Lass qu'il est question ici ; elle fut établie à Paris en 1717 sous la régence du duc d'Orléans, pour faciliter le paiement des dettes de l'état et les opérations de finances : les actions de de cette banque eurent d'abord la plus grande valeur ; elles rapportaient vingt et trente pour cent ; mais le nombre de ces actions et des billets au porteur avec lesquels la banque payait s'étant multiplié extrêmement, le discrédit commença à se faire sentir ; bientôt les porteurs de billets voulurent les réaliser ; mais les fonds de la banque ne pouvant pas y suffire, elle fit banqueroute, et les actions perdirent dans le moment même toute leur valeur. Cette banqueroute arriva en 1720 ; l'on avait autorisé les remboursemens de rentes et dettes avec des billets et actions de la banque, quelque temps avant leur chute, afin de les soutenir ; mais cette mesure ne les empêcha pas de tomber, et ceux qui avaient été ainsi remboursés perdirent tout, comme nous l'avons vu depuis par les assignats et les mandats.

fallut en passer par où elle voulut. Les religieuses répondirent à mes raisons que si j'avais fait profession je serais fondée, au lieu qu'étant simple pensionnaire mon argent n'était qu'un dépôt qu'elles avaient, et dont elles ne répondaient point. Dans cet embarras j'écrivis à ma belle-mère, et elle m'envoya de l'argent pour l'aller joindre à Bordeaux.

« N'ayant plus d'autre ressource pour vivre que la comédie, il fallut que je rentrasse au théâtre. Nous vînmes peu après à Toulouse ; la troupe y resta cinq mois : j'étais entourée d'une foule d'adorateurs ; mais j'étais si jeune que leur langage m'était inconnu. Un conseiller au parlement conçut pour moi une forte passion ; il s'appelait de Cache. Il me le dit ; je l'écoutai sans attention : il s'aperçut sans doute combien mon cœur était encore peu capable de passion. Cette remarque ne le rebuta point, et il m'aima jusqu'au moment que nous partîmes de Toulouse pour venir à Aix. Il faut même que son amour ait continué ; car depuis que je suis ici, j'ai reçu une de ses lettres que je lui ai renvoyée sans réponse. Je dois lui rendre justice ; il est aimable, doux, poli ; et si mon cœur n'eût été réservé à d'autres sentimens, il aurait pu penser favorablement pour lui. Voilà, monsieur, continua Sylvie, quels ont été mes premiers malheurs ; j'ignore quels seront ceux que votre amour me prépare. Dieu veuille qu'ils ne soient pas plus sensibles et plus grands ! »

Cette histoire avait fait naître dans mon esprit mille idées différentes ; je m'arrêtai à la dernière, et je résolus de l'exécuter : elle était d'autant plus surprenante, qu'elle était éloignée de mon caractère. Ce fut de l'épouser et de réparer par-là toute la bizarrerie de sa fortune. Cette pensée m'était venue dès que j'eus quitté Sylvie, et mon amour me fournissait mille raisons pour la justifier à mes yeux : je me disais à moi-même que la distinction du rang n'était qu'un préjugé ridicule, et que la seule vertu faisait le mérite. Je joignais à cela l'exemple de bien des gens d'une condition plus élevée que la mienne, que de pareils engagemens n'avaient point deshonorés.

Ma résolution prise, je fis une promesse de mariage avec un dédit de dix mille écus ; je fus le lendemain chez elle. Vos malheurs, lui dis-je, m'ont occupé entièrement depuis que je vous ai quittée ; j'ai pensé comment on pourrait les réparer ; je n'ai trouvé qu'un seul moyen : voyez s'il vous paraîtra bon. Je lui donnai en même temps la promesse que je lui avais faite avec le dédit. Que voulez-vous que je fasse de cela, me dit-elle en le déchirant ? Allez, vous n'êtes pas sage ; je pense mieux que vous ne croyez : vous n'êtes point votre maître, vos parens ne consentiraient jamais à un pareil établissement, et quand vous pourriez disposer de votre main, j'ai trop de délicatesse pour vouloir attacher votre sort à celui d'une infortunée comédienne. C'est pourtant cette infortunée comédienne, lui dis-je, qui réglera le destin de ma vie ; c'est elle que je veux rendre heureuse, ou, si je ne le puis pas, je vais quitter un monde qui m'ennuie. Promettez-moi de conserver la promesse que je vais vous faire, ou je pars cette nuit pour la Grande-Chartreuse. Sylvie me connaissait capable de cet emportement : pour me retenir, elle promit ; je lui fis donc une promesse semblable à l'autre, et, m'étant piqué le doigt avec une épingle, je la signai de mon sang.

Dès ce jour, je la regardai comme une personne qui devait être mon épouse; je l'appelais ma femme, elle m'appelait son mari par complaisance. Cependant le temps agissait pour moi ; l'amour mena peu à peu Sylvie au point de souhaiter que je pusse effectuer ce que je lui avais promis : je lui jurai de nouveau que, dès que l'occasion s'en présenterait, elle pouvait être assurée que je lui tiendrais parole. J'allais chez elle tous les soirs, lorsque sa mère était couchée ; nous passions une partie de la nuit ensemble ; la fin de tous ces rendez-vous ne pouvait que m'être heureuse. En effet, Sylvie se fia sur ma constance et m'accorda les dernières faveurs ; elles ne firent qu'augmenter mon amour. Pour être plus libres, nous changeâmes le lieu où nous nous voyions : l'appartement de sa mère communiquait à la salle de la comédie ; c'était où je passais une partie des nuits avec elle. Il m'arriva dans ce temps-là une plaisante aventure.

Un orage des plus violens étant survenu, Sylvie craignit que le tonnerre ne vînt à réveiller sa mère, et elle me pria de me retirer. Je n'avais point de manteau, et il pleuvait à verse. On avait joué la veille *Crispin Médecin* (1) ; sa robe était encore dans la

(1) Cette pièce est de Hauteroche ; elle fut donnée pour la première fois au théâtre français, en 1673.

loge où nous étions. Je m'avisai de me la mettre, pour me servir de manteau, et ayant allumé un flambeau qui devait servir dans le *Festin de Pierre* (1), je sortis de cette façon pour retourner chez moi. L'orage cependant continuait avec plus de violence;

C'est dans cette pièce que le célèbre Poisson Raimond perfectionna le rôle de Crispin que l'on joue encore d'après le modèle qu'il en a donné. Il était attaché à la maison de M. le maréchal de Créqui; mais son goût pour la comédie fut si violent que, sans considérer les avantages que son protecteur aurait pu lui faire, il le quitta pour aller jouer la comédie en campagne. Son talent supérieur pour les rôles comiques, et sur-tout pour celui de Crispin qu'il imagina et qu'il adopta, soutenu d'un esprit agréable et rempli de saillies, le firent connaître de toute la cour. Il est mort en 1690. Quelques-uns ont dit qu'il portait des bottines à cause qu'il avait la jambe très-menue; mais il y a plus apparence de croire qu'il paraissait en bottines sur le théâtre, parce que dans sa jeunesse, les rues de Paris, dont à peine la moitié était pavée et fort mal propres, obligeaient les gens de pied de se mettre en bottines pour faire leurs courses. Les acteurs qui depuis ont représenté les rôles de Crispin, ont conservé cette chaussure.

(1) *Festin de Pierre*, comédie de Molière, mise en vers par Thomas Corneille, jouée pour la première fois en 1677.

lorsque je fus au détour de la première rue, je trouvai un homme qui, me voyant dans cet équipage, me prit sans doute pour un lutin qui excitait cette tempête; la peur lui donna des forces pour courir; je me mis à ses trousses et le poursuivis le flambeau à la main, comme une furie, pendant près d'une demi-heure; ce misérable poussait des cris étonnans. Enfin, ayant trouvé par bonheur une allée ouverte, il entra dedans et ferma la porte après lui, et moi j'allai me coucher assez fatigué.

Mon bonheur était trop grand pour pouvoir durer. Je ne tardai guère à voir commencer cet enchaînement de maux qui m'ont suivi jusqu'à présent. Une nuit que j'étais dans la loge de Sylvie, sa mère vint à s'éveiller; elle l'appela, et ne recevant point de réponse, la curiosité la fit lever pour voir ce que sa fille faisait; elle entra dans sa chambre et de là elle passa jusqu'à la salle de la comédie. Nous l'entendîmes venir; je n'eus que le temps de descendre sous le théâtre; Sylvie alla au-devant d'elle. Que faites-vous ici à cette heure, lui dit la vieille comédienne? Je repassais mes rôles, répondit la fille. J'ai cru apercevoir quelque clarté dans

le

le jeu; je suis venu voir si on n'aurait point laissé quelque chandelle qui pût mettre le feu. Voyons votre loge, dit sa mère; elle y entra. J'avais malheureusement oublié mon épée sur le théâtre. Une épée ici, dit-elle! et avec qui étiez-vous donc? Elle vit bien qu'on ne pouvait s'être retiré que sous le théâtre. Elle y vint avec de la lumière, et il me fut impossible de me cacher davantage. Dès qu'elle m'aperçut, elle me dit: Ah, monsieur le marquis, c'est vous! Que vous a fait ma fille, pour la perdre d'honneur et de réputation? J'étais trop étonné pour pouvoir répondre; je remontai sur le théâtre. Quelle fut ma surprise de trouver Sylvie évanouie et sans sentiment! Je voulus la secourir; sa mère me prévint et lui donna de l'eau des Carmes; elle revint peu à peu. Sa mère se contraignit assez pour me dire poliment qu'elle me priait de sortir et de faire en sorte que personne ne me vît. Sylvie était si saisie, qu'elle n'eut pas la force de me dire un seul mot. Nos regards seuls nous apprirent mutuellement la situation de nos cœurs.

Ceux qui ne connaissent le monde que médiocrement, seront étonnés des sentimens que je donne à deux comédiennes. Le théâtre n'a pas la réputation de faire des vestales, je le sais, et on verra dans la suite de ces mémoires, que je le connais assez bien ; mais aussi il ne faut pas croire qu'il n'y ait pas des comédiennes sages. J'en ai connu plusieurs, sur le compte desquelles il n'y avait rien à dire ; et, pour justifier par des exemples vivans mon opinion, je défie la médisance la plus maligne de trouver à redire sur la conduite de la Sallé et de la fille de Thomassin (1). D'ailleurs Sylvie avait été élevée

(1) Mademoiselle Sallé était une excellente danseuse de l'Opéra. Elle alla en Angleterre en 1741 ; elle fut, à son retour, reçue pensionnaire du roi, pour les ballets. Elle mérita par son talent et par ses mœurs, disent les *Anecdotes dramatiques*, les applaudissemens et l'estime du public qui l'avait vue autrefois à l'Opéra-Comique. On fit ces vers sur elle.

> De son art enchanteur tout reconnut les lois.
> Dans Londres, dans Paris tout vola sur ses traces ;
> Elle fut sans égale, et parut à la fois
> Élève des vertus et rivale des Grâces.

Voici d'autres vers composés par Voltaire.

> De tous les cœurs et du sien la maîtresse,
> Elle alluma des feux qui lui sont inconnus ;
> De Diane c'est la prêtresse,
> Dansant sous les traits de Vénus.

L'honnêteté de cette actrice ne fut cependant pas

toute sa vie dans un couvent, et ne faisait encore que d'entrer au théâtre.

J'étais impatient de savoir la conversation qu'elle avait eue avec sa mère, et j'allais envoyer un de mes gens, pour s'en informer, lorsque je reçus ce billet. *Venez chez la Robbé, d'abord que vous aurez reçu ma lettre. Nous sommes ma mère et moi dans une situation à ne pouvoir plus vivre ensemble. J'ai mille choses à vous dire ; je crains bien que le malheur qui m'est arrivé*

également crue de tout le monde, et il courut, dans le temps, des vers qui attaquaient ses mœurs les plus secrètes.

> Sur la Sallé la critique est perplexe :
> L'un va disant qu'elle a fait maints heureux ;
> L'autre répond qu'elle en veut à son sexe ;
> Un tiers prétend qu'elle en veut à tous deux :
> Mais c'est à tort que chacun la dégrade ;
> De sa vertu, pour moi, je suis certain.
> Resnel soutient pourtant qu'elle est tribade,
> Et la Groguet qu'elle est une p....

Mademoiselle Thomassin était fille de Vincentini Thomassin, de Venise, excellent Arlequin du théâtre italien, mort à Paris en 1739 ; elle épousa un acteur du même théâtre, nommé de Hesse. Elle jouait peu, et passait pour avoir des mœurs. C'était d'ailleurs une belle personne.

hier au soir, ne soit pas le dernier que j'aie à appréhender.

J'allai dans l'instant chez la Robbe. C'était une comédienne de la troupe; j'y trouvai Sylvie, qui me parut très-affligée; ce qui lui faisait le plus de peine, c'était d'être obligée de se séparer de sa belle-mère. Elle avait été piquée de quelques discours qu'elle lui avoit tenus, et elle n'avait pu résister à la tentation de lui répondre; elles en étoient venues aux invectives, et s'étaient mises toutes les deux dans la nécessité de ne pouvoir plus vivre ensemble. J'étais fâché de mon côté que Sylvie quittât sa mère; je comprenais combien un pareil éclat ferait de bruit. Je lui proposai de la raccommoder avec elle, et de me charger de cette paix. J'y consens volontiers, me répondit-elle; mais je doute que vous en veniez à bout. Je l'assurai que je réussirais. J'allai chez la mère qui fut d'abord étonnée de me voir. Madame, lui dis-je, votre fille m'envoie chez vous, pour vous demander sa grâce; elle a cru qu'étant la cause de votre brouillerie, je devois me charger du raccommodement. Vous croyez qu'il y a quelque chose de criminel entre votre fille et moi ; j'ose vous protester par ce qu'il y a de plus sacré, que nos sentimens sont aussi purs que le jour. Je pouvais lui parler de la sorte, car Sylvie et moi comptant sur notre amour et notre constance, nous nous regardions comme époux. Soit que sa mère fût touchée de ma sincérité, soit qu'elle pénétrât une partie de nos sentimens, ou que l'amour qu'elle a toujours eu pour sa fille la déterminât, elle me répondit qu'elle croyait Sylvie trop sage pour avoir d'autres sentimens que ceux que je lui donnais; mais qu'une jeune personne se perdait souvent par des indiscrétions; que je sentais bien moi-même combien l'heure où elle m'avait trouvé avec elle était peu convenable; qu'elle n'avait pu s'empêcher de lui dire ce qu'elle en pensait; qu'au reste elle était la maîtresse de revenir quand elle voudrait; qu'elle la recevrait toujours comme une fille qu'elle aimait; que je serais le maître de lui parler toutes les fois que je voudrais, pourvu que ce fût à des heures qui convinssent à la bienséance. Je dis à Sylvie la réponse de sa mère; elle retourna chez elle, et je fus témoin de leur raccommodement. Je crois que ce qui le facilita, fut que la mère avait pénétré une partie de nos secrets.

Peu de jours après, les comédiens partirent pour aller à Nîmes passer le temps des vacances du parlement, la ville dans ce temps-là ne pouvant soutenir un spectacle. J'avais résolu de prendre ce temps pour finir entièrement mes affaires avec Sylvie. Je comptais, lorsqu'elle serait en Languedoc, de l'épouser en secret : un prêtre, que j'aurais gagné pour quelque argent, eût fait cette cérémonie. Je voulais lui faire quitter la comédie ; elle eût vécu dans quelque maison de campagne auprès d'Aix, et j'aurais attendu la mort de mes parens pour déclarer mon mariage. Mais le ciel qui me préparait un torrent de malheurs en disposa autrement.

Quelque temps après que Sylvie fut partie, elle eut une nouvelle dispute avec sa mère, qui lui reprocha de l'avoir surprise avec moi. C'était frapper son cœur par l'endroit sensible ; aussi sortit-elle de chez sa mère. J'en fus fort surpris lorsque j'arrivai à Nîmes ; je lui en témoignai mon chagrin. Elle se plaignit si fort des manières qu'elle avoit essuyées, que, connaissant d'ailleurs son caractère, je ne doutai point qu'elle n'eût raison.

Il y avait deux ou trois jours que j'étais en Languedoc. Tout était résolu ainsi que nous l'avions prémédité. Sylvie devait quitter la comédie, lorsque la troupe partirait de Nîmes, et venir me trouver en Provence dans une maison de campagne, où je devais la loger. J'avais trouvé un prêtre qui m'avait promis de nous marier, lorsque tout changea de face.

J'entre dans la vaste mer de mes infortunes, et le souvenir m'en est encore sensible après dix ans d'écoulés. Il y avait à la comédie une actrice nommée la du Lac, monstre que le ciel avait produit pour mon malheur; elle avait été long-temps entretenue par le prévôt des marchands de Lyon, étant danseuse à l'opéra; et après avoir eu de lui cinq ou six enfans, elle s'étoit mariée à un comédien, à qui elle avait donné près de trente mille livres en argent, ou en bijoux. C'était le reste d'une banqueroute de plus de huit cent mille livres, qu'elle avait fait faire à son amant. Cette femme haïssait Sylvie sans savoir pourquoi; elle affectait souvent de me plaindre de ce que j'étais si amoureux; mais le peu d'attention que je faisais à ses discours, et la conduite de Sylvie, qui était irréprochable, faisaient qu'elle n'osait s'expliquer clairement.

Le temps que j'avais été éloigné d'elle, lui donna plus de hardiesse. Avez-vous vu, me dit-elle, ce jeune abbé, qui parle à mademoiselle Sylvie ? Il me paraît qu'elle n'est pas fâchée de l'écouter. Je ne sais, lui dis-je, de quel abbé vous me parlez ; mais je puis assurer que, depuis que je suis ici, je n'ai vu qui que ce soit aller chez elle. Il faut donc, me dit-elle, qu'on lui ait donné son congé, depuis que vous êtes arrivé. Ce discours fait d'un air ingénu, fit couler dans mon cœur le poison le plus dangereux. J'avais ignoré jusqu'alors les maux que causait cette passion. Je sentis tout ce qu'elle peut inspirer de rage et de douleur. J'allai chez Sylvie : mon air triste en l'abordant l'étonna beaucoup ; elle m'en demanda la cause ; je la lui avouai naturellement. Est-il possible, me dit-elle, que vous croyiez de pareilles impostures ? avez-vous vu jusqu'ici quelque chose qui ait pu vous faire soupçonner que je fusse capable d'une pareille conduite ? Ses larmes achevèrent de me convaincre, et la tranquillité rentra dans mon cœur pour quelques momens ; mais étant allé dans la loge de Sylvie, avant la comédie, j'y trouvai l'abbé dont on m'avait parlé. J'ai su depuis que, loin de penser à elle, il étoit amoureux de la Robbe.

Cette rencontre fut un coup de foudre pour moi : j'eus peine à me contraindre; Sylvie s'en aperçut; elle affecta beaucoup de froideur pour lui; cette froideur même augmenta mes soupçons; je crus qu'elle voulait me tromper. Je sortis de sa loge et ne lui parlai point du reste de la comédie. Je fus dévoré, pendant qu'elle dura, des plus cruels mouvemens. Dès que Sylvie fut sortie, j'allai chez elle; je la trouvai noyée dans ses pleurs. Elle avait connu à ma conduite, quelle était ma façon de penser. Hé bien, me dit-elle, nous vivions trop heureux ! Il faut que vous troubliez notre tranquillité par des chimères que vous vous forgez. Je ne sais, lui dis-je, si mes soupçons sont bien ou mal fondés; mais je sais qu'il faut vous résoudre à partir cette nuit avec moi pour l'Espagne, ou bien à nous séparer pour jamais. Partir pour l'Espagne, s'écria Sylvie ! Eh que voulez-vous y faire ? Je veux vous y épouser et y vivre avec vous, jusqu'à ce que je puisse retourner en France. Il est impossible, en vous faisant quitter la comédie aujourd'hui, que cet éclat ne soit su de mes parens. Cela rompt toutes mes mesures, et j'aurais peine, s'ils apprenaient jamais quels sont mes sentimens, à vous mettre à couvert de leur haine. Il faut donc que je m'éloigne de la France. Cette résolution me précipite dans de grands inconvéniens; mais mon cœur est trop troublé pour vous souffrir plus long-temps à la comédie.

Sylvie me représenta en vain que c'était me perdre que d'agir de la sorte; que j'apprenais à mes parens ce que je voulais leur cacher. Je n'ai plus rien à ménager, lui dis-je, et si l'argent me manque, je serai plus heureux étant comédien avec vous, s'il le faut, dans un pays étranger, que jaloux et désespéré au milieu de ma patrie par la crainte de perdre votre cœur. Sylvie n'osa résister davantage; elle craignait que je n'attribuasse son opiniâtreté à quelque nouvelle tendresse. Eh bien, me dit-elle, je suis prête à vous suivre; mais du moins souvenez-vous, si vous êtes jamais malheureux, de ne vous en prendre qu'à vous-même.

Charmé d'avoir fait consentir ma maîtresse au projet insensé que j'avais formé, je préparai tout pour mon départ; je la fis habiller en homme, pour qu'elle fût moins connue. Je fis tenir ma chaise de poste prête pour neuf heures du soir, au sortir de la comédie, parce que la troupe ne jouant point le lendemain, cette circonstance me donnait deux jours à courir sans qu'on s'aperçût de notre évasion.

Il m'arriva, en passant à Perpignan, un incident, qui me jeta dans un grand embarras. Quoiqu'il y eût plus de dix-huit mois que la peste fût finie, on ne laissait entrer personne en Espagne sans passe-port. Lorsque je fus chez le commandant, il me dit que j'aurais de la peine à pénétrer plus avant, et qu'il ne pouvait pas me donner un passe-port comme venant de Perpignan, puisque je venais de plus loin. J'étais dans le dernier embarras; je me voyais obligé de retourner; je n'osais m'arrêter trop long-temps sur une grande route, de peur que ma famille n'eût fait courir après moi, dès qu'elle saurait mon évasion. Je m'avisai d'un moyen qui me tira d'embarras. J'allai trouver le secrétaire du commandant; je lui dis que j'étais officier, qu'une affaire malheureuse m'obligeait de sortir de France, et que je le priais de vouloir dire à son maître de quoi il était question, persuadé qu'il ne voudrait pas perdre un gentilhomme. Deux louis d'or et une tabatière d'argent que je joignis à m[es] raisons, le persuadèrent entièrement. Il me donna lui-même le passe-port dont j'avais besoin, et j'arrivai le lendemain à la Jonquière, première ville d'Espagne.

Le hasard me conduisit dans une hôtellerie, où il y avait deux provençaux, capitaines dans les troupes espagnoles, qui s'en allaient à Barcelone ; ils me reconnurent. J'eus beau vouloir leur dissimuler que j'étais le marquis d'*Argens*, ils m'avaient vu tous les deux en France, il fallut le leur avouer. Quoique Sylvie fût encore habillée en homme, ils connurent bien que c'était une fille. Je ne leur cachai rien de mon aventure, si ce n'est le nom et la condition de Sylvie ; je leur dis qu'elle était fille d'un président du parlement de Provence, que je l'avais enlevée du couvent, et que j'allais l'épouser à Barcelone. Ils m'offrirent tout ce qui dépendait d'eux dans ce pays, et nous eûmes d'abord lié une étroite amitié ensemble. Deux jours après nous arrivâmes.

Je voulus d'abord exécuter ce que j'avais promis à Sylvie. Je priai ces officiers de m'adresser à quelque prêtre qui me dît la conduite qu'il fallait tenir. Ils m'en firent connaître un qui parlait assez bien français, et qui était chevalier du Saint-Office, autrement dit Inquisition. Il m'assura d'abord que rien n'était si facile que de me marier; que le concile de Trente était reçu en Espagne purement et simplement; que le consentement de parens n'était point nécessaire. Il se chargea d'en parler au grand-vicaire.

Le lendemain il vint nous voir de sa part et nous prier d'aller chez lui. Nous y fûmes avec Sylvie. Il nous dit qu'il nous marierait, mais qu'il fallait auparavant que nous nous missions pendant trois jours dans un couvent, pour marquer notre soumission à l'église. Ce mot de couvent fit peine à Sylvie; le grand-vicaire s'en aperçut, et lui dit fort obligeamment, qu'il voyait qu'elle n'allait point volontiers chez des religieuses, mais qu'il la mettrait dans une maison auprès de quelque dame, ce qui ferait le même effet. Ce fut chez madame de Pedrejas, intendante de Catalogne, que Sylvie fut mise en dépôt. Quant à moi, on me donna le couvent des Mathurins pour retraite. J'étais pourtant le maître d'aller voir ma maîtresse, lorsque je voudrais; ce fut ce qui nous perdit tous les deux.

L'intendante qui avait d'abord pris Sylvie en amitié, eut la curiosité de me voir. J'étais si jeune qu'elle fut étonnée que j'eusse osé enlever une fille. Je tâchai pourtant par mes discours de m'acquérir son estime ; mais plus elle crut apercevoir en moi quelque génie, plus elle eut d'envie d'approfondir ce mystère. Lorsque je fus sorti pour me retirer dans le couvent où je couchais, elle tourna si bien Sylvie qu'elle lui fit avouer nos secrets.

Nous devions nous marier le lendemain; nos affaires changèrent bientôt de face. Je fus surpris d'apprendre en m'éveillant que Sylvie était allée dans un couvent de religieuses dès la pointe du jour; j'y courus. Elle m'avoua qu'elle avait eu la faiblesse d'avouer à l'intendante qu'elle était comédienne, et que cette dame lui avait dit qu'il ne convenait pas qu'elle se mêlât davantage de ses affaires; qu'elle s'était retirée par son conseil, dans ce couvent, pour attendre que les trois jours fussent écoulés; elle ajouta que ces religieuses l'avaient parfaitement bien reçue à la sollicitation de l'intendante, qui lui avait promis de la servir en tout ce qui dépendrait d'elle, pourvu que la chose ne parût point. J'allai voir mon chevalier de l'inquisition, qui me servait de procureur; je lui avouai tout ce qui se passait. Il me dit que je ne devais point m'étonner; que la différence d'état et de condition ne faisait point un empêchement au mariage; et comme il voyait qu'imbu des maximes de France, je doutais fort de ce qu'il me disait, il me raconta une histoire fort particulière, qui s'était passée, trois semaines avant que j'arrivasse à Barcelone (1).

« Vous voyez, me dit-il, le comte de Montemar, viceroi de cette province; il vient d'éprouver que la plus haute naissance n'est point une raison pour empêcher l'effet d'un sacrement. Il resta veuf de fort bonne heure avec deux filles; il maria l'une avec un seigneur; sa cadette s'appelait Isabelle. Elle était bien faite, aimable, et aurait eu sans doute une fortune aussi brillante que sa sœur, si l'amour qui renverse tant de projets, n'eût réglé autrement sa destinée. Le comte de Montemar avait dans sa maison un jeune officier de son régiment, qui lui servait d'écuyer; il était d'une fort jolie figure et plein d'esprit.

(1) C'est une ville et port de la côte orientale d'Espagne, sur la Méditerranée, distinguée par le grand commerce qui s'y fait.

Isabelle le voyait souvent ; la charge qu'il avait chez son père, l'obligeait de lui rendre mille services journaliers. Elle vint à l'aimer; elle fit les premières avances. L'écuyer ravi de sa bonne fortune, joignit de son côté la reconnaissance à l'amour. Isabelle gagna un prêtre qui les maria. La femme-de-chambre qui était du complot, introduisit l'amant pendant la nuit dans la chambre de sa maîtresse : Le mariage s'y consomma. Leur bonheur dura près de six mois; mais Isabelle s'étant aperçue qu'elle était enceinte, il fallut songer comment elle apprendrait son mariage à son père. Elle pensa d'abord à la sûreté de son amant, et elle l'envoya dans une province éloignée de la Catalogne ; ensuite s'étant mise dans un couvent de religieuses, elle écrivit à son père son mariage et sa grossesse. Le comte de Montemar demeura pétrifié en lisant la lettre de sa fille. Il jura de faire périr son écuyer, et envoya retirer Isabelle, par des soldats, du couvent où elle s'était retirée. L'église se scandalisa du violement de ses droits. L'affaire fut portée en cour ; il vint ordre au comte de Montemar de mettre sa fille en liberté d'aller rejoindre son mari, et de lui donner une pension alimentaire. Elle est

est partie depuis deux jours au grand contentement du peuple, à qui cet exemple a fait voir que l'église ne fait aucune distinction entre ses enfans. »

Cette histoire, dont j'avais déjà entendu parler confusément, calma un peu mes inquiétudes. J'allai chez le grand-vicaire : il me parut que l'intendant l'avait instruit du sort de Sylvie. Il me dit que l'évêque ferait quelque difficulté de me marier, sans avoir auparavant un certificat comme je n'étais pas marié, et qu'il fallait écrire en France pour avoir une attestation de l'official; que je ne m'en devais faire aucune peine, parce que, si on me la refusait, il me donnait sa parole de passer plus avant ; qu'étant français et étranger, il était obligé d'observer plus de mesures que si j'avais été espagnol.

J'allais passer les après-dînées avec Sylvie, en attendant que le temps de notre mariage arrivât, et le soir je me retirais chez les moines. Passant un jour dans les rues, je m'entendis appeler par mon nom ; je me retournai, et je vis un homme habillé superbement, qui me dit : Vous serez surpris, monsieur le marquis, d'être connu d'une personne qui ne l'est point de vous. Je vous ai vu fort jeune; j'ai été ami de monsieur votre père, et je serai charmé de pouvoir vous rendre tous les services qui dépendront de moi. Comme celui qui me parlait avait l'air d'un homme au-dessus du commun, je tâchai de répondre à sa politesse; il me proposa d'entrer chez lui. J'étais auprès de sa maison; j'acceptai ses offres avec plaisir; il était parfaitement bien logé. Lorsque nous fûmes assis, mon nom, me dit-il, vous sera moins inconnu que ma figure; je m'appelle Vaumale; j'ai en Provence mon frère aîné qui se nomme Valcroissant. A ce mot, je me levai pour l'embrasser : je connaissais sa famille et son frère particulièrement. Lorsque je lui eus témoigné le plaisir que j'avais de le voir, il m'apprit qu'ayant eu une affaire en France dans son régiment, il avait été obligé de passer depuis quelques années en Espagne; qu'il était capitaine dans les Gardes Valonnes; qu'ainsi son exil de France avait été la cause de sa fortune.

Il me demanda ensuite quel sujet m'amenait à Barcelone; je lui en dis la raison; il la savait déjà; il l'avait apprise à l'intendance : il ignorait seulement la condition de Sylvie; et, comme il me questionnait beaucoup sur son compte, j'eus la faiblesse de faire la même faute qu'elle avait faite auprès de madame de Pedrajas : en un mot, je lui avouai qu'elle était comédienne. D'abord il en parut surpris; mais, se contraignant ensuite, il me dit que l'amour égalait tous les états, et que pour lui il n'en serait pas moins porté à me faire plaisir. Je lui sus bon gré de ses offres, et je me livrai à lui dès ce moment. Dieu! qu'il m'en a coûté cher, et que j'ai bien payé ma crédulité!

Il me pria pour le lendemain à dîner. Je ne pus le lui promettre, parce que j'allais régulièrement depuis une heure jusqu'à cinq chez Sylvie. Il me proposa de venir prendre du café sur les trois heures ; je crus que je ne pouvais sans impolitesse le lui refuser. Le lendemain donc je quittai Sylvie, deux heures plutôt qu'à mon ordinaire ; elle me demanda où j'allais. Je ne sais, me dit-elle, mais je sens un mouvement dont je ne suis pas la maîtresse ; j'ai un pressentiment que je ne vous verrai plus. Je traitai ce qu'elle me disait de faiblesse ; en effet je n'y voyais aucune apparence. Je me rendis chez Vaumale, qui m'attendait. Nous prîmes du café ; il affecta de ne me parler de rien. Comme j'allais sortir, il me dit : Où passez-vous vos avant-soupers ordinairement ?

Je lui répondis que je n'avais encore aucune habitude, et que je me retirais de fort bonne heure dans mon couvent. Voulez-vous, me dit-il, que je vous mène dans une maison, où la maîtresse a deux jolies filles ? c'est la gouvernante de la citadelle. J'étais si éloigné d'avoir aucun soupçon sur son compte, que, s'il m'eût proposé d'aller par-tout ailleurs, je l'aurais suivi. Comme je n'avais jamais vu la citadelle, je l'acceptai avec plaisir. Nous nous mîmes en chemin, et, lorsque je fus arrivé entre le pont de l'avance et celui de la place, nous trouvâmes le gouverneur qui sortait. Vaumale fit arrêter son carrosse ; j'ai un mémoire, lui dit-il, à vous rendre de la part de monsieur le comte de Montemar ; il lui donna en même temps un papier. Le gouverneur, l'ayant lu, lui dit, Qui faut-il arrêter ?

C'est monsieur, dit Vaumale, en me montrant. Le gouverneur alors m'ordonna de rendre mon épée au sergent de garde, qu'il appela. Il m'eût été inutile de penser à me défendre ; j'étais enfermé dans la citadelle entre deux corps-de-garde ; je me contentai de dire à Vaumale : Monsieur, nous nous reverrons. Vous me saurez gré un jour de ce que je fais, me dit-il.

On me mena dans une tour qui faisait la plus belle prison du monde, s'il peut y en avoir de telles. J'y trouvai un jeune colonel italien, nommé le comte Baratieri, qui avait été arrêté pour une affaire qu'il avait eue. Il y avait le neveu d'un grand d'Espagne, et le fils du commissaire ordonnateur de la Catalogne; ces deux-ci étaient pour un cas semblable au mien. Ces messieurs me reçurent fort poliment; ils parlaient tous français; je leur contai mes aventures; ils en parurent d'autant plus touchés, que mon sort approchait infiniment du leur : on peut juger de ce qui se passait dans mon cœur. Deux jours s'écoulèrent sans que je pusse avoir aucune nouvelle de Sylvie; il y avait ordre de ne laisser parler aucun des prisonniers de la tour à qui que ce soit.

Cependant Sylvie envoya aux Mathurins pour savoir de mes nouvelles; on ne saurait exprimer quel fut son désespoir, lorsqu'on lui apprit qu'il y avait deux jours que je n'avais point paru. Elle crut d'abord qu'ennuyé des longueurs et des fatigues que nous essuyions, je l'avais abandonnée : mais ensuite faisant réflexion sur mon caractère et combien il était éloigné d'une pareille perfidie, elle comprit qu'il fallait que j'eusse été enlevé ou arrêté sans qu'on le sût.

Vaumale s'était bien gardé de le dire; il avait joué un jeu à se faire une affaire fort sérieuse, comme je le dirai dans la suite. Il avoit dit au comte de Montemar qu'il me ferait embarquer sans qu'on le sût. Celui-ci, charmé à cause de l'aventure qui était arrivée à sa fille, de faire peine aux gens d'église, avait donné l'ordre pour m'arrêter, si on pouvait m'obliger par finesse à sortir de la ville, pour qu'on n'en sût rien. Le projet de Vaumale était de me remettre à un capitaine de vaisseau, qui aurait répondu de moi jusqu'en France; il aurait réussi, si le ciel ne m'eût inspiré un heureux artifice. J'avais demandé la permission d'écrire à ces deux capitaines que j'avais rencontrés en entrant en Espagne; on me la refusa constamment. Je voulus voir Vaumale; on me dit qu'il était parti pour Girone. Je dis que je voulais me confesser, et qu'on me fît venir un prêtre. A ce mot de prêtre, la sentinelle s'inclina; le sergent de garde à notre tour courut chez le commandant, et revint me dire qu'on allait m'amener un confesseur.

Une heure après, quelle fut ma surprise lorsque je vis entrer mon chevalier de l'inquisition! Quoi! vous êtes ici, me dit-il, et c'est pour vous qu'on est venu me chercher? ah! je vous jure sur la croix que je porte que je vous tirerai d'ici; je cours avertir monsieur le grand-vicaire et votre maîtresse de votre situation; il y a deux jours que la pauvre fille n'a point pris de nourriture. Mon confesseur disparut à ces mots; il revint deux heures après avec le promoteur d'officialité, qui m'arrêta dans la prison de la part de l'église, et ordonna au gouverneur d'avoir à me représenter toutes fois et quand elle me demanderait.

Dès ce moment, l'entrée de la tour fut permise à mes amis; je reçus des lettres de Sylvie; j'en avais souvent trois ou quatre par jour. Elle m'écrivait de me tranquilliser, et que, de la façon dont allaient nos affaires, nous en verrions bientôt la fin. Je demeurai deux mois dans ma tour, arrêté par le roi d'Espagne d'un côté, et par l'église de l'autre. Cependant mon départ avait fait un bruit infini en France; on ignorait où j'étais allé; mais les lettres qu'on avait écrites à Aix à l'official apprirent que j'étais en Espagne, et que je voulais épouser Sylvie.

Je ne saurais exprimer la colère de mon père; il jura de m'exhéréder; il demanda une lettre de cachet pour moi, s'il pouvait me faire revenir en France, et envoya à Barcelonne un de ses amis, nommé Crivelly, homme d'esprit et d'un excellent caractère, pour intervenir en son nom. Il le chargea d'une procédure, qu'il fit faire par le juge criminel à Aix, où Sylvie était dépeinte comme la plus grande malheureuse du monde.

Dès que Crivelly fut arrivé, il vint me voir, et me montra l'information qu'on avait faite contre Sylvie. Elle me causa plus d'indignation que de colère ; cependant comme je craignais qu'elle ne prévînt l'évêque et le grand-vicaire, qui étaient les deux seules personnes maîtresses de mon sort, j'écrivis un mémoire de vingt feuilles en latin, que je leur envoyai. Crivelly y répondit assez bien ; mais, comme j'étais fondé et que j'avais pour moi tous les casuistes espagnols et le concile de Trente, il me fut aisé, dans une réponse de six feuilles, d'anéantir toutes ses objections (1).

Crivelly comprit bien qu'il fallait mettre en

(1) Suivant le concile de Trente, les mariages sont valides par la simple bénédiction nuptiale et le consentement des époux ; il n'exige point celui des parens, comme condition essentielle ; et l'on ne peut refuser le sacrement à ceux qui le demandent, avec

œuvre autre chose que des argumens. Il venait me voir tous les jours ; il était infiniment poli, et, quoiqu'il fût mon plus grand adversaire, je ne pouvais m'empêcher de l'aimer : je comparais ses manières avec celles de Vaumale, qui était un Provençal pétulant, et à qui j'avais été obligé d'interdire ma chambre, de peur de m'emporter à quelque violence. Je m'étais bien promis en sortant de prison d'avoir une affaire avec lui, et, lorsqu'il m'était venu voir, je ne m'étais contraint que pour être plus sûr de mon fait ; il n'osait pas même agir ouvertement, parce que Sylvie, qui s'était fait des amis dans le couvent, menaçait de le prendre à partie : ainsi Crivelly était le seul qui fût déclaré contre moi ; il me sonda plusieurs fois de toutes les manières imaginables ; mais il me trouva ferme dans mes sentimens, et il perdit ses peines à vouloir m'éloigner de Sylvie.

Il s'attacha à elle ; il lui demanda la permission de l'aller voir ; il se plaignait de la com-

---

les conditions exigées par les lois de l'église. Dans les pays où le concile de Trente a été reçu purement et simplement, cette liberté de mariage s'est soutenue, et l'on ne voit pas qu'elle y ait produit de mal réel.

mission dont il était chargé. Enfin il sut plaire autant à la maîtresse qu'à l'amant. Quand il vit que Sylvie l'écoutait, il lui fit pressentir que, puisqu'elle m'aimait véritablement, elle devait ne point me rendre malheureux ; que mon père lui donnerait de quoi s'établir ; que tôt ou tard reconnaissant la faute que j'avais faite, je la quitterais ; que le lendemain que nous serions mariés en Espagne, mon père ferait casser notre mariage en France. L'intendante que Crivelly avait mise dans son parti, tenait les mêmes discours.

J'étais destiné à être malheureux ; mon sort influa dans ce moment sur le caractère de Sylvie ; elle se démentit, et me sacrifia à 12,000 livres que mon père lui donna. Crivelly et l'intendante lui firent signer un écrit, par lequel elle se départait de tous ses droits, et déclarait ne vouloir pas m'épouser, quand même je le voudrais ; elle rendit en conséquence les promesses et le dédit que je lui avais faits. Je ne pensais à rien moins qu'à cette rupture ; j'avais reçu la veille deux lettres de Sylvie : mon affaire prenait un fort bon train.

Qu'on juge quelle fut ma surprise, lorsque Crivelly me montra la déclaration de Sylvie et mes promesses ! je restai immobile ; il me fut impossible de dire un seul mot. Crivelly eut l'attention, pour ne point augmenter ma peine, de sortir, et il me laissa seul avec mon commissaire de l'inquisition, qui était aussi stupéfait que moi. Je le priai de vouloir se charger d'une lettre pour elle, et de m'en apporter la réponse. Il s'acquitta de la commission ; mais la lettre de Sylvie ne fit qu'augmenter mon désespoir : elle est si profondément gravée dans mon cœur, que je n'en oublierai jamais les termes.

Je viens de vous rendre à votre famille ; partez, et oubliez-moi, si cela peut vous rendre heureux. Je vais faire des vœux, qui m'attacheront pour le reste de ma vie dans le couvent où je suis, et me punir d'avoir donné trop facilement dans des idées qui m'ont plongée dans les plus grands malheurs. Adieu ; ne m'écrivez plus, car je ne vous ferais point de réponse.

La lecture de cette lettre me rendit comme insensible pour un instant ; ensuite, revenant à moi-même, je compris que mes maux étaient de ceux que la mort seule peut finir. L'unique chose qui m'embarrassait était d'avoir du poison ; le désespoir m'en fit trouver. Je pilai du verre, que je mêlai avec du tabac d'Espagne excessivement fort ; j'en composai dix ou douze paquets, et, lorsque je les eus préparés, j'écrivis cette lettre à Sylvie.

Je vais mourir, cruelle, et c'est vous qui conduisez les coups qui me font descendre dans le tombeau; je vous pardonne de m'avoir rendu malheureux; mais je ne puis souffrir que vous m'accusiez d'être cause de vos infortunes. Au moment que vous lisez cette lettre, je ne vis plus; oubliez mon trépas, si cela peut bannir votre infidélité de votre mémoire.

J'envoyai cette lettre à Sylvie par celui qui nous apportait à manger, et, comme nous allions nous mettre à table et que nous étions tous enfermés dans la même chambre, je pris les balotes de poison que j'avais, et, à la première cuiller de soupe que j'avalai, j'en glissai une. A la seconde que je voulus prendre, le tabac d'Espagne s'étant fondu dans ma bouche, je devins violet; dans le moment, le comte Baratieri, qui s'en aperçut, se doutant de quelque chose, se jeta sur moi; on me trouva le reste du poison sous ma serviette. On me fit avaler de l'huile malgré mes efforts, ce qui m'ayant fait vomir empêcha que le verre pilé ne passât dans les intestins. J'en ai pourtant été incommodé fort long-temps de la poitrine et de l'estomac. Quand on m'eut enlevé le moyen de cesser de vivre, je n'eus plus d'autre recours qu'aux larmes ; je formai la résolution de me laisser mourir de faim.

Cependant le ciel m'avait destiné à de plus grands malheurs. Sylvie avait reçu ma lettre ; à peine l'eut-elle lue qu'elle troubla tout le couvent par ses pleurs. Crivelly apprit jusqu'où j'avais poussé ma rage ; il vint me voir, et me dit tout ce qu'il put s'imaginer. Je ne lui répondis jamais un seul mot. Il lut dans mes regards que j'avais peu de part à la vie ; il courut chez Sylvie ; elle était persuadée que je ne vivais plus. Il la dissuada, et lui apprit qu'on m'avait sauvé ; cette nouvelle la rassura un peu. Crivelly lui dit de m'écrire, pour m'empêcher de me porter à des extrémités si funestes : c'était bien son dessein, sans qu'il le lui conseillât ; elle m'envoya cette lettre.

Vivez, mon cher Marquis, ou je vous suivrai au tombeau : votre dernière marque d'amour me fait voir combien vous méritez d'être aimé. Je vais me servir de l'argent que votre père m'a donné, pour vivre seule dans une maison de campagne, en atten-

dant que vous trouviez le secret de venir me joindre. Retournez en France, puisqu'il le faut; mais revenez le plutôt que vous pourrez; vous me trouverez toujours fidelle; je vous le jure par votre amour qui m'est plus cher que la lumière des cieux.

Qu'on est faible, quand on est amoureux ! Cette lettre remit le calme dans mon ame ; j'en reçus encore plusieurs autres pendant deux jours que je restai à Barcelonne ; enfin je partis avec une escorte de vingt-cinq maîtres (1), qui avait ordre de me remettre entre les mains du gouverneur de la première ville française. En vain je demandai à voir Sylvie avant mon départ. Crivelly me dit qu'il avait des défenses expresses de mon père ; je m'en consolai dans l'espérance que j'avais de la rejoindre bientôt : je la laissais avec de l'argent dans un pays où elle n'avait rien à craindre de mes parens ; hors la peine que j'avais d'être éloigné d'elle, mon cœur était assez tranquille. Lorsque je fus arrivé à Bellegarde, monsieur le comte de Pertuis m'envoya avec vingt grenadiers jusqu'à Perpignan.

(1) C'est-à-dire de vingt-cinq hommes à cheval, faisant partie d'un corps de cavalerie plus considérable.

M. d'Andresel, qui était pour lors intendant du Roussillon, et qui fut peu après ambassadeur à Constantinople, m'envoya son carrosse à la porte de la ville; nous nous y mîmes Crivelly et moi, et allâmes descendre chez lui; il me dit qu'il était au désespoir que le roi lui eût envoyé une lettre de cachet pour me faire mettre dans la citadelle de Perpignan; qu'il espérait que ce serait pour peu de temps; qu'il voulait me conduire lui-même à M. de Montmejan, qui en était le gouverneur. Il vint effectivement avec moi, et me présenta. Le commandant me fit mille politesses; il me retint à dîner avec M. d'Andresel, pria les officiers de la garnison de vouloir me recevoir à leur auberge, et me donna la citadelle pour prison, quoique la lettre de cachet portât un ordre de me renfermer.

Crivelly partit lorsqu'il m'eut établi dans mon nouveau domicile; je n'y fus pas long-temps sans avoir des nouvelles de Sylvie. Je reçus plusieurs lettres de différentes personnes; il m'en vint une entre autres du comte Baratieri, qui était sorti de prison, et qui me marquait qu'on parlait fort du mariage de Sylvie, que c'était l'intendante qui le faisait. Je traitai ces nouvelles de ridicules; je pensais que Sylvie faisait courir ces bruits pour faire croire qu'elle ne pensait plus à moi, lorsqu'on me manda qu'elle était mariée. J'eus beau lui écrire; je n'en reçus plus aucune nouvelle. Je m'adressai à mon commissaire de l'inquisition; il me marqua qu'il était vrai qu'elle avait épousé un nommé Larcher, et que c'était madame de Pedrajas qui avait fait ce mariage. Je crus pour lors que Sylvie avait tenu une conduite indigne d'une femme d'honneur : et qui ne l'aurait pas cru comme moi? il n'en était rien, comme je l'ai appris dans la suite.

Cependant piqué au vif contre elle, je résolus de l'oublier et de finir mon esclavage qui durait depuis six mois. Je m'adressai à M. d'Andresel, qui venait d'être nommé ambassadeur à la Porte. Je lui proposai de l'accompagner; il l'accepta avec plaisir. Il écrivit à ma famille, et moi de mon côté je m'adressai au marquis de Chateaurenard, pour parler à mon père, qui était son ami depuis long-temps, et qui avait beaucoup de confiance en lui; je lui avais en mon particulier des obligations, qui seront éternellement gravées dans mon cœur; il m'avait soutenu contre les premiers mouvemens de ma famille, et il l'avait empêchée

empêchée de se porter à de plus grandes extrémités. Comme il était reconnu pour un homme plein d'honneur, il s'était acquis le droit de dire ce qu'il pensait, et il soutenait ce caractère de sincérité par une naissance illustre et par beaucoup de biens. Il me fit réponse qu'il avait obtenu ce que je demandais, et que je partirais avec les fils de M. d'Andresel, qui venaient attendre leur père à Toulon où je trouverais un équipage, dont j'aurais lieu d'être content. Je reçus quelques jours après le rappel de ma lettre de cachet, et fis le voyage de Perpignan à Aix avec le jeune marquis d'Andresel et son frère.

Lorsque nous arrivâmes en Provence, ils allèrent chez mon père; je ne les accompagnai point, et je ne vis personne de ma famille qu'un frère, que j'aimais autant que Sylvie (1). Il venait de justifier, tout jeune qu'il était,

(1) Le marquis d'Argens avait deux frères chevaliers de Malte de la *langue de Provence;* savoir, Sextius Luc de Boyer d'Argens, né le 21 juin 1710, et reçu chevalier le 27 août 1723, et Luc Boyer d'Argens, né le 13 février 1713, reçu le 26 mai 1725. C'est du premier que parlent les *Mémoires.* Le marquis d'Argens l'a toujours aimé, et c'est à lui qu'il dédia sa *Philosophie du Bon-Sens.*

combien il méritait ma tendresse. Mon père lui ayant offert, s'il voulait quitter la croix de Malte, de le faire l'aîné, il l'avait refusé constamment. Son amitié pour moi ne s'est jamais démentie, et, dans les malheurs qui me sont arrivés, elle a été la seule chose qui m'ait apporté quelque consolation ; il m'apprit que ma mère aurait fort souhaité de me voir, mais que mon père s'y était fortement opposé ; elle avait alors une tendresse infinie pour moi ; elle n'avait pas peu contribué à faire consentir mon père à la révocation de ma lettre de cachet : bien plus, comme il se plaignait beaucoup de la dépense que je lui avais causée, ma mère lui offrit de vendre ses diamans. Son amitié pour moi a bien changé dans la suite ; il semble que c'est mon destin d'être rendu malheureux par les personnes qui m'ont le plus aimé.

Après avoir pris congé de mon frère, je partis pour Toulon ; mon père y vint quelques jours après. Monsieur l'ambassadeur me mena chez lui ; il me parla assez doucement, me représenta le tort que je m'étais fait dans le monde, et finit par me dire qu'il souhaitait que ma conduite fît oublier au public ma sottise autant qu'il l'avait déjà oubliée. Je ne m'attendais pas à une réprimande aussi modeste. Quoique je sente qu'il avait le cœur fort bon, comme je ne suis pas celui de ses enfans qu'il a le plus aimé, je ne pensais pas en être quitte à si bon marché. A ce qu'il me disait, je n'avais rien à répondre ; aussi ne parlai-je point. Le marquis de Chateaurenard qui se trouvait présent à ce raccommodement, changea de discours ; il ne fut plus question de rien. Trois ou quatre jours après, nous mîmes à la voile pour Alger, où nous devions passer avant d'aller à Constantinople, l'ambassadeur ayant été chargé de négociations particulières pour les deys d'Alger, Tunis et Tripoli (1).

(1) Il faut distinguer dans le langage des Turcs, les beys des deys. Dey est le titre du prince souverain d'un des états barbaresques, sous la protection du Grand-Seigneur. Jusqu'au commencement du dix-septième siècle, le royaume d'Alger a été gouverné, par un pacha, au nom du Grand-Seigneur ; mais à cette époque, la milice turque, mécontente de cette espèce de gouvernement, obtint de la Porte le droit d'élire parmi les troupes, un homme capable de le gouverner sous le nom de dey. Cet ordre de choses dura jusqu'en 1710, qu'Aly-Bacha ayant fait des représentations à la Porte, sur la mésintelligence qui régnait entre les deys et les pachas, obtint que les premiers seraient revêtus de la dignité de pacha.

Depuis ce temps, le dey d'Alger se regarde comme souverain et allié du Grand-Seigneur. Il y a aussi un dey à Tunis, ainsi qu'à Tripoli.—Bey, signifie seigneur : l'on donne ce nom au chef-commandant un certain nombre de spahis ou cavaliers entretenus dans une province ou dans une ville. Les beys, à la faveur de leur commandement, se sont emparés de l'autorité dans plusieurs villes et gouvernemens où ils ont été établis.

LIVRE SECOND.

L'escadre qui portait l'ambassadeur était composée de quatre vaisseaux, le *Solide*, de soixante-douze pièces de canon, le *Toulouse*, de soixante-seize, et deux frégates, de cinquante, appelées la *Loire* et la *Vestale*. Ces quatre vaisseaux devaient suivre l'ambassadeur jusqu'en Candie. M. de Grandpré, qui commandait l'escadre, et qui montait le *Toulouse*, devait aller en Égypte avec la *Vestale*, et M. de Beaucaire, qui montait le *Solide*, devait mener l'ambassadeur jusqu'à Constantinople, ayant la *Loire* pour conserve. Comme les négociations dont M. d'Andresel était chargé tendaient ou à renouveler l'alliance, ou à déclarer la guerre, la France avait voulu faire paraître quatre vaisseaux de guerre sur ces côtes, pour en imposer davantage.

Après deux jours de navigation fort heureuse, le vent grossissant excessivement, nous fûmes obligés de mouiller aux Fromentières. Les îles qui portent ce nom sont à quelques lieues de celles de Minorque et de Majorque ; elles ont été fort peuplées ; mais Barberousse, en revenant de France avec la flotte turque, en fit les habitans esclaves, et les vendit à Constantinople (1). Il n'y a plus aucune habitation ; on y peut faire commodément de l'eau et du bois. Comme nous restâmes près de huit jours pour attendre le vent, je proposai au chevalier de Clairac, capitaine dans le régiment de la marine, et ingénieur en chef actuellement, avec qui j'avais fait connaissance, d'aller voir l'île d'Yviça, qui n'est qu'à

(1) Il y a eu plusieurs Barberousse ; celui qui ravagea les îles Fromentières, et en vendit les habitans à Constantinople, se nommait *Cheredin Barberousse*, fils d'Aruch Barberousse, et son successeur au royaume d'Alger, en 1518. Il fut général des armées navales de Soliman II, empereur des Turcs. Il se fit un nom célèbre par sa valeur, ce qui ne l'empêcha pas de mourir des suites de la débauche, en 1547. Barberousse revenait de faire une course sur les côtes de France, lorsqu'il dévasta les îles Fromentières, qui appartenaient aux Espagnols, avec qui nous étions en guerre. Il y a beaucoup de serpens, d'ânes sauvages et des salines dans ces îles.

trois lieues des Fromentières (1). Clairac y consentit, et ce fut dans ce petit voyage que nous liâmes une amitié qui ne finira sans doute qu'avec la vie. Il allait à Constantinople par curiosité ; sachant parfaitement les mathématiques, il avait cru pouvoir faire quelque nouvelle découverte. L'ambassadeur, dont il était connu depuis long-temps, l'estimait infiniment : aussi le méritait-il. Quoiqu'il n'eût pour lors que vingt-cinq ans, il y avait peu d'hommes en France qui joignissent tant de science et d'esprit à tant de jugement et de probité.

Yviça est une île de la Méditerranée, appartenante au roi d'Espagne. Il y a une ville assez grande, mais mal bâtie, pleine de couvens des deux sexes, ainsi que de toutes celles qui sont sous la domination des Espagnols. Nous allâmes saluer le commandant ; il se tient dans le château, situé sur une hauteur qui défend la ville et l'entrée du port. Ce gouverneur se nommait Dupuis, et sortait des

(1) Le chevalier de Clairac s'est distingué dans la construction maritime ; il est mort jeune en 1751. On a de lui quelques ouvrages de son état, et une histoire des *Révolutions de Perse avant Thamas-Kouli-Kan*. Il se nommait Louis-André de la Mamie, et mourut ingénieur-constructeur en chef à Bergues.

gardes Valonnes (1). Il nous retint malgré nous un jour entier; nous le menâmes à nos vaisseaux, où il salua l'ambassadeur; il y fut magnifiquement régalé par M. de Beaucaire, qui commandait le vaisseau où était son excellence. Cet officier trouva le secret de manger dans ce passage plus de vingt mille écus au-delà de ce qu'il recevait du roi; il était coutumier du fait; il n'avait jamais commandé de vaisseaux, qu'il n'eût perdu où les autres gagnent. Il a été fait officier-général depuis peu de temps, avec l'approbation générale du corps de la marine.

Le vent ayant changé, nous arrivâmes, en trente-huit heures, devant Alger (2). La ville

(1) Les gardes Valonnes forment un très-ancien corps de troupes espagnoles, qui tire son nom d'une des provinces que l'Espagne possédait autrefois dans la Flandre dite *Vallonne*.

(2) Alger est la capitale d'un état d'Afrique, autrefois la Numidie et Mauritanie; c'est le plus grand des six royaumes de la Barbarie; l'air y est sain et tempéré, la terre très-fertile, sur-tout vers le nord : cependant l'agriculture y est négligée; les fruits en grande quantité et de la plus belle espèce, y sont mûrs en mai et juin. Les melons d'été et d'hiver y sont excellens; on les nomme *melons d'Afrique*; ce sont des melons de cette espèce qui ont accéléré la mort du grand

salua nos vaisseaux de vingt-un coups de canon, que nous rendîmes coup pour coup.

Frédéric; il en mangeait avec excès dans sa dernière maladie; on en cultivait dans les serres de ses jardins. Les raisins du royaume d'Alger sont remarquables par leur grosseur. On fabrique des tapis superbes à Alger, ainsi que des maroquins et des velours. C'était autrefois une république gouvernée par un régent, sous la protection du Grand-Seigneur; mais le pacha ou vice-roi qui était à la tête de cette régence, s'est rendu indépendant sous le nom de dey. Les Algériens sont mahométans; leur langue est un dialecte de l'arabe; il y a aussi un jargon composé d'italien, de français et d'espagnol que l'on nomme la *langue franque*. Les habitans sont forts, robustes, nerveux; ils haïssent les Européens et font le métier de pirates; ils courent sur les vaisseaux de toutes les puissances chrétiennes qui n'ont point de traité avec eux et qui ne leur paient point de subsides; ils font esclaves les équipages; mais les Français ont su s'exempter de cette servitude honteuse. Ces pirateries d'Alger lui ont attiré des guerres. Barberousse Aruch prit la ville en 1516. Charles-Quint l'assiégea inutilement en 1541; les Anglais brûlèrent ses vaisseaux en 1655 et 1670. Les Français la bombardèrent en 1682 et 1683. Les *pères de la Mercy* s'y rendaient autrefois pour y racheter les esclaves chrétiens de toute nation; cette institution estimable n'existe plus. Le port d'Alger est superbe; la ville est bien bâtie, contient environ 100 mille habitans; on y compte 15,000 maisons.

Une heure après que nous eûmes mouillé, le consul de France vint à notre bord voir l'ambassadeur; ils eurent une conférence particulière.

Une escadre hollandaise de cinq vaisseaux de guerre, que nous avions trouvée devant Alger, fit le principal sujet de leur entretien; elle inquiétait infiniment M. d'Andresel; il avait des ordres exprès de la cour de ne descendre à terre que lorsqu'il aurait parole qu'on signerait le renouvellement de la paix. Les Hollandais, las d'avoir la guerre avec eux, étaient pour traiter d'un accommodement; cette circonstance rendait notre négociation beaucoup plus difficile. Les Algériens ne vivent que de pirateries; il fallait nécessairement que s'ils faisaient la paix avec les Hollandais, ils rompissent avec nous. Nous restâmes deux jours sans qu'il nous fût permis de débarquer. Le troisième, le consul, suivi du kiaia, ou ministre du dey, vint visiter l'ambassadeur, et lui déclarer de la part de son maître que le divan avait résolu de donner toute sorte de satisfaction à la France, et de renouveler la paix.

Depuis ce jour la négociation des Hollandais alla de mal en pis. Ils en attribuèrent la cause au manque d'interprète ; celui dont ils se servaient, étant esclave du dey, ne lui osait pas rendre dans les termes précis ce qu'ils disaient, et ils prièrent M. d'Andresel de vouloir bien leur prêter le sien. Ils furent obligés de mettre à la voile quelques jours après, aussi fâchés de notre arrivée que nous l'avions été de les rencontrer.

Alger est une ville bâtie en amphithéâtre, dont les rues sont étroites et malpropres, les maisons hautes, peu riantes, la plupart sans fenêtres du côté des rues ; les bâtimens sont tous couverts de terrasses, où les femmes vont se promener lorsque la chaleur du soleil est finie ; elles sont un peu plus libres en Afrique qu'en Asie et à Constantinople. Il y a des intrigues à Alger, mais il est dangereux d'en avoir ; les femmes n'y sont servies que par des esclaves chrétiens ; elles les voient même avec plus de liberté que les naturels du pays, et de là viennent bien des passions, qui finissent ordinairement par d'étranges catastrophes.

Lorsqu'un chrétien est surpris avec une turque, il faut qu'il se fasse mahométan ou qu'il soit empalé. Quoique le cas arrive assez souvent, on voit néanmoins peu de martyrs à Alger : si c'est un esclave, on se contente de lui donner deux ou trois cents coups de bâton sur la plante des pieds. L'intérêt personnel des Turcs a fait mettre cette différence entre l'esclave et celui qui est libre; quant à la fille, avec lequel des deux qu'elle soit surprise, elle est jetée dans la mer, la tête liée dans un sac, si son amant persiste dans le christianisme. Le consul nous assura qu'on en avait noyé une âgée de quinze ans, deux jours avant notre arrivée : on l'avait surprise avec un esclave maltois, qui avait essuyé quatre cents coups de bâton sur la plante des pieds, sans avoir été ébranlé. Il faut avouer que la grace fait quelquefois des martyrs et des confesseurs par des moyens bien scabreux.

Les femmes des seigneurs ne peuvent pas avoir des intrigues aussi facilement, parce qu'elles sont gardées par des eunuques; mais il en est très-peu à Alger qui soient dans le cas : ces sortes d'esclaves coûtent infiniment, et, n'étant propres à aucun travail, peu de ces pirates sont en état d'en avoir; je doute qu'il y ait à Alger quinze particuliers qui en aient.

La république n'a qu'un seul vaisseau à elle; tous les autres sont à des particuliers; et quand elle en a besoin, elle est maîtresse de s'en servir, soit pour son usage, soit pour grossir la flotte du Grand-Seigneur, à qui ils sont obligés de fournir un nombre de vaisseaux lorsqu'il est en guerre : c'est là le seul tribut qu'ils donnent à la Porte (1).

Quant au reste de leur gouvernement, ils le conduisent eux-mêmes ; ils sont les maîtres d'élire leur dey et de le déposer : ils n'usent que trop de ce privilége; peu de deys règnent long-temps paisiblement. On nous montra le tombeau de sept deys, qui avaient été élus et massacrés tous sept dans le même jour : il fallait que le huitième fût bien hardi pour accepter la couronne.

C'est le divan général qui règle les affaires qui regardent l'état. Ce conseil est composé des principaux de la ville; le dey y préside : ce sont leurs états-généraux. Il y a un autre

(1) Le marquis d'Argens donne le nom de république au gouvernement d'Alger, parce que la milice et les habitans se choisissent un dey pour souverain, et que le divan règle sous la présidence du dey les affaires d'état ; mais dans le fond ce régime est monarchique, quoique assez mal organisé.

On appelle divan, chez les Turcs, un conseil ou assemblée générale des grands officiers du prince et de quelques personnes qui ont le droit d'y assister.

tribunal pour les affaires des particuliers, qui revient à peu près à nos bailliages : leur justice est assez bonne, et excessivement brière.

Le jour de l'audience de l'ambassadeur étant fixé, il descendit à terre au bruit de toute l'artillerie de l'escadre. Deux des premiers de la république vinrent le recevoir sur le rivage à l'entrée du port. Il alla d'abord chez le consul, où il se reposa quelque temps, et de là il partit à pied pour se rendre au palais du dey, accompagné de tous les officiers de l'escadre, et précédé de sa maison. Le dey le reçut dans l'appartement le plus superbe de son palais; c'était une espèce de galerie, dont les murailles étaient reblanchies et entourées de quelques sophas à la turque assez mauvais. Il avoit autour de lui deux ou trois turcs, quelques esclaves chrétiens, et deux mousses hollandais, qui lui servaient de pages.

L'ambassadeur s'assit dans un siége pareil au sien vis-à-vis de lui. Il lui parla la tête couverte et en français; la cérémonie fut faite dans un instant; on nous apporta du café et des pipes. Le dey parla alors en italien avec l'ambassadeur, et nous restâmes une demi-heure avant que M. d'Andresel prît congé de lui. Au sortir de l'audience, l'ambassadeur retourna chez le consul, où il dîna, et l'après-diner il se rembarqua pour retourner à nos vaisseaux.

Mes malheurs et l'amour semblaient vouloir me donner le temps de respirer. Je sentais renaître au fond de mon cœur cette liberté après laquelle j'avais si fort soupiré; l'image de Sylvie se présentait quelquefois à mon esprit, mais je tâchais de l'en éloigner. J'avais repris une partie de ma gaîté, et, malgré les maux que l'amour m'avait causés, je ne pouvais haïr les femmes; cette passion, qui m'avait déjà fait essuyer tant de peines, pensa me coûter cher à Alger.

L'abbé de Biron (1), fils du duc de Biron,

(1) Charles-Armand de Biron, duc et maréchal de France, mort en 1756, est celui dont il s'agit ici. Il était père de Louis-Antoine de Gontaut, duc de Biron, maréchal de France, et colonel du régiment des Gardes-Françaises qui naquit en 1701 et mourut en 1788. Celui-ci ne laissa point d'enfans de son mariage avec Pauline-Françoise de la Rochefoucault de Roye : il fut un des seigneurs de la cour de Louis XV, les plus distingués par sa conduite et son mérite. Il introduisit une excellente discipline dans le régiment confié à ses soins, pourvut à l'éducation des enfans destinés à y entrer, et fonda un hôpital pour les soldats malades. Autant les Gardes-Françaises se faisaient haïr et craindre

s'était embarqué avec nous, pour aller voir sa sœur, madame de Bonac (1), qui était à Constantinople avec son mari, à qui M. d'Andresel devait succéder. Il était aimable, vif, ayant beaucoup de génie. Je m'étais fait un plaisir de cultiver son amitié. Comme je ne le quittais guères, ayant passé une après-dînée sans le voir, je demandai à Clairac s'il

dans Paris avant M. de Biron, autant furent-ils considérés sous ce brave colonel; aussi disait-il qu'il voulait mettre ce corps sur un tel pied, que les bourgeois de Paris prieraient pour qu'on y admît leurs enfans.

Le dernier duc de Biron, héritier du nom de celui qui précède, portait le nom de Armand de Gontaut : il était colonel de hussards de Lauzun, fut député aux Etats-Généraux en 1789. Il fut, pendant la révolution, nommé au commandement de l'armée de la Vendée ; il n'y eut ni revers, ni succès éclatans. On le mit à Sainte-Pélagie, pour avoir laissé son armée de la Vendée dans l'inaction, et favorisé, disait-on, les *rebelles* de cette contrée. Lorsqu'il descendit pour aller à l'échafaud, il salua les prisonniers d'un air calme, et leur dit : « Adieu, nos amis, c'est fini pour moi, je m'en vais. » Il avait 46 ans, lorsqu'il périt ainsi en décembre 1793. Il avait été d'abord un très-chaud révolutionnaire ; c'est le second dans cette illustre famille qui ait péri sur l'échafaud.

(1) M. de Bonac à qui M. Andresel succéda, se nommait Louis d'Usson, marquis de Bonac ; il fut

ne savait point où il était. Il est sur la terrasse, me dit-il; il y lorgne, tant qu'il peut, toutes les femmes qui sont sur les autres. Allons, lui dis-je, en faire autant que lui. Nous montâmes au haut de la maison, et nous y trouvâmes effectivement l'abbé de Biron. Vous venez un peu tard, nous dit-il; il y avait sur la terrasse attenante, une des plus jolies filles du monde; j'ai eu une conversation d'une demi-heure avec elle par des signes.

Dans le temps qu'il nous parloit, elle reparut. Ah! la voilà, dit l'abbé; voyez si je vous mens. Il avait raison; j'avais peu vu de personnes aussi jolies. Je la saluai à la turque; elle me rendit le salut. Clairac, l'abbé de Biron et moi, nous nous mîmes tous trois à gesticuler. Elle en faisait autant de son côté.

---

nommé, après plusieurs ambassades, à celle de Constantinople en 1716, et y jouit pendant 9 ans de la plus grande estime. Ce fut lui qui détermina le Divan à envoyer une ambassade solennelle au roi de France (Louis XV); et ce fut la première que nos rois eussent reçue des Empereurs Ottomans. Après plusieurs missions importantes dont il fut chargé, il revint à Paris où il mourut en 1738, âgé de 66 ans; c'était un homme de mérite, savant et en même temps très-bon négociateur.

Nous aurions bien pu lui parler, car nos terrasses se touchant, et celle où nous étions étant beaucoup plus haute que la sienne, on ne pouvait pas la découvrir; mais nous craignions qu'on ne nous entendît et qu'il ne nous arrivât quelqu'une de ces avanies, qui sont assez communes dans ce pays-là.

Cependant l'occasion ne me paraissait point aussi périlleuse que Clairac et l'abbé de Biron le pensaient; je leur dis que j'étais résolu de sauter dans la terrasse de la belle Turque. Êtes-vous fou, me dit l'abbé de Biron? ou bien êtes-vous las de vivre? Non, dit Clérac, qui crut que je plaisantais; il veut trouver un honnête prétexte pour se faire turc. Il en sera tout ce que vous voudrez, lui dis-je, mais je vais descendre dans le moment. L'abbé de Biron et Clairac, voyant que je parlais sérieusement, firent ce qu'ils purent pour me dissuader, et ils n'avancèrent rien. Soit, dit Clairac; laissons-le donc seul, c'est son affaire, je le répète. Il n'y avait pourtant pas autant de risque qu'ils se le figuraient. D'abord que j'étais dans la terrasse, je ne pouvais plus être vu, parce qu'elle était entourée de hautes murailles, et que les autres maisons, excepté celle du consul, étaient plus basses. Le seul danger que je courais, était d'être aperçu en montant ou en descendant la muraille, qui pouvait bien avoir six pieds d'élévation. Le soleil était encore fort haut, et pendant la chaleur, il est rare que les Turcs montent sur leurs terrasses.

Ces raisons me paraissant excellentes, à peine l'abbé de Biron et Clairac m'eurent-ils quitté que, sans consulter ma belle Algérienne, je sautai le long de la muraille dans sa maison. Elle fut si étonnée de me voir faire un coup si hardi, qu'elle ne sut que dire. Je savais comment on faisait l'amour à la turque ; je lui pris la main, je la lui baisai, elle ne s'en défendit pas, et après une conversation d'un quart d'heure, où nous ne nous entendions guère l'un l'autre, je me mis dans le cas, ou d'être Turc, ou d'être empalé.

Je trouvai ma nouvelle conquête si belle, que je résolus, au risque de tout ce qui pourrait en arriver, de la revoir tous les jours jusqu'au départ des vaisseaux. Je le lui fis comprendre en langue franque, que je parlais un peu, et lorsque je voyais qu'elle avait peine à concevoir, j'avais recours aux signes. Comme le jour baissait extrêmement, elle me dit de me retirer et de venir sur la terrasse le lendemain à la même heure que j'y étais venu.

L'abbé de Biron et Clairac ne me voyant plus, crurent qu'il m'était arrivé quelque accident; ils revinrent sur la terrasse dans le moment que je grimpais sur la muraille pour y monter. Ils ne pouvaient revenir de leur étonnement, et, s'ils ne l'avaient vu eux-mêmes, ils auraient eu peine à le croire. Je leur contai mon aventure et ne pus leur cacher la résolution que j'avais prise d'y retourner. L'abbé de Biron, qui vit combien je risquais, en avertit l'ambassadeur, et je reçus de lui le soir un billet, par lequel il me priait de l'aller joindre. Dès que je fus arrivé au vaisseau, il m'ordonna poliment de ne plus sortir tant que nous serions à Alger. Je vis bien qu'il savait de quoi il était question, et l'abbé de Biron m'avoua que c'était lui qui m'avait fait arrêter. J'eus peu de temps à regretter ma maîtresse. Nous partîmes deux jours après pour Tunis, où nous arrivâmes dans une semaine.

Nous mouillâmes à la rade, auprès du cap de Carthage, à la portée du canon des forts de la Goulette, qui sont assez mauvais. On les a bâtis à l'embouchure d'un petit canal large de trente à quarante pieds, et long de cinq cents toises, qui joint un lac de deux ou trois lieues de circuit avec la mer. Tunis est bâtie à cinq cents pas de ce lac dans les terres, et à trois ou quatre lieues de la mer, ce qui l'a toujours mise à couvert des bombardemens.

C'est une ville plutôt marchande que corsaire. Ses habitans n'ont que de petits bâtimens qui arment et désarment à Porto-Farine, port de mer à dix lieues de Tunis. Il y a à Tunis un dey comme à Alger; mais il n'a aucune autorité effective, quoiqu'il ait tous les honneurs de la royauté. C'est le bey qui est le maître absolu et le chef de l'état. Anciennement les beys n'étaient que commandans des troupes; peu à peu ils ont dépouillé les deys de toute leur autorité et se la sont appropriée. C'est le bey qui décide de la paix et de la guerre, qui reçoit les ambassadeurs, qui préside au divan (1).

On nous reçut à Tunis avec les mêmes cérémonies qu'à Alger. Le palais du bey est infiniment plus beau que celui du roi d'Alger;

(1) Différentes révolutions, inutiles à rapporter ici, ont successivement ôté et rendu aux deys leur pouvoir; ils sont tout-puissans aujourd'hui à Alger, à Tunis et à Tripoli.

on y voit des appartemens fort bien meublés ; la cour est pavée de carreaux de marbre blanc et bleu, et entourée de quatre corps-de-logis ; ce sont des pavillons à la turque, bâtis en demi-croix. La maison est bien mieux composée et a un air bien plus noble que celle du dey d'Alger. Nous terminâmes aisément les affaires que nous avions avec les Tunisiens, parce qu'outre qu'elles n'étaient pas de conséquence, ils nous accordèrent tout ce que nous leur demandâmes ; mais nous fûmes obligés de rester mouillés près de trois semaines pour attendre un vent favorable.

Je logeais chez le consul de notre nation, nommé Bignon, qui était de chez moi et ami de ma famille ; nous ne nous quittions jamais. Clairac et moi logions toujours ensemble.

L'aventure d'Alger m'avait mis en goût de chercher fortune ; je le pressais sans cesse de se joindre à moi, pour trouver quelque chose qui pût nous amuser. L'occasion ne tarda pas à se présenter.

Le chevalier de Cougoulin, officier de vaisseau, connu dans le monde par plusieurs pièces de vers de sa façon, qui ont été parfaitement bien reçues, s'était mis dans notre société; il aimait infiniment le plaisir. Le hasard lui avait procuré la connaissance d'un juif nommé Moïse; ils étaient venus à parler des femmes du pays. Le juif s'était offert, pour une légère récompense, de lui faire voir deux filles juives ou turques, entre lesquelles il pourrait choisir; et Cougoulin avait accepté le parti pour lui et pour deux de ses amis : il savait bien que nous ne le démentirions pas.

Il fut résolu que nous irions le lendemain à une lieue de la ville dans un jardin qui appartenait à Moïse, et qu'il nous y ferait venir deux juives et deux turques. Pour faire la partie égale, nous menâmes avec nous un jeune garde-marine, appelé Virville, fils du commandant du château de Dijon. Nous partimes de chez le consul sur les six heures du matin, sous le prétexte d'aller visiter des ruines antiques, qui sont autour de Tunis. A la porte de la ville, nous trouvâmes des chevaux que notre Mercure avait eu soin de nous faire préparer. En moins d'une heure nous arrivâmes à la maison de campagne.

Nos princesses n'y étaient point encore, et pour dissiper l'ennui que nous causait leur absence, nous nous mîmes à déjeûner et à boire d'un excellent vin, dont nous avions apporté plusieurs bouteilles avec nous.

Il est difficile à quatre Français d'être à table sans que les voisins s'en aperçoivent. Le vin nous inspirant de la gaîté, nous chantions à pleine tête. Un seigneur du pays, premier kiaia du bey, renégat vénitien, dont le jardin était auprès du nôtre, ayant entendu le tapage que nous faisions, demanda d'où venait ce bruit : on lui dit que c'étaient des officiers français de la suite de l'ambassadeur qui étaient dans le jardin d'un juif. Il eut la curiosité de nous voir ; il nous envoya prier par deux de ses gens de vouloir bien lui faire l'honneur d'aller chez lui ; et, quoiqu'il y eût à peine cent pas d'une maison à l'autre, on nous amena des chevaux de main, dont nous ne fîmes aucun usage. C'est la mode dans ce pays-là d'en agir ainsi avec les personnes qu'on veut traiter avec distinction.

La politesse du renégat ne nous fit point plaisir. Nous attendions nos dames et nous craignions que, ne nous trouvant point au rendez-vous, elles ne retournassent à Tunis. Nous ne pouvions cependant refuser au Turc ce qu'il nous demandait. Notre juif nous assura que nous ne devions pas craindre que les filles s'en allassent et qu'il les retiendrait tant que durerait notre visite. Comptant sur sa parole et plus encore sur la précaution que nous avions eue de ne le point payer d'avance, nous allâmes chez le renégat vénitien.

Il était parfaitement bien logé. Il nous fit apporter du café et des pipes. Comme nous parlions italien, Clairac et moi, assez passablement, nous fûmes d'abord les meilleurs amis du monde. Nous lui dîmes que nous avions de fort bon vin avec nous. Il ne refusa point d'en boire. Nous en vidâmes plusieurs bouteilles.

Lorsque nous fûmes un peu échauffés, nous nous mîmes à parler de religion. Cougoulin soutenait fermement que Mahomet était un fort grand homme et qu'il ne doutait pas que les Turcs ne fussent sauvés. Clairac voulait même qu'on fît son salut dans cette religion plus aisément que dans la chrétienne; avant la fin du repas, le renégat se trouva le plus mauvais musulman.

Aussi n'avait-il pas embrassé cette religion, après l'avoir examinée. Ayant été fait esclave et étant devenu amoureux de la fille de son patron, il avait su lui plaire, il s'était fait turc et l'avait épousée. Son maître lui ayant donné la liberté, il avait eu le secret de vendre le bien qu'il avait dans son pays, sous prétexte de se racheter, et, lorsqu'on lui en avait envoyé l'argent, il avoit quitté ouvertement le christianisme.

Nous en étions venus au point de ne plus faire aucun mystère. Cougoulin avoua au renégat que nous attendions des filles dans le jardin du juif, et qu'apparemment elles n'étaient pas encore arrivées, puisqu'on ne nous en avait pas avertis.

Tout ivre qu'était le vénitien, il parut surpris de ce que lui disait Cougoulin. C'est un grand malheureux que ce juif, nous dit-il. Quoi! commettre ainsi des gens de votre condition! Gardez-vous bien de passer la nuit dans son jardin. Nous sommes dans le temps du ramadan (1). Les turcs veillent et boivent toute la nuit. Il y a un nombre infini de Mores répandus dans la campagne. S'ils avaient le moindre soupçon que vous fussiez avec des femmes turques, ils vous feraient une affaire dont tout

(1) Ramadan ou Ramazan, c'est le nom turc de la Lune ou du mois pendant lequel les Musulmans font leur carême; ce jeûne a été ainsi appelé, parce que Mahomet disait que l'Alcoran lui avait été envoyé du ciel pendant ce temps-là.

le crédit de l'ambassadeur ne vous sauverait point. Ce misérable serait peut-être le premier à vous trahir, dans l'espérance d'être recompensé.

Ce qu'il nous disait était fort sensé ; mais il parlait à des gens ivres, et nous ne goûtions point ses raisons. Voyant qu'il ne pouvait nous persuader, vous êtes donc résolus, nous dit-il, d'attendre ces filles. Restez dans mon jardin. Je suis obligé de me trouver cette nuit chez le bey, pour y rester jusqu'à demain midi. Je vous laisserai un esclave anglais qui sait le français. Pourvu que vous ne sortiez point de mon jardin, il n'est point de more assez hardi pour oser se présenter à la porte. Lorsque je serai parti, votre juif peut y mener les femmes qui vous attendent. Mais ne sortez point du jardin, que vous ne les ayez renvoyées auparavant. Nous le remerciâmes de la complaisance qu'il avait pour nous, et, étant parti pour aller faire son service auprès du bey, nous restâmes les maîtres de sa maison. Nous envoyâmes l'esclave anglais avertir notre juif de venir nous trouver.

Il arriva peu de temps après avec quatre filles assez jolies. L'une d'entr'elles étoit une turque de seize à dix-sept ans. Elle nous plut à tous quatre. Il fallait savoir qui serait possesseur de cette beauté. Le sort en décida : elle me tomba en partage. Les autres suivirent pareillement les décrets du destin. J'avais une turque, Clairac de même, Virville et Cougoulin les deux juives. Nous nous étions pourtant promis qu'avant de finir la partie, nous troquerions d'épouses.

Après de tendres discours, dont notre juif et l'esclave anglais étaient les interprètes, nous procédâmes à des actions plus sérieuses, et, comme on ne peut continuer perpétuellement un exercice aussi pénible, pour nous délasser de nos fatigues, nous nous remîmes à table. Nos femmes et sur-tout les turques buvaient du vin coup sur coup. Elles furent bientôt dans un état pareil à celui où nous étions depuis sept à huit heures. L'esclave anglais et le juif n'étaient pas d'un plus grand sang-froid que nous. Il était minuit et nous comptions rester à table jusqu'au jour, lorsque nous vîmes paraître un noir au milieu de nous.

Il avait trouvé la porte du salon ouverte et s'était avancé jusqu'auprès de la table, avant que nous eussions pu l'apercevoir.

Cet homme marmotta quelques mots turcs,

que nous n'entendions pas. Dès l'instant qu'il les eut dits, la discorde se mit parmi nous. Nos femmes voulurent sortir. Les turques sur-tout paraissaient fort effrayées. Le juif s'arrachait les cheveux. Le seul esclave anglais gardait un silence, où il paraissait entrer du mystère. Nous lui demandâmes ce que voulait cet homme. Il nous dit que c'était le jardinier de la maison; qu'ayant entendu qu'il y avait des femmes, il était entré pour s'en éclaircir; qu'il voulait aller avertir les turcs, son maître ne nous ayant pas laissé son jardin pour cet usage; qu'il fallait tâcher de l'appaiser par quelque argent.

A ce mot, nous comprîmes aisément que c'était un jeu joué entre l'anglais et le more, pour nous obliger de leur donner quelque chose. C'était aussi ce que nous pouvions faire de mieux. Je le proposai à Cougoulin. Il me traita de ridicule. Cette bagatelle vous embarrasse, me dit-il! Pardi, voilà quelque chose de bien difficile. Je m'en vais tuer ce more. Nous attacherons l'esclave anglais pour le reste de la nuit, afin qu'il ne nous soit point à charge, et, dès la pointe du jour, nous regagnerons nos vaisseaux, et les filles et le juif s'en iront de leur côté. Personne n'est dans le jardin que nous. Nous ne craignons point d'insultes des turcs, qui sont dehors et qui n'oseraient entrer dans la maison du kiaia, outre qu'il est impossible qu'ils devinent que nous sommes ici. Ainsi, mon cher, pour achever tranquillement notre partie, je vais sacrifier ce more à la triple Hécate.

C'est fort bien dit, continua Clairac. Son sang sera agréable à cette respectable déesse, et j'ai toujours eu envie de tuer un musulman.

Virville pendant ce discours s'était emparé de la porte du salon, pour que personne ne sortît. Comme il était le plus gris de tous, il chantait, l'épée à la main, *poursuivons jusqu'au trépas l'ennemi qui nous offense*. Allons, dit Cougoulin, il faut orner la victime de bandelettes et de guirlandes. A ces mots, il prend une serviette et s'avance vers le more, à qui l'anglais ayant redit nos discours, avait donné une peur épouvantable. Il se mit à genoux au milieu de la chambre; il croisait ses mains sur sa poitrine et nous demandait grace. Les femmes, l'esclave anglais, le juif, tous pleuraient et se désespéraient.

J'ai cru, dis-je à Cougoulin, jusqu'ici, que vous plaisantiez; j'ose vous assurer que, tant que je vivrai, personne n'attentera sur les jours de ce misérable. Ha ha, dit Virville, vous voulez qu'on le sacrifie à mademoiselle Sylvie. Eh bien soit; tout nous est égal; autant vaut-elle qu'Hécate. Si au lieu de l'avoir menée en Espagne, tu l'eusses conduite ici, nigaud, elle aurait pu elle-même faire le sacrifice; ç'aurait été une Iphigénie en Barbarie.

Voyant combien peu j'avançais auprès d'eux, je m'adressai à Clairac. Eh quoi, lui dis-je, chevalier, vous qui êtes rempli de sentimens, pouvez-vous penser de la sorte? Allons, me dit-il, puisque tu le veux, il en sera quitte pour la peur. Messieurs, continua-t-il, je sais un moyen moins violent que celui dont vous voulez vous servir. Renvoyons les deux turques que nous avons; je garderai ici le more avec Virville, et d'Argens avec Cougoulin conduiront l'anglais qui leur ira ouvrir la porte. Une fois que ces femmes seront hors du jardin, nous refermerons la porte, et nous n'aurons plus rien à craindre.

Nous nous rendîmes tous à son opinion, et nous dîmes à l'esclave anglais de venir avec nous. Lorsqu'il vit qu'il perdait le fruit de l'avanie qu'il voulait nous faire, il tâcha de rassurer les turques, pour les obliger à rester. Elles étaient trop effrayées; elles voulurent sortir, et ce misérable, en leur ouvrant la porte, enfonça un coup de couteau dans le bras de l'une. Cougoulin, qui s'en aperçut le premier, au cri qu'elle fit, mit l'épée à la main, pour tomber sur lui. Je le retins et lui remontrai que, si nous faisions du bruit, quelqu'un pourrait nous entendre et qu'on arrêterait ces filles infailliblement sur le chemin. Comme il commençait à se dégriser, il se modéra assez facilement. Nous attendîmes le jour avec nos deux juives paisiblement, et dès qu'il parut, nous retournâmes chez le consul.

Il y avait apparence que nous ferions bientôt route pour Tripoli. Je voulus voir les ruines de Carthage; nous allâmes les visiter Clairac et moi. Elles sont à trois lieues de Tunis sur le bord du rivage. La ville était bâtie sur une langue qui avance dans la mer et qui forme un cap qu'on appelle encore le cap Carthage. On y voit des morceaux d'aqueducs fort beaux et entiers, et un ombre considérable de citernes. Il y en a dix-sept d'une vaste étendue, qui sont jointes ensemble par une route commune à un reste d'un édifice public. C'est là ce qui subsiste de plus entier; les autres arches sont tout-à-fait détruites et ne sont plus qu'un tas de pierres et de gravier.

Le

Le vent étant devenu favorable, nous partîmes pour Tripoli ; un calme étant survenu, nous fûmes obligés de mouiller à la Lampedouse, petite île dépeuplée par le corsaire Barberousse. On y trouve une chapelle, dédiée à la Vierge, desservie par un hermite, qui a aussi le soin d'une petite mosquée, dans laquelle est le tombeau d'un chérif (1) ; il est le seul habitant de l'île. Les Turcs et les chrétiens qui vont faire là de l'eau lui laissent tout ce dont il a besoin.

De la Lampedouse nous allâmes tout droit à Tripoli ; c'est une ville pauvre et mal bâtie. Le gouvernement est le même que celui de Tunis et d'Alger. Nous descendîmes d'abord à terre ; l'ambassadeur seul ne sortit point du vaisseau ; il voulait auparavant qu'on lui pro-

(1) Ou Scherif; ce mot est arabe, et veut dire *qui excelle en noblesse et en gloire.*
C'est un titre que portent différens princes Arabes, comme le prince de la Mecque, le prince de Médine ; ils réunissent le pouvoir religieux et politique. Ils sont les successeurs des Califes, et comme tels descendans de Mahomet. Comme les Arabes sectateurs du Prophète, ont autrefois possédé l'Espagne et les mers de la Méditerranée, il n'est pas étonnant qu'un Scherif, c'est-à-dire prince ou noble de la famille de Mahomet, y ait été enterré.

mit de rendre 25,000 piastres sévillanes, qui avaient été prises sur un bâtiment marseillais contre la foi publique 1). Ils ne voulurent jamais y consentir. M. d'Andresel ayant fait dire au bey qu'il devait se souvenir des Français, et qu'on pourrait les bombarder une seconde fois, ils eurent l'insolence de répondre que Louis XIV était mort, et que ce qui était aisé dans un temps devenait difficile dans l'autre.

Il pensa nous arriver un accident des plus fâcheux à Clairac et à moi. Nous étions logés chez le consul avec quelques autres Français; il prit envie au bey de nous faire arrêter, pour lui servir d'ôtages en cas qu'on lui déclarât la guerre; heureusement le consul, ayant été averti de ce dessein, nous fit retourner à nos vaisseaux; une heure plus tard nous courions risque d'être prisonniers, et nous y aurions resté selon toute apparence jusqu'après le bombardement, qui se fit dix-huit mois après.

Pendant le temps que j'étais dans la ville, je vis un arc de triomphe de marbre blanc, beau et entier, qui est auprès du port; depuis mon

(1) Les piastres Sévillanes sont les piastres d'Espagne; à qui on donne ce nom pour les distinguer des piastres turques qui ont beaucoup moins de valeur.

retour en France, je l'ai vu gravé dans les antiquités de l'Afrique.

L'ambassadeur n'ayant plus rien qui dût retarder son voyage de Constantinople, nous fîmes voile vers Candie. Dès que nous l'eûmes découverte, nos vaisseaux se séparèrent; ceux qui étaient destinés pour l'Égypte, prirent la route de l'île de Chypre, et nous poursuivîmes la nôtre pour l'Argentière; c'est la première île de l'Archipel. Nous étions obligés de nous arrêter pour y prendre un pilote particulier, que le roi entretient pour la navigation de ses vaisseaux dans cette mer. Dès que nous y eûmes mouillé, Clairac et moi descendîmes à terre: comme nous devions rester sept à huit jours pour faire des provisions, nous menâmes un domestique avec nous pour nous apprêter à manger à la française. Notre premier soin fut de chercher un logement; nous en trouvâmes un beaucoup plus commode que nous n'aurions cru.

Le jour que nous débarquâmes était la fête de l'île. Les femmes et filles grecques étaient parées de leurs plus beaux habits; elles se promenaient le long du rivage pour voir nos vaisseaux. Tandis que je m'informais d'un prêtre grec que j'avais rencontré, s'il y avait des cabarets, Clairac parlait à une fille fort jolie, qui paraissait plongée dans la tristesse (1).

Cet homme ne m'ayant pas su dire ce que je lui demandais, je rejoignis Clairac, qui me dit en italien, qui est le langage des îles, mêlé de quelque peu de français et de vieux grec : Vous qui êtes médecin, n'auriez-vous point de remède pour cette belle malade? Il faudrait, répondis-je, que son mal fût bien opiniâtre, si je n'en venais à bout. Je lui pris gravement la main, lui tâtai le pouls, et lui ordonnai de prendre du lait tous les matins.

Monsieur, me dit une fille qui était avec elle, tous les remèdes du monde ne sauraient la guérir. Eh quel mal a-t-elle donc, lui répliquai-je ? Elle a perdu son mari, me répondit-elle; depuis deux jours il a épousé une autre fille à Métélin (2). Dans toutes ces îles, qui

(1) La plupart des îles de l'Archipel ont appartenu aux Vénitiens et aux Génois, avant que Mahomet II, Empereur des Turcs, ne s'emparât de Constantinople en 1453, et ensuite des îles de la Méditerranée; ainsi ce n'est pas une chose étonnante que le mauvais grec qu'on y parle soit mélangé de mots italiens, en assez grand nombre.

(2) Métélin est une autre île de l'Archipel célèbre par la grande quantité d'huiles que l'on en retire. Milo est également une île de la même mer.

sont au premier venu, les corsaires ont établi la mode de se marier pour un certain temps; les prêtres grecs, qui sont des misérables sans honneur et sans religion, se sont prêtés à ces débauches. Isabella, c'était le nom qu'avait cette fille, avait épousé un Grec de Milo, qui montait une galiote; celui-ci, ennuyé de sa femme, s'était remarié trois mois avant la fin de leur bail, et c'était une honte qui retombait sur Isabella de n'avoir pas eu assez de mérite pour conserver son amant jusqu'au terme fixé, en sorte qu'elle aurait peine à trouver d'autres maris.

L'amie d'Isabella nous ayant mis au fait de la tristesse: Pardi! s'écria Clairac, que ne me disiez-vous cela d'abord? je n'aurais pas appelé monsieur le médecin pour la guérir, et, s'il ne faut qu'un mari pour réparer son honneur et la venger de ce faquin de pirate, en voici un tout trouvé: je l'épouserai pour huit jours; et moi, dis-je, j'en offre autant de son amie.

Elles acceptèrent notre proposition fort volontiers. Il faut aller, dit Julia, c'est le nom de ma future épouse, devant le papa (1) pour

(1) Papa est le nom du prêtre ou curé de la religion grecque que l'on professe dans ces îles.

nous marier. J'irai devant le Grand-Turc, dit Clairac; mais au moins souvenez-vous que ce n'est que pour huit jours. La cérémonie du prêtre grec me paraissant un peu forte, je m'y opposai, et dis que dans l'île, dès qu'on nous verrait en ménage ensemble, on penserait que nous étions mariés, et qu'en tout cas il n'y avait qu'à dire que nous nous étions fait épouser par l'aumônier du vaisseau; elles y consentirent, et nous allâmes nous loger chez Isabella, Clairac, Julia, moi et le domestique que nous avions amené.

Nous couchions tous quatre dans la même chambre. D'abord notre ménage fut assez tranquille; mais le diable s'en mêla bientôt. Julia mon épouse était jolie; cependant Isabella avait des yeux auxquels je ne pouvais résister. Si Clairac eût pensé sur ma femme comme je pensais sur la sienne, il eût été aisé de lui proposer un troc; il n'était point dans les mêmes sentimens, et c'est ce qui rendait la chose fort difficile.

Je m'avisai la seconde nuit, lorsque je crus tout le monde endormi, de sortir de mon lit, et de me glisser dans celui de Clairac; il m'entendit marcher, et fit semblant de dormir. Je passai du côté où était Isabella, et j'avais commencé à cocufier Clairac, lorsque le traître, feignant de s'éveiller, se mit à crier comme un diable. Isabella, à ce bruit, s'éveilla ; surprise de se trouver entre les bras d'un autre homme que son époux, elle s'en arracha avec violence. Ma femme accourut à ce tapage, et, me trouvant en flagrant délit, me prit aux cheveux, et m'accabla de coups. Clairac, riant à pleine tête, disait : C'est fort bien fait ; il convient de punir sévèrement l'adultère ; j'aime les lois qui savent régler les desirs déréglés. Cependant, honteux et battu, je regagnais mon lit ; ce fut bien pis : mon épouse jalouse ne voulut plus partager sa couche avec moi, et il me fallut passer le reste de la nuit sur une chaise. Le lendemain matin j'obtins ma grace, et la paix fut mise dans notre ménage.

Le chevalier de Cougoulin nous cherchait par-tout ; il ne savait ce que nous étions devenus. Il s'était informé vainement de nos nouvelles, lorsqu'étant parvenu au quartier d'Isabella, il apprit notre mariage. Nous fûmes fort étonnés de le voir ; il y avait cinq jours que nous goûtions les douceurs du sacrement. Il nous en félicita ; nous le conviâmes à passer avec nous les trois jours que les vaisseaux devaient encore demeurer à la rade. Il s'en excusa sur ce qu'il fallait qu'il retournât le soir à bord; il revint nous voir le lendemain avec deux de nos amis. Enfin le temps arriva où notre lien devait se rompre par le départ des vaisseaux : nous prîmes congé de nos épouses, qui nous reconduisirent jusque sur le rivage.

Cependant le chevalier de Cougoulin pensa nous faire une affaire avec l'aumônier du vaisseau; il lui dit en badinant que nous avions répandu le bruit dans l'île qu'il nous avait mariés. Il prit d'abord la chose en plaisantant; mais un jésuite, nommé le père Baudry, que l'ambassadeur avait avec lui, voulut l'engager à se plaindre à son excellence contre nous, comme ayant joué la religion. Il était sur le point de suivre le conseil du jésuite; mais les officiers lui persuadèrent que c'était une plaisanterie de Cougoulin, et qu'il n'avait point été question de lui.

La haine que le père Baudry avait conçue contre moi venait de ce que j'avais soutenu, en plaisantant, que St. François Xavier n'avait jamais été jésuite (1).

(1) François Xavier surnommé l'*Apôtre des Indes*, est un des hommes illustres du 16e. siècle; il fut canonisé après sa mort. Il naquit en 1506 au château de Xavier dont il prit le nom, situé dans les Pyré-

De l'Argentière nous allâmes mouiller à l'entrée du détroit de Constantinople, vis-à-vis des ruines de Troie, auprès du cap Sigée. On y voit encore quelques restes de cet Ilium si renommé par les poètes ; les Turcs en ont tiré une quantité de marbre prodigieuse pour bâtir la plupart de leurs mosquées, et néanmoins il en reste encore considérablement. Nous fûmes obligés, pour attendre le vent, de rester plus de six semaines à l'embouchure du détroit.

Il arriva pendant ce temps-là une affaire

nées. Il vint à Paris, y fit ses études et enseignait la philosophie au collège de Beauvais, lorsqu'il y connut Ignace de Loyola, fondateur des Jésuites. Ils s'engagèrent à aller travailler à la conversion des Infidèles Jean III, roi de Portugal, dont les navigateurs avaient, depuis quelque temps, découvert un passage aux Indes par le Cap de Bonne-Espérance (en 1497), ayant demandé des missionnaires pour les envoyer dans les Indes-Orientales, Xavier s'embarqua à Lisbonne en 1551. Il passa à Goa, à Malaca, dans les Moluques, et de là au Japon ; c'est sur-tout dans ce dernier pays qu'il déploya toute l'énergie de son zèle ; il en aurait retiré plus de fruit s'il eût su la langue du pays. Il passa ensuite à Méaco ; il n'y fut pas mieux reçu qu'au Japon, et devint l'objet de la risée des habitans infidèles. Il se hâta de retourner au Japon ; mais au lieu d'y paraître

assez particulière. L'ambassadeur descendait quelquefois à terre pour se divertir ; il avait une garde qu'on lui donnait pour la sûreté de sa personne. Un jour en retournant au vaisseau, il s'aperçut qu'un des soldats qui l'avaient accompagné ne se trouvait plus. On fut près de deux jours sans en avoir aucune nouvelle. On apprit à la fin qu'il était dans un petit village à deux lieues du rivage, soit qu'il y eût été de lui-même, comme les Turcs le disaient, soit qu'on l'y eût conduit par force ; on le réclama inutilement. Les Turcs répon-

comme avant, il changea d'habits, en prit d'étoffes magnifiques, se fit accompagner de valets et offrit des présens au roi du Japon, entr'autres une horloge sonnante et des instrumens de musique que le vice-roi des Indes lui avait donnés. Ces moyens réussirent, il obtint la permission de prêcher et le fit avec succès. Il voulut ensuite se rendre à la Chine, mais traversé dans ce dessein, et étant tombé malade, il mourut le 2 décembre 1552 à l'âge de quarante six ans, dans une île en vue du royaume où il voulait porter la foi chrétienne. L'observation du marquis d'Argens est vraie, rien ne prouve dans la vie de François Xavier, qu'il ait été de la compagnie de Jésus, c'est-à-dire qu'il se soit soumis à la règle de l'ordre et ait vécu dans la soumission aux supérieurs jésuites. Grégoire XV a mis François au nombre des saints en 1622.

dirent qu'il était venu demander d'être musulman, et qu'il fallait qu'il se le fît.

Comme on vit leur opiniâtreté, on dissimula, bien résolu de le ravoir, de quelque manière que ce fût. Le lendemain on retourna à terre sans l'ambassadeur. On avait fait mettre plusieurs gardes marines et officiers dans les chaloupes, et on les avait instruits du dessein qu'on avait. Dès qu'on fut sur le rivage, plusieurs Turcs vinrent, à leur ordinaire, pour acheter des marchandises que nos matelots leur vendaient. Quand il y en eut un certain nombre, celui qui commandait le détachement, donna le signal : on se saisit de cinq ou six Turcs, et on les traîna vers nos chaloupes. Nos soldats, qui étaient sur le rivage, mirent la baïonnette au bout du fusil, pour empêcher qu'on ne les secourût; il n'en était pas besoin; les autres prirent la fuite vers les montagnes : nous ne pûmes en emmener que deux à nos vaisseaux ; les autres, se trouvant plus forts que ceux qui les avaient saisis, s'arrachèrent de leurs mains. Jousoupoff, jeune Moscovite, fâché de ce que celui qu'il avait arrêté l'avait renversé par terre, lui tira un coup de fusil comme il s'enfuyait; ce coup sembla le signal de trente autres, qui partirent à la fois; il n'y eut pourtant qu'un Turc blessé fort légèrement à la cuisse.

J'étais dans la chaloupe du commandant; je lui aidai à y faire entrer les deux Turcs que nous menâmes prisonniers et qu'il avait arrêtés lui-même. Il fit une action infiniment hardie qui lui sauva la vie. Un des Turcs qu'il avait pris tira son poignard pour le frapper; il n'avait d'autres armes en main que sa canne; il la lui plongea dans la gorge, et le renversant par terre, le fit désarmer par un matelot. Le lendemain on nous ramena notre soldat, et nous remîmes les deux Turcs en liberté. Nous crûmes qu'on nous reprocherait cette démarche un peu trop vive à la Porte; mais le grand-visir n'en parla point à l'ambassadeur.

Mon mariage de l'Argentière avait infiniment altéré ma santé; je fus obligé de demander à M. d'Andresel d'aller changer d'air aux châteaux des Dardanelles, qui sont bâtis sur les ruines de Sestos et d'Abydos (1); j'y de-

(1) Sestos et Abydos sont célèbres dans l'antiquité par les amour de Léandre et de Héro. Héro était prêtresse de Vénus à Sestos du côté d'Europe; Léandre son amant traversait le détroit des Dardanelles à la nage pendant la nuit, pour se rendre auprès de son amante; à la fin Léandre se noya, Héro désespérée se jeta du

meurai jusqu'à notre départ pour Constantinople, où nous arrivâmes trois semaines après.

Tant de gens ont fait la relation de cette ville ; on a tant décrit les cérémonies des audiences des ambassadeurs, et les mœurs et coutumes des Turcs sont si connues, que je ne m'arrêterai point à faire un récit de ce que j'ai vu à Constantinople. J'y ai demeuré cinq mois, au lieu de quinze jours que je pensais y rester. M. de Bonac arrêta les vaisseaux, pendant tout ce temps-là, pour pouvoir terminer la négociation de la Moscovie avec la Porte, à l'occasion de la Perse (1).

haut du rocher où est bâti le château, dans la mer. A la place d'Abydos du côté d'Asie, et de Sestos du côté de l'Europe, sont les châteaux des Dardanelles. On connaît ces vers admirables de Virgile.

> Quid junevis, magnum cui versat in ossibus ignem
> Durus amor ? nempè abruptis turbata procellis
> Nocte natat cœca serus freta : quem super ingens
> Porta tonat cœli et scopulis illisa reclamant
> Æquora ; nec miseri possunt revocare parentes,
> Nec moritura super crudeli funere Virgo.

Georg. lib. 3. v. 216.

(1) M. de Bonac jouissait d'une grande considération à la Porte, comme nous l'avons dit plus haut ; il fut choisi par le Grand-Seigneur et le Czar de

Cette affaire a fait un honneur infini à M. de Bonac; il aurait été fâché qu'un autre y mît la dernière main. M. d'Andresel trouvait extraordinaire que, lui arrivé à Constantinople, le marquis de Bonac voulût y continuer le caractère d'ambassadeur. Il avait affaire à un esprit infiniment supérieur au sien. Il fallut qu'il passât par-tout où l'autre voulut.

M. d'Andresel avait du génie plutôt pour le monde que pour les grandes affaires; il entendait bien les finances et avait été un bon intendant; mais les négociations étaient au-delà de sa sphère. Au reste, il était bon, généreux, serviable, affable, trop facile à croire ce qu'on lui disait, et trop peu stable dans ses sentimens.

Le marquis de Bonac, au contraire, paraît d'abord n'avoir rien de brillant dans l'esprit. Peu de gens en ont autant que lui; c'est un

---

Moscovie, pour médiateur à l'occasion des troubles de Perse et de l'invasion que Pierre-le-Grand avait faite dans quelques provinces de cet Empire; il termina ce différend à la satisfaction des deux partis, qui le comblèrent de marques d'honneur; le Czar ou Empereur de Russie lui donna le cordon de l'Ordre de St.-André.

aigle dans les affaires ; rien n'échappe à sa pénétration : fin, délié, affectant de la simplicité, accablant de bienfaits ses parens, ses amis et ceux qui lui sont attachés, honnête homme autant qu'un ministre le peut être, bon François, aimant véritablement la gloire de sa patrie. J'ai entendu dire à plusieurs Suisses, à qui j'ai parlé de lui, qu'on se défiait si fort de ses talens, et qu'on était si persuadé de l'étendue de son génie, que cette prévention lui devenait nuisible dans bien des occasions.

Je m'attachai à lui le plus qu'il me fut possible, et je l'accompagnai souvent chez les Turcs de considération où il allait dîner. C'est dans les repas que j'ai achevé de me persuader que par-tout la religion n'est crue que du petit peuple, ou des personnes les plus éclairées. J'avais déjà vu en Allemagne des luthériens fort peu persuadés ; je connaissais à fond la manière de penser des gens de condition de ma patrie. Les Espagnols que j'avais fréquentés ne m'avaient point inspiré de dévotion. J'examinais les Turcs buvant du vin, mangeant du cochon, agitant des questions bien éloignées de l'Alcoran.

Un jour dînant avec l'abbé de Biron, chez

le fils de Mehemet Effendi, testerdar (1), qui avait été ambassadeur à Paris, il nous avoua sincèrement que, s'il pouvait avoir son bien en France, il y passerait avec plaisir. Et la religion, lui dis-je ? Bon, bon, me répondit-il, les honnêtes gens sont de toutes les religions.

Dans ces repas, où on buvait copieusement, il n'était jamais question des femmes, ou tout au plus c'était des femmes françaises. C'est une impolitesse extrême que de parler à un homme de son sérail et de ses femmes. Leur jalousie va jusque-là.

Aux sentimens philosophiques que je puisai chez les Turcs, le hasard joignit la connaissance d'un médecin juif, nommé Fonseca; il avait long-temps dit la messe en Espagne, où il était prêtre et judaïsait en secret. L'inquisition en ayant appris quelque chose, on alla chez lui pour le saisir; heureusement on ne trouva qu'un de ses frères. Ayant appris que le saint-office était dans sa maison, il sortit de la ville et se sauva en France et de là à Constantinople, où il retourna publiquement au judaïsme.

Je ne pouvais approuver qu'étant juif, il

___

(1) Testerdar ou Tesdestar, c'est le grand-trésorier de l'Empire Turc.

eût

eût voulu abuser de nos mystères. » Que voulez-vous, me disait-il ? Je cherchais à me cacher, et je croyais ce moyen le plus sûr de tous. Si j'avais été dans un pays libre, je ne me serais point porté à cette extrémité. Ce sont les cruautés de l'inquisition qui m'y réduisirent; elle avait fait brûler mon grand-père et mon oncle; mon père ne s'était sauvé de leurs mains que par la fuite. Ils m'avaient pris âgé de huit ans et m'avaient baptisé sans savoir ce que je faisais. »

« Parvenu à un certain âge, je voulus examiner la religion qu'on m'avait fait prendre. J'y trouvai des choses qui me parurent absurdes; je ne me donnai pas la peine d'examiner les autres, que je savais ne différer que dans certains points. C'est ainsi que je retournai à la religion de mes pères, la plus ancienne, la plus simple et la plus raisonnable selon moi. »

J'avais aussi des conversations fréquentes avec un Arménien, homme d'esprit, grand spinosiste, qui avait beaucoup voyagé, et principalement en Hollande, où il avait demeuré fort long-temps. Quoiqu'il y eût à profiter pour bien des choses avec lui, j'étais pourtant d'un système fort opposé au sien. J'ai toujours cru qu'il faut se refuser aux notions les plus claires, pour n'être pas persuadé de l'existence de Dieu ; il ne la croyait pourtant pas. Il me fit présent d'un manuscrit français fort beau, intitulé : *Doutes sur la Religion dont on cherche l'éclaircissement de bonne foi.* Je l'ai perdu dans un voyage, que j'ai fait en Italie.

Dans le temps que je m'appliquais à la philosophie, Clairac avait travaillé à s'emparer du cœur d'une jeune personne. Il m'en parlait incessamment comme de la meilleure fortune du monde. C'était la fille d'un chirurgien français établi depuis peu à Constantinople. Elle venait souvent avec sa mère au palais, rendre des visites à M. d'Andresel, et je m'apercevais que son excellence ne la regardait pas avec des yeux indifférens. J'en avertis Clairac, qui me traita de visionnaire. Le temps me justifia bientôt, et découvrit d'autres choses que je n'eusse jamais soupçonnées.

Le maître d'hôtel de l'ambassadeur pria un jour à souper madame Varin et sa fille, c'était le nom de celle qu'aimait Clairac. Le souper devait se faire dans la maison du maître d'hôtel, et l'ambassadeur devait s'y trouver seul. Je ne sais comment Clairac en eut connaissance ; mais il me raconta la chose en homme piqué. Je lui proposai de nous mettre de la partie, sans que l'ambassadeur pût s'en défendre, en les surprenant, lorsqu'ils seraient à table, sous le prétexte d'aller voir une femme appelée madame Julien, qui logeait dans la même maison.

Dès que l'ambassadeur fut sorti du palais et que nous jugeâmes qu'il était à table, nous allâmes droit à la chambre où le souper était. Nous trouvâmes les convives en train de manger. Votre excellence nous excusera, dit le chevalier de Clairac ; nous allions chez madame Julien, et nous ne l'aurions point soupçonnée d'être ici.

L'ambassadeur, qui ignorait que Clairac fût bien avec sa maîtresse, crut la chose bonnement. Il ne pouvait se dispenser de nous inviter. Asseyez-vous, chevalier, dit-il à Clairac, et mangez un morceau ici avec le marquis. Nous ne nous fîmes pas prier davantage ; nous nous mîmes à table, et bûmes largement à notre ordinaire.

Il y avait cette nuit un bal chez l'ambassadeur d'Angleterre. Nous nous doutions que M. d'Andresel se masquerait avec la petite Varin ; c'était aussi son dessein. Mais ne voulant point être connu, à la fin du repas, il dit à la petite Varin : Je vous ramènerai ; quand vous voudrez, chez votre mère. Nous n'eûmes rien à répondre. Aussi prîmes-nous congé de lui et nous lui demandâmes s'il ne voulait rien envoyer au bal. Divertissez-vous bien, nous dit-il; pour moi, je vais me coucher; et ne parlez sur-tout à qui que ce soit de notre souper.

Nous fûmes au bal tout de suite, et une heure après, nous vîmes entrer deux masques, que nous reconnûmes bientôt pour l'ambassadeur et la Varin. Clairac cherchait à lui parler; mais il était difficile, M. d'Andresel ne la quittant pas; à la fin, une femme l'ayant pris à danser, la Varin resta seule. Clairac prit ce temps pour lui parler, et, comme c'était avec vivacité, il ne s'aperçut pas que l'ambassadeur, qui avait dansé, l'écoutait par derrière.

Il continua de tenir un langage qui apprit à son rival qu'il se trompait, s'il croyait être le seul qui eût des faveurs de la Varin. Piqué de ce qu'il venait d'entendre, il sortit du bal, sans qu'on s'en aperçût, et y laissa sa maîtresse, qui, ne le voyant plus, le chercha vainement, et se douta de quoi il était question.

L'aventure n'ayant pu être secrète, il s'y

trouva plus de gens intéressés qu'on ne l'aurait pensé. Le jeune marquis d'Andresel fut tout étonné de trouver un rival dans son père; pour se venger, il montra une vingtaine de lettres de sa princesse. Virville fut encore plus scandalisé; elle lui avait donné une promesse de mariage; enfin, le fait approfondi et mis au jour, il se trouva que, depuis trois mois, elle avait ménagé quatre amans, avec lesquels elle couchait, et qu'elle aurait conservés davantage sans la surprise du bal.

Comme nous devions partir incessamment, je fis un voyage jusqu'à la mer Noire, et lorsque je fus revenu, nous nous embarquâmes deux ou trois jours après pour Toulon. J'y arrivai avec M. de Bonac, le vingt-septième jour de notre départ de Constantinople, sans avoir relâché en aucun endroit.

LIVRE TROISIÈME.

Dès que je fus chez mon père, il fallut que je prisse un état que j'avais voulu éviter jusqu'alors ; la situation présente de mes affaires m'obligeait de ménager ma famille : je passai avocat, et, peu de temps après, mon père m'acheta une charge pour m'acquérir le service dont j'avais besoin pour occuper un jour celle de procureur-général du parlement. Ce qui avait engagé mon père à vouloir me mettre dans la robe, était l'envie qu'il avait de conserver dans sa famille cet emploi dont il était revêtu.

Pour égayer une étude qui me paraissait aussi sérieuse que celle du droit, je devins amoureux d'une petite bourgeoise qui demeurait dans une des terres de mon père. Je ne languis pas long-temps. La vanité d'être aimée du fils aîné du seigneur l'aurait seule déterminée à se rendre. Je n'aimais point encore réellement ; mais je fus étonné de voir que j'étais dans le même cas que le chevalier de Clairac avec la Varin. Janette, c'est son nom, avait en secret pour amant le fils d'un fermier de mon père : c'était lui qui était l'heureux, et j'étais celui qui fournissait à la dépense.

Je résolus de ne plus m'attacher qu'à des femmes de condition : je me flattais de trouver chez elles ce que je n'avais point rencontré ailleurs ; je fus bientôt désabusé. Une demoiselle à qui je m'attachai, et qui pouvait me convenir pour un établissement solide, ne dédaigna point les vœux que je lui offrais. Je crus qu'elle ne serait point fâchée que je la fisse demander à ses parens. J'avais déjà fait agir auprès des miens, lorsque je m'aperçus que j'avais un rival et un rival aimé.

Piqué du peu de fidélité des femmes et rebuté de leur caractère, je résolus de m'appliquer entièrement à l'étude, et je commençai à paraître au barreau avec applaudissement. La première cause que je plaidai fut assez particulière. Un pâtissier de Paris nommé d'Origny s'était établi à Marseille ; il excellait dans son métier, mais il avait bien d'autres talens : la nature l'avait infiniment avantagé par des mérites cachés, et jamais Centaure n'avait rien porté d'égal. Soit vanité, soit qu'il tirât de là quelque profit, il était coutumier d'en exhiber la vue à la plupart des filles qui venaient chez lui : quelques-unes n'en étaient point fâchées ; d'autres en profitaient ; d'autres s'en scandalisaient. Une dévote qui se trouvait de ce nombre porta sa plainte aux consuls (1); ils firent arrêter d'Origny et le condamnèrent à mille écus d'amende et à être mis sur le cheval de bois pendant trois jours à l'heure du marché. D'Origny appela de cette sentence au parlement : je plaidai pour lui et gagnai son procès.

Cette cause, qui dans le fond était une plaisanterie, me donna quelque goût pour mon métier ; je fus applaudi : rien ne flatte plus les jeunes gens. Je voulus montrer que j'étais capable de quelque chose de plus sérieux ; je me chargeai d'une cause très-importante

(1) L'on sait que dans plusieurs villes, telles que Lyon, Marseille, les officiers municipaux portaient le nom de *consuls*. C'était un reste de l'ancien usage que les villes des Gaules avaient adopté sous les Romains, de donner à leurs magistrats le nom que portaient ceux de la république, et une forme, à quelques égards, analogue.

par les circonstances. Un jeune provençal, de bonne famille, avait passé à Lausanne, où il avait changé de religion et épousé une fille du pays. Revenu en France, il avait abjuré. Sa femme le suivit peu après pour demander la continuation de son mariage. Je portais la parole pour les gens du roi. Gêné par les ordonnances et ne pouvant faire autrement que de déclarer le mariage nul, je le fis de telle façon que j'obligeai les juges de condamner ce jeune homme à une amende et à des dédommagemens considérables.

Cette affaire étonna bien des gens ; ils étaient surpris qu'ayant vécu comme j'avais fait jusqu'alors, j'eusse pu acquérir autant de facilité que j'en avais pour les sciences. Je résolus même de m'y adonner entièrement ; romans, historiettes, tout fut banni de mon cabinet. Locke succéda à madame de Villedieu, Gassendi et Rohault à Clélie et à l'Astrée (1) ; j'ap-

(1) Locke, philosophe anglais, que tout le monde connaît et estime, et qu'on lit peu aujourd'hui. Il est auteur du célèbre ouvrage *de l'Entendement Humain*. Voltaire et quelques philosophes ont cru bien faire de dire qu'il était matérialiste ; ce ne serait qu'un malheur de plus pour lui et les autres hommes, dont les espérances consolantes se trouveraient d'autant affai-

pris, pour me dissiper dans mes momens de loisir, la musique, et à peindre; et dans dix-huit mois de temps, je me rendis assez savant pour n'avoir plus besoin de maîtres de la province. J'ai depuis poussé la peinture beaucoup plus loin, et j'ai fait un voyage en Italie pour

blies par l'opinion d'un aussi grand homme. Il mourut en 1704 âgé de 73 ans.

Madame de Villedieu naquit à Alençon vers 1640. Elle est connue par divers ouvrages de théâtre et des romans historiques, qui eurent de la vogue pendant quelque temps, et qui ne sont pas sans quelque mérite. Une aventure qu'elle eut, étant toute jeune, avec un cousin, la détermina à venir à Paris, où elle se mit à cultiver les lettres. Elle se nommait Catherine Desjardins; elle était jolie, coquette et instruite. Elle eut bientôt une cour de jeunes gens qui cherchèrent à lui plaire. Celui qui réussit le mieux fut un capitaine d'infanterie, d'un caractère et d'une figure aimable. Mademoiselle Desjardins en devint amoureuse; il était marié depuis un an : elle le persuada de faire casser son mariage : la chose fut impossible et le jeune homme partit pour Cambray rejoindre son corps. Sa maîtresse l'y suivit, et lorsqu'ils revinrent à Paris, mademoiselle Desjardins y parut sous le nom de madame de Villedieu. Cette nouvelle union ne fut point heureuse; il y avait beaucoup de divisions entr'eux, lorsque Villedieu partit pour l'armée où il fut tué. Sa prétendue veuve ne fut point une Artémise; partagée entre l'amour, les romans et le théâtre, elle vécut comme on peut vivre

m'y perfectionner le plus qu'il m'a été possible.

Un temps aussi heureux devait enfin cesser. J'étais né pour être le jouet perpétuel des caprices de l'amour et de la fortune. L'opéra de Marseille vint passer trois mois à Aix : le

dans de pareils amusemens. La mort subite d'une de ses amies lui causa une crainte de la mort et de ses suites, si grande, qu'elle voulut entrer dans un couvent: elle y entra ; mais ses aventures y ayant été connues et la ferveur ayant perdu de sa force, elle retourna chez madame de Saint-Romain sa sœur, où elle fit connaissance du marquis de la Chasse, qu'elle épousa ensuite. Ce marquis était cependant marié ; mais cela n'empêcha pas mademoiselle Desjardins de l'épouser secrètement. Ils eurent un fils qui ne vécut qu'un an ; le père le suivit bientôt. Sa veuve inconsolable se maria bientôt avec le cousin qui avait eu les prémices de son cœur; il lui permit de prendre le nom de Villedieu sous lequel elle est connue. Elle mourut dans un village de la province du Maine, en 1683, âgée de quarante-trois ans. Sa vie prouve qu'à cette époque nos mœurs et celles des femmes en particulier, ne valaient guères mieux qu'aujourd'hui, si même avec un extérieur de dévotion, elles n'étaient pas pires et plus opposées aux lois de la conscience, de l'honneur et de la foi conjugale.

Gassendi, philosophe du 17e. siècle, homme savant et profond. On a de lui plusieurs ouvrages sur la physique telle qu'elle était alors, et qu'il expliqua

théâtre devait m'être fatal encore une fois. Je sortais si peu de chez moi, depuis deux ans que j'étais revenu de Constantinople, que mes amis furent surpris de me voir à la première représentation de l'opéra. Quoi! vous rentrez dans le monde, me dirent-ils! il faut donc que vous fassiez comme les autres ; nous

dans les principes d'Épicure ; il était prévôt de la cathédrale de Digne et professeur de mathématiques au Collége Royal à Paris ; il y mourut en 1656, à l'âge de cinquante-huit ans. Rohault, peu connu, a écrit des élémens de physique dans les principes de Descartes; c'était un savant modeste ; son ouvrage a été très-répandu et a long-temps servi de rudiment de physique. Il était fils d'un marchand d'Amiens ; il est mort en 1675 à l'âge de cinquante-cinq ans. Il fut fort estimé et vécut dans la meilleure société ; les grands et les princes alors chérissaient d'autant plus les savans et les gens de lettres, qu'ils n'avaient point la prétention de le paraître.

Clélie est un long roman en dix vol. in-8°., de la fameuse mademoiselle de Scudéry, si connue par ses ouvrages, sa laideur et les prétentions qui la couvraient de ridicules. Elle n'était cependant pas sans mérite ; il y a de la délicatesse et de l'agrément dans ses vers et dans sa prose ; ses portraits sont bien tracés. « Clélie, dit Voltaire, est un ouvrage plus curieux que l'on ne pense. On y trouve des portraits de tous les gens qui faisaient du bruit dans le monde du temps

sommes six, qui soupons ce soir avec des demoiselles ; vous en serez aussi. Je le veux bien, leur dis-je : ma philosophie s'accommode de tout.

Au sortir de l'opéra, nous allâmes souper chez la Catalane (on verra plus loin ce que c'est que cette courtisane); on appelait ainsi

de mademoiselle de Scudéry : tout Port-Royal y est : le château de Villers y est décrit avec la plus grande exactitude. » Ceux qui aiment à connaître les mœurs de ce temps, y trouveront des renseignemens utiles. Mademoiselle de Scudéry est morte en 1701, à l'âge de quatre-vingt-quatorze ans, fort estimée.

L'*Astrée* est un autre roman historique de d'Urfée, comte de Château-Neuf et marquis de Valromey. Il était de Marseille, où il naquit en 1567, d'une illustre maison originaire de Souabe ; il mourut à Villefranche en 1625, âgé de cinquante-huit ans. Le roman de l'Astrée a eu la plus grande vogue ; c'est un tableau de toutes les conditions de la vie humaine, plein de peintures agréables et de situations attachantes ; on y découvre une fécondité heureuse et le génie particulier de l'auteur. Les traits principaux et le fond de l'ouvrage, ne sont point des fictions, et ils sont puisés dans les amours de d'Urfée avec Diane de Château-Moran, ou dans celles de Henri IV. Olivier Patru a donné des éclaircissemens de cet ouvrage ; ils sont curieux, mais ne sont pas très-sûrs. On peut voir sur d'Urfée et ses ouvrages, la belle Histoire de Provence par M. l'abbé Papon.

la première actrice; elle chantait aussi des airs italiens. Ceux qui connaissent le théâtre savent la différence des mœurs de la comédie à celles de l'opéra : on peut dire, sans faire l'apologie des comédiennes, dont peu méritent d'être canonisées comme vierges, qu'il y a plus de différence d'elles aux filles de l'opéra que des vestales aux anciennes courtisanes de Rome. On ne saurait dire combien la débauche règne parmi les dernières, et, pendant le temps que j'ai vécu avec elles, j'ai toujours vu des choses qui m'ont paru surprenantes.

Notre souper ne fut pas modeste; j'étais auprès de la Catalane; je la trouvai plus réservée que les autres : aussi l'était-elle réellement. A six heures du matin chacun se retira chez soi. Le lendemain je retournai chez la Catalane. Je me figurais que le plaisir de l'entendre chanter m'y entraînait; en effet, je ne sentais encore rien dont mon cœur dût s'alarmer.

Cependant mon cabinet ne me plaisait plus autant qu'autrefois; j'avais repris cet air de dissipation que donne le grand monde; je soupais tous les soirs avec les filles de l'opéra; elles avaient chacune fait provision d'un amant en titre dès le premier souper, et Dieu sait si elles s'en tenaient à un seul.

Un de mes amis, nommé de Jouques, avait pris sur son compte la Campoursi (on verra plus loin ce que c'est que cette courtisane). Elle était jolie, aimable, mais coquette au-delà de l'expression ; son amant au contraire avait un caractère parfait ; il était sincère, généreux, officieux, d'une douceur infinie, et joignait à ces qualités beaucoup d'esprit. Sa maîtresse logeait dans la même maison que la Catalane ; c'est ce qui nous fit naître l'idée de faire des parties moins turbulentes que ne l'étaient nos soupers : nous résolûmes de manger tous les quatre seuls, le plus souvent que nous pourrions.

La Catalane était mariée, et qui pis est, contre la règle et la bienséance du théâtre, elle avait un mari jaloux. Il fallait pour être tranquille l'amener au point de n'avoir aucun soupçon ; il aimait infiniment le vin : je lui persuadai que c'était la seule passion dont j'étais susceptible ; je lui dis même en confidence qu'une incommodité que j'avais me rendait, depuis près de deux ans, incapable de voir des femmes ; que le chagrin m'avait réduit à vouloir me retirer du monde entièrement ; mais que j'avais compris ensuite qu'on pouvait fort bien y vivre heureux sans elles. Je lui fis si bien accroire ce que je lui disais, qu'il me donna dans la suite des marques étonnantes de sa crédulité.

J'étais tous les jours avec des gens qui ne respiroient que la tendresse ; il était difficile que je restasse long-temps indifférent. J'aimais la Catalane sans le savoir, et je fus étonné lorsque je m'aperçus combien j'avais fait de chemin sans y prendre garde. Elle avait autant de goût pour moi que j'en avais pour elle.

Nous eûmes peu de peine à nous persuader que nous nous aimions. La première marque essentielle que nous nous en donnâmes fut dans sa loge. Si le mari eût pu m'y voir, sans doute il se seroit désabusé de l'opinion qu'il avait de moi.

Depuis ce jour, je ne vis plus mes livres qu'avec horreur. Je m'étonnais comment j'avais pu me plaire dans un métier que je croyais ne convenir qu'à un pédant. La robe me parut un état affreux. Ce qui me le rendait encore plus odieux, était la contrainte où il m'obligeait de vivre. Ma famille me représentait sans cesse qu'un homme destiné à la charge de procureur-général devait avoir des mœurs

mœurs qui parussent plus réglées, et moi, je me promettais à moi-même de ne pas continuer davantage un métier qui me rendait esclave de mille bienséances que je regardais comme ridicules.

Avant de venir à Aix, la Catalane avait eu un amant: je ne l'ignorais pas, je lui en avais parlé, et elle m'avait promis de me le sacrifier. Elle me tint parole, et je lui en sus d'autant plus de gré que le sacrifice était essentiel. Elle quittait un fermier-général pour un fils de famille. Les filles de l'opéra hésitent peu ordinairement entre les deux.

Mais ce n'étoit pas là le rival le plus dangereux. Dans le temps qu'elle avait cet homme sur son compte, elle aimait en secret un jeune homme nommé Gantaume : l'un payait, et l'autre avait le cœur. Réellement, si une infidélité peut s'excuser, celle-ci était dans le cas. Le fermier-général, appelé Briches, était un des hommes de France le plus laid. Il affectoit de faire le bel-esprit, et ce faquin, ainsi que le sont d'ordinaire ses pareils, n'avoit de mérite personnel que celui d'être excessivement riche. L'autre, au contraire, était aimable et d'une jolie figure. Il vint à Aix pour voir sa maîtresse ; on lui dit qu'il étoit trahi. Il se plaignit, et trouva le secret d'avoir plusieurs rendez-vous sans que je le susse. A la fin, l'ayant appris, je voulus rompre absolument avec elle. Elle s'offrit de me sacrifier ce second amant, comme elle avait fait le premier. J'y consentis. Elle me tint parole et donna congé à Gantaume.

L'opéra étant retourné à Marseille, je suivis ma maîtresse. Cependant, il fallut que je retournasse à Aix pour sept à huit jours. Il se passa pendant mon absence des choses assez particulières. Le comte de Vintimille, avec qui j'avais été fort uni jusqu'alors, et qui soupoit souvent avec moi chez la Catalane, en devint amoureux (1). Il fit si bien qu'on lui donna ma place. D'abord que mes affaires furent finies, je partis en poste pour me rendre à Marseille. Ma maîtresse, qui ne m'attendait pas, avait profité de mon absence pour rendre Vintimille heureux.

J'allai, en descendant de cheval, chez elle,

(1) Jean-Baptiste-Hubert de Vintimille, né le 31 janvier 1707, reçu chevalier de Malte le 5 juin 1724.

C'était le cousin germain du marquis de Vintimille, mari de Félicité de Mailly de Nesle, une des maîtresses de Louis XV, morte en 1741. Cette famille illustre tire son nom de la ville de Vintimille en Provence.

et je la trouvai avec Vintimille dans une situation qui n'avait pas besoin de témoins : ils étoient couchés tous les deux. Cette vision me causa un étonnement sans égal. Je ne pus m'empêcher de dire au comte de Vintimille quelques paroles assez piquantes, il ne s'est jamais trop piqué de bravoure : le tout se passa en douceur. Je remontai à cheval, et m'en allai, pour dissiper mon chagrin, dans les terres d'une de mes sœurs, mariée au baron de la Garde, avec qui j'ai toujours parfaitement bien vécu, et à qui j'ai même plusieurs obligations.

Peu de jours après, j'y reçus une lettre de mon père, dans laquelle il m'écrivait de l'aller joindre, pour faire avec lui le voyage de Paris : nous y arrivâmes au commencement de l'hiver. Ma dernière aventure m'avait dégoûté des femmes. Je m'occupai, le temps que je passai à Paris, à la musique et à la peinture. J'allais dessiner tous les jours à l'académie, et je fis connaissance avec M. Case, un des grands peintres qu'il y ait actuellement en Europe (1). Les affaires de mon père étant

(1) Case ou Cases, peintre célèbre, né à Paris en 1676 et mort dans la même ville en 1754; il remporta le grand prix de peinture en 1699 et fut reçu membre

finies, il repartit pour retourner en Provence; où je le suivis.

Mon cœur resta encore deux ou trois mois oisif; mais bientôt l'amour y reprit tous ses droits. J'allai voir une de mes sœurs, pensionnaire dans l'abbaye de Saint-Barthélemi. Dans le parloir où nous étions, j'aperçus une jeune fille dont les traits semblaient être faits au pinceau; elle paraissait d'une douceur infinie. Je demandai son nom à ma sœur: elle me dit qu'elle était fille d'un négociant de Marseille, qui avait fait banqueroute de deux cent mille écus, par la perte de deux vaisseaux; que la mère poursuivait un procès pour la répétition de sa dot, et que sa fille,

---

de l'Académie en 1704. Cases peut être considéré comme un des premiers peintres de l'école française. Son dessin est correct et de grande manière; ses compositions sont d'un génie facile; son pinceau est moelleux, et il y a beaucoup de fraîcheur dans ses teintes. Cet artiste a beaucoup travaillé; mais ses ouvrages ne sont pas tous de la même beauté. Ses tableaux qui ornaient les églises de Paris, ont été dispersés. On y distinguait à l'Abbaye de Saint-Germain-des-Prés les beaux tableaux représentant la *Vie de Saint-Germain* et de *Saint-Vincent*; et à Saint-Louis de Versailles, *la Sainte Famille*. On les a recueillis au Muséum de Versailles.

ayant été autrefois pensionnaire dans ce couvent, elle l'y avait remise jusqu'à la conclusion de son affaire.

Je priai ma sœur de me faire faire connaissance avec elle. Comme elles étaient fort amies, elle me présenta. J'offris le peu de crédit que je pouvais avoir pour solliciter le procès de sa mère. Elle me remercia de la façon du monde la plus obligeante. Je m'informai, avant de sortir, à quelle heure elle était au parloir ordinairement : elle me dit que sa mère venait la voir tous les jours à deux heures ; j'y retournai le lendemain, et je les trouvai ensemble. J'offris à la mère tout ce qui dépendait de moi, ajoutant que ma sœur m'avait prié d'agir le plus vivement qu'il me serait possible, et que l'amitié qu'elle avait pour sa fille lui faisait prendre une aussi tendre part à son procès, que si c'était une affaire qui l'intéressât elle-même. La conversation devint générale, et les parloirs s'étant remplis de monde, je vis mademoiselle de Besaudin avec plus de liberté.

Sa mère étant obligée de solliciter ses juges, fut forcée de la quitter ; et, comme elle se retirait, je priai ma sœur de l'engager à rester encore quelque temps : elle le fit par complaisance, et je ne sortis de l'abbaye que le plus tard qu'il me fut possible. L'appartement où elle couchait donnait sur la rue; j'avertis ma sœur que je viendrais pendant la nuit lui faire donner une sérénade. Je vous promets, me dit-elle, si vous venez, de l'engager à se mettre à la fenêtre. Elles me tinrent parole toutes deux. Dès que mes musiciens eurent commencé, je vis paraître de la clarté, à la lueur de laquelle j'aperçus deux personnes qui me firent signe de ne pas parler: je n'avais garde de le faire. Un instant après il y eut plus de vingt religieuses aux fenêtres. Je me tins toujours enveloppé dans mon manteau, et on ignora dans l'abbaye que je fusse l'auteur de cette symphonie.

Le lendemain je retournai au parloir : sa mère venait de sortir dans l'instant, et ma sœur n'étant point encore descendue, je pris ce moment pour lui dire ce que je pensais ; elle m'écouta sans colère. Je la priai de me permettre de la demander lorsque je viendrais voir ma sœur. Elle me répondit qu'elle n'était pas absolument la maîtresse de venir à la grille lorsqu'elle voulait; mais qu'elle y était ordinairement à cette heure. C'était m'en dire assez : aussi continuai-je pendant près d'un mois d'y aller tous les jours. J'avais abandonné les sciences et les arts pour la seconde fois. A peine j'étais amoureux que tout m'ennuyait, excepté ma maîtresse, et j'étais réellement touché de la Besaudin ; je crois même, qu'après Sylvie, je n'ai rien aimé autant qu'elle.

Le procès de la mère devant bientôt se terminer, elle tira sa fille du couvent pour aller solliciter ses juges ; elle m'avertit qu'elle n'y rentrerait plus. Cette nouvelle me fit une peine sensible, par la contrainte où je serais dorénavant pour lui parler. L'amour m'inspira un moyen qui fit que ce qui devait me nuire, me servit infiniment. Je pensai que je pourrais la voir chez sa mère, sous le prétexte de son procès qu'elle avait infiniment à cœur : j'y allai comme je l'avais projeté. Elle me fit beaucoup de politesses, et me pria de vouloir bien continuer mes soins, ajoutant qu'elle sentait combien peu elle méritait mes attentions ; mais qu'elle espérait que les prières de ma sœur feraient plus que les siennes. Je lui promis de lui rendre compte tous les jours de ce que m'auraient dit les juges, et je devins dès ce moment son solliciteur en titre. Je voyais la fille tous les jours : je lisais dans ses yeux et dans sa conduite que je ne lui étais point indifférent. Après deux mois d'assiduité, je fus assez heureux pour en obtenir l'aveu d'elle-même.

Le plaisir d'être aimé et d'en être sûr redoubla ma tendresse; cependant mon destin était d'être toujours amoureux et toujours tourmenté. J'appris que ma chère Besaudin avait eu un amant avant moi : je lui en parlai; elle me l'avoua de bonne foi. « Vous n'avez point raison de vous plaindre, ajouta-t-elle; outre que je ne pouvais pas vous aimer avant de vous connaître, l'amant que vous me reprochez était autorisé de ma famille, qui le regardait comme un homme qui pouvait me convenir pour époux. Après le renversement de ma fortune, mon père ayant été obligé de passer dans les pays étrangers, mon amant sembla n'être point rebuté par la perte de mes biens; je lui sus gré de son désintéressement; jusque-là je ne l'avais écouté que parce que ma famille l'ordonnait; je vins à l'aimer réellement : l'ingrat méritait peu les sentimens que j'avais pour lui; car après m'avoir empêché d'accepter plusieurs partis qui s'étaient présentés, malgré la situation de mes affaires, ayant trouvé un établissement avantageux, il se maria. Je fus si outrée de son procédé, que le mépris que m'inspira son caractère me consola de la perte que j'avais faite. »

Je savais que ce qu'elle me disait était vrai; ainsi je ne trouvais rien là-dedans qui pût alarmer ma délicatesse. Si l'amour m'eût permis de faire quelque réflexion, j'aurais dû penser que l'engagement que je formais pourrait me mener trop loin. L'exemple de Sylvie devait m'instruire des malheurs qu'entraînent les grandes passions; mais je n'étais plus capable de raisonner. L'attachement que j'avais eu pour la Besaudin était trop violent pour pouvoir le rompre; et, loin de songer à me guérir, je ne pensais qu'à me faire aimer davantage et à obtenir des faveurs que je regardais comme le prix et le but de l'amour.

J'avais deux difficultés à vaincre, la sagesse de ma maîtresse, et la présence de sa mère qui ne la quittait point; je fus bientôt défait pour long-temps d'un de ces embarras. Sa mère eut une maladie que lui causa la fatigue de son procès; elle fut près de quarante jours entre la vie et la mort; je pris autant de soin d'elle, pendant le cours de sa maladie, qu'un fils l'eût pu faire; je passais une partie de la nuit dans sa chambre ; je lui donnais moi-même ses remèdes et ses bouillons ; j'étais regardé comme un ami de la maison ; ainsi personne ne prenait garde à ma conduite ; je voyais ma maîtresse tant que je voulais, je passais le jour et la nuit avec elle, je l'encourageais sur la santé de sa mère, je lui faisais espérer que sa maladie ne serait pas mortelle : je n'oubliais pas dans tous ces discours de répandre autant de tendresse que je le pouvais.

Mademoiselle Besaudin m'aimait ; elle était jeune ; elle me croyait honnête homme et discret. Nous étions des nuits entières tête à tête, ou avec un seul domestique : l'occasion était périlleuse : j'attaquais perpétuellement ; elle se défendit pendant un temps : à la fin elle succomba.

Dieux ! que je découvris de beautés et d'appas dans ce moment ! De toutes les femmes que j'ai aimées, c'est celle en qui j'ai vu le plus de charmes.

Sa mère, commençant à recouvrer sa santé, elle fut plus de six semaines sans sortir du lit : que ce temps est court pour un amant et pour un amant heureux ! Lorsqu'elle fut entièrement remise, je fus beaucoup plus gêné ; mais comme, lorsque les premiers pas sont faits, bien des occasions deviennent utiles, qui dans le commencement d'une passion ne peuvent servir, je trouvais souvent le moyen de voir ma maîtresse en particulier. Pour achever mon bonheur, la mère, pour qui je m'intéressais véritablement, gagna son procès avec dépens, excepté un incident de fort peu de choses que les juges remirent à l'instruction. C'est ainsi qu'il semblait que le parlement, d'accord avec mon amour, cherchait des prétextes pour arrêter madame Besaudin et sa fille.

Il était temps que mon étoile agît : je jouissais d'une félicité trop parfaite. Un vieux négociant, laid, mal bâti, bisarre, jaloux, mais riche, appelé Méry, devint amoureux de ma maîtresse; il la fit demander en mariage à la mère : celle-ci accepta l'offre avec plaisir et crut que sa fille penserait de même; elle fut bien surprise, lorsque, le lui ayant appris, elle se jeta en pleurs à ses pieds, en la priant de ne point la rendre la personne la plus malheureuse du monde; elle protesta qu'elle se jeterait plutôt dans un couvent que de donner jamais son consentement à un pareil mariage.

Lorsque j'allai chez elle, je la trouvai plongée dans une tristesse extraordinaire. La mère me paraissait aussi avoir quelque chose dans l'esprit : je leur en demandai à toutes deux la cause. Vous voyez ma fille, me dit madame Besaudin ; elle veut perdre sa fortune par opiniâtreté. Un homme riche comme un Crésus la veut épouser, et mademoiselle le trouve trop vieux. J'eus besoin de tous les efforts imaginables pour cacher les mouvemens que cette nouvelle m'avait causés. Madame, lui dis-je, lorsqu'il s'agit de l'établissement de toute la vie, on n'y saurait trop penser; il faut un peu d'amour dans le ménage, ou il devient bien triste dans peu de temps. Il y faut de l'argent, me répondit-elle; il faut fonder la cuisine, et puis l'amour vient s'il peut.

Comme elle allait enfiler une foule de proverbes dont elle n'était pas chiche, on vint l'avertir que son procureur venait la chercher pour aller chez un de ses juges. Monsieur, me dit-elle, vous êtes de nos amis, tâchez de la persuader, elle ne trouvera jamais la fortune qu'elle perd. Dès qu'elle fut sortie, ma maîtresse se mit à pleurer : je m'efforçai de la consoler. Non, me dit-elle, je veux me retirer dans un couvent, mon parti est pris. Eh quoi, lui dis-je! vous voulez donc me réduire au désespoir? Quoi! vous me quittez pour toujours! C'est pour me conserver à vous, me dit-elle, que je veux me faire religieuse : n'ayant pu vivre pour vous, je ne veux être à personne. Ce qu'elle me disait là était assez délicat et aurait pu me mener bien loin; mais depuis Sylvie je m'étais affermi à ne plus penser à des mariages inégaux, et j'ai persévéré dans cette résolution contre toutes les attaques qu'on m'a données. Je voudrais, lui dis-je, être le maître de mon sort et de ma main, je vous tirerais bientôt d'embarras; mais je dépends d'un père et d'une mère; je n'ai du bien qu'autant qu'ils veulent m'en faire; ce serait vous rendre malheureuse que de vous épouser, et ma tendresse n'aurait servi qu'à vous faire perdre un établissement considérable. Quoi, me dit-elle, vous me conseillez d'épouser ce monstre! Non, lui répondis-je, loin de vous le conseiller, je serais au désespoir que la chose arrivât. Que voulez-vous donc que je fasse, continua-t-elle? je connais ma mère, c'est une furie qui va être attachée à mes pas. Le ciel, lui dis-je, m'inspire un expédient; faites entendre à votre mère que vous espérez un établissement plus brillant; je consens que vous me nommiez, si elle vous presse de lui en dire davantage. Quelle apparence, me dit-elle, qu'elle donne dans de pareils discours; ils ne serviraient qu'à lui faire naître des soupçons et peut-être à m'empêcher de vous voir.

Sa mère revint avant que nous eussions rien pu résoudre; elle lui parla encore de Méry, et la fatigua de la même chanson pendant près de quinze jours; elle la força même à recevoir les visites de ce galant sexagénaire : j'étais le témoin de la plupart; et, quoique je fusse fâché de la peine qu'elles faisaient à ma maîtresse, je ne pouvais m'empêcher de rire en moi-même du rôle qu'il jouait.

A la fin, la jeune Besaudin, ennuyée des importunités de sa mère, risqua de se servir de l'expédient que je lui avais donné. La mère avait infiniment de la vanité; elle fut flattée de ce que lui disait sa fille. Ma maîtresse se vit par-là hors d'affaire, et moi je me trouvai dans un terrible embarras.

Madame Besaudin, à la première visite, me serra si fort le bouton en présence de sa fille, qu'il me fallut parler clair. J'avouai tout ce qu'elle lui avait dit; mais j'ajoutai qu'il fallait qu'elle s'en allât à Livourne joindre son mari avec sa fille; que je la suivrais quinze jours ou trois semaines après, sous le prétexte d'aller à Rome; et qu'il nous serait facile de nous marier dans ce pays-là, sans que personne pût le soupçonner. La mère consentit à tout ce que je disais, et craignant que je ne vinsse à changer de résolution, elle partit trois semaines après.

Ma maîtresse était ravie de l'expédient que j'avais pris. Nous convînmes que, lorsqu'elle serait auprès de son père, elle le ferait agir pour rompre le mariage de Méry; qu'ensuite elle dirait que je lui avais écrit que ma famille n'avait pas voulu me laisser partir, et qu'elle reviendrait en France, où nous amuserions toujours sa mère, sous l'espérance de notre établissement. Le jour de son embarquement étant arrivé, je partis de Marseille, où je l'avais accompagnée, pour retourner à Aix.

Elle fut cinq mois à Livourne (1), et pendant ce temps-là il se passa d'étranges révo-

---

(1) Livourne est une des villes les plus agréables d'Italie, par le concours d'étrangers et la liberté qui y règne en temps de paix : son port franc et libre de toutes servitudes des douanes, est un des plus riches de la Méditerranée ; toutes les religions y sont protégées : il y a des églises de Grecs et d'Arméniens ; plus de 30,000 juifs avec une belle synagogue ; la vue est superbe à Livourne, les églises magnifiques, les cafés

lutions dans mon cœur. On proposa pour moi à mon père un établissement fort considérable et qui me mettrait dans une grande aisance. Je crus que s'il s'y trouvait quelque difficulté, ce serait de son côté, et je n'eusse jamais pensé que ma mère, qui jusqu'alors avait paru avoir beaucoup d'amitié pour moi, en eût fait naître aucune. Je me trompai cependant. Quoiqu'elle eût toujours la même tendresse, elle ne put se résoudre à vivre avec une belle-fille; elle craignit que leurs caractères ne pussent s'accorder ensemble, et que cette division ne fît un mauvais ménage. Mon père ne jugeant pas que ses affaires lui permissent de séparer nos intérêts, il fallut ne pas songer à m'établir.

Quelque sensible que je fusse à ma situation, je la cachai à tout le monde, excepté à Clairac. Cet ami fidèle était arrivé de Constantinople depuis peu de temps et s'était

---

nombreux, les amusemens multipliés, beaucoup de courtisanes, une population d'environ 70,000 habitans; tous ces avantages sont dus à la sagesse et au bon gouvernement des grands-ducs, dont le souvenir est en vénération dans toute la Toscane, que nous appelons Etrurie, sans doute pour paraître plus savans que nos devanciers.

arrêté

arrêté quelques jours à Aix avec moi; je lui dis naturellement l'état où j'étais; il me parla en galant homme, et quoiqu'il me plaignît, il ne me cacha point que rien ne pouvait ni ne devait m'engager à faire un établissement contre le gré de mes parens. J'ai suivi ses conseils, et quoique j'aie trouvé plusieurs fois des occasions bien séduisantes, j'y ai toujours résisté.

Clairac ne put pas rester long-temps avec moi; il était obligé de se rendre à Paris. Pour dissiper mes chagrins et me consoler de l'absence de mon ami et de ma maîtresse, je résolus de me faire un amusement à l'opéra. Il y avait une actrice et une danseuse fort jolies; c'étaient là les deux seules qui entraînassent tous les suffrages. Elles n'avaient point encore d'amant en titre, mais elles avaient plusieurs prétendans; je me mis du nombre, et l'expérience que le long usage du théâtre m'avait acquise, me donna bientôt l'avantage sur eux.

Ce fut dans un soupé que je donnai dans une maison de campagne, que je commençai à battre mes rivaux en ruine. Ils s'aperçurent de la préférence, et complotèrent tous ensemble contre moi. Ils s'y prirent de façon qu'il m'était presque impossible de leur résister. Comme je ne pouvais pas me charger de deux femmes à la fois, ils firent entendre à la Belou, c'était la danseuse, que son intérêt était de faire en sorte que la Motille ne m'écoutât point, parce que, dès que je serais bien avec elle, je romprais toutes les parties; qu'au contraire, si la Motille s'attachait à Castelane, mon rival, elle serait toujours en société avec elle. Bardelin qui tenait ce discours à la Belou, était son amant et l'ami de Castelane (1). Le coup était assez difficile à parer, mais je m'en garantis plaisamment.

J'avais remarqué que la Belou n'aimait point Bardelin; elle était folle au contraire d'un acteur qu'elle avait fait semblant de lui sacrifier; je savais à n'en pas douter qu'elle couchait toutes les nuits avec lui; je pensai qu'en donnant ce que Bardelin pouvait fournir à sa dépense, je pourrais prendre la Motille pour moi et la Belou pour l'acteur. Je lui en parlai; ce pauvre diable qui aimait véritablement cette fille, me remercia de tout son

(1) Ce Castelane de l'illustre famille de ce nom, était comte, frère du marquis de Castelane, et lieutenant-colonel au régiment de Penthièvre, infanterie; il fut fait maréchal de camp en 1762.

cœur et lui dit la proposition que je lui avais faite; elle l'accepta. J'envoyai le lendemain un habit à la Motille et un à la Belou, pour arrhes de notre marché. Castelane fut congédié, et Bardelin par contre-coup. Cette aventure qui fut sue, les exposa à beaucoup de plaisanteries. J'en ai ri depuis bien des fois avec eux.

Mon affaire étant terminée, je me mis en ménage avec la Motille; je pris possession du domicile. Dans moins de deux mois, si j'avais été prince souverain, j'eusse pu dire que le ciel avait béni mes amours. Motille devint enceinte; comme je n'avais jamais eu de progéniture, je vis avec plaisir que j'aurais bientôt l'honneur d'être père. Je ne doutais pas que ce ne fût un garçon; je formais déjà des projets pour lui acheter un bénéfice. L'opéra étant retourné à Marseille, j'y suivis ma maîtresse et m'y établis avec elle. Mon ménage était composé d'elle, de sa mère d'un laquais que j'avais et d'un Turc que mon frère m'avait donné, et qui était esclave sur la galère dont il était officier (1). C'était lui

(1) Le frère dont parle ici le marquis d'Argens, était Sextius-Luc de Boyer d'Argens, chevalier de Malte, seigneur d'Eguilles, de Piedron, officier sur

qui, en qualité de musulman, assistait à mon coucher et à mon lever; il était le témoin secret de nos plus doux transports. Mon frère me disait quelquefois en plaisantant que j'empêchais sa conversion par le mauvais exemple que je lui donnais.

Je me piquai d'honneur et me mis en tête de le rendre catholique; j'avais souvent des disputes avec lui. Un jour, comme je le pressais sur les femmes que Mahomet promet dans son paradis, et que je le forçais de convenir qu'il y avait quelque chose de ridicule dans cette idée : Écoute, me dit-il, toutes les religions ont des choses dont on ne peut pas rendre raison; la mienne a l'avantage de pouvoir le faire de ses points fondamentaux; mais la tienne pêche dans le premier. Réponds-moi : combien y a-t-il de Dieux? Un. Et pourquoi donc crois-tu le père Dieu, le fils Dieu, et le saint-esprit Dieu? C'est un mystère lui dis-je, et parce que nous n'entendons pas une chose, nous ne devons pas nier qu'elle ne puisse être. Ah! c'est où je t'attendais,

les galères du roi. Il était né en 1710 et avait été reçu dans l'ordre en 1723. C'est à lui que le marquis d'Argens dédia sa nouvelle édition de la *Philosophie du Bon Sens*.

me dit-il. Et pourquoi, parce que tu ne comprends pas comment en paradis il peut se trouver des femmes toujours vierges, assures-tu que cela ne peut pas être ? Ce discours dans un homme de cette espèce me frappa ; je le redis à mon frère, qui me répondit que je ne le surprenais point ; qu'il était étonné tous les jours des choses qu'il lui entendait dire, et que la simple nature lui fournissait.

Pendant que j'étais à Marseille on me proposa de me marier avec une demoiselle de condition, qu'on disait avoir cent mille écus de biens ; elle était bossue devant et derrière, et n'avait pas trois pieds et demi de hauteur. Cent mille écus cependant me firent ouvrir les yeux ; je commençais à devoir considérablement. De la façon que je vivais depuis deux ans, il était difficile que je ne m'endettasse pas : la pension de mon père ne me conduisait pas les trois premiers mois de l'année. J'écrivis à mes parens pour savoir ce qu'ils en pensaient ; je craignais que ma mère ne s'opposât à mon établissement ; mais elle y donna son consentement. Je commençai donc à prendre des mesures pour que cette affaire réussît ; elle prit d'abord un assez bon train.

Malheureusement on souffla aux oreilles de

sa mère que je n'étais pas excessivement rangé, et que j'avais une maîtresse avec laquelle j'étais actuellement ; cette découverte m'obligea de vivre avec plus de retenue. Comme les malheurs se suivent d'ordinaire, Motille se blessa d'un garçon, qui ne vécut que trois heures de temps ; et mon fils, ce fils, sur qui j'avais fondé de si grandes espérances, fut une fleur qu'une même journée vit éclore et mourir.

Pour achever de me désespérer, madame Besaudin et sa fille, lasses de m'attendre à Livourne, arrivèrent en Provence, et apprirent que j'étais en ménage avec une fille de l'opéra. On ne saurait dire qui des deux fut plus fâchée contre moi ; ce fut bien pis lorsque la mère sut qu'on parlait de me marier. Dans le moment elle m'envoya chercher. Je m'excusai le plus qu'il me fut possible ; je promis d'abandonner l'opéra, et au plus terrible orage succéda une espèce de calme.

En sortant de chez madame Besaudin, je retournai chez Motille ; quelqu'un qui voulait apparemment me faire devenir fou, lui avait appris que ces deux dames étaient arrivées. Je la trouvai dans des transports étonnans ; elle faisait mille extravagances. Je lui jurai que je n'avais été chez la Besaudin que pour rompre tout à fait avec elle : soit qu'elle le crût ou non, elle s'appaisa.

La mère de la demoiselle que je devais épouser, eut connaissance d'une partie de ces scènes tragicomiques. Je vis depuis ce temps que mes affaires allaient assez mal; ennuyé de ces tracasseries, je pris la sage résolution de laisser là toutes ces femmes, et de m'en éloigner le plus qu'il me serait possible.

La seule chose qui me retenait était le défaut d'argent; mes finances étaient épuisées; mes créanciers étaient las de me prêter. On ne voyage guère avec la seule envie qu'on a de voyager, et sans argent on ne va pas loin; il m'en fallait absolument, et le hasard m'en fit trouver où je n'aurais jamais pensé.

Il y avait un marchand de Lyon, nommé Peautrier (1), qui avait suivi à Marseille une fille de l'opéra, appelée la Neveu, qui travaillait depuis long-temps à lui faire faire banqueroute, quoiqu'il réparât par des friponneries au jeu les dépenses que l'amour lui causait; il nourrissait avec sa maîtresse toute sa famille.

(1) Il y a encore à Lyon une famille de Peautrier qui fait un commerce assez considérable, tant dans les fabriques de soieries, que dans la chapellerie.

Cependant le père trouvant que l'ordinaire n'allait plus comme au commencement, jugea qu'il fallait que les finances de l'amant de sa fille baissassent; il crut qu'il était à propos de lui donner un coadjuteur. Il choisit un négociant marseillais; celui-ci, ayant été associé au bénéfice par le père, se sentit assez fort pour le desservir lui seul, et il proposa l'exclusion de l'ancien amant; elle lui fut accordée en remboursant comme de droit le profit qu'il apportait.

La fille cependant aimait beaucoup plus le Lyonnais que le Marseillais: elle tint bon quelque temps; mais le père interposant son autorité, il fallut céder.

Peautrier, fâché de ne pouvoir voir sa maîtresse chez elle, voulut lui parler à la comédie. Le père s'en étant aperçu, eut l'insolence de la maltraiter sur le théâtre; chacun accourut, et je fus un des premiers. Elle nous dit naturellement de quoi il s'agissait; son amant s'y trouvait présent, et il lui offrait un asile, parce qu'elle ne voulait plus retourner dans sa famille. Le père prétendait qu'elle y vînt. Elle n'ira pas, lui dis-je. Comment, monsieur, me répondit-il? ne suis-je pas le maître de mes enfans? Votre fille est au public, lui dis-je, dès qu'elle est au théâtre, et vous n'êtes point en droit de la maltraiter; allez vous plaindre, si vous voulez; elle suivra actuellement monsieur, qui veut bien la recevoir chez lui.

Elle sortit sur-le-champ, et s'en fut avec son amant. Le père voulut aller se plaindre; je le prévins, et j'appris au commandant de quoi il était question. Il ordonna qu'elle ne retournerait point chez son père; mais il la fit mettre chez une autre fille de l'opéra, n'étant pas honnête qu'elle restât dans la maison de son amant, ce qui pourtant était la même chose pour lui.

La façon dont j'avais pris ses intérêts le toucha si fort, qu'ayant su que je cherchais de l'argent à emprunter, il vint m'offrir la somme que je demandais. Comme j'en avais besoin, je l'acceptai sans façon, après lui avoir donné mon reçu, et dès le lendemain, laissant mademoiselle Besaudin, la Motille, et cette demoiselle avec qui on voulait me marier, je partis dans ma chaise de poste pour Paris.

Je repris en y arrivant le goût que j'avais pour les sciences et pour les arts. J'étais une partie de la journée dans mon cabinet, ou chez M. Case, professeur de l'académie de peinture, dans l'atelier duquel j'allais travailler à mes heures de loisir (1).

Un jour étant à la comédie, je crus apercevoir le chevalier de Cougoulin que je croyais en Provence : je ne me trompais point, c'était lui-même. Après nous être embrassés, nous résolûmes d'aller souper le soir ensemble : ce repas fut poussé fort loin dans la nuit; et, le jour nous ayant surpris à table, nous joignîmes le dîner au souper.

L'après-midi, comme nous étions assez chauds de vin, je proposai à Cougoulin, en attendant l'heure de l'opéra, d'aller à l'hôtel de Gêvres : je n'avais jamais joué de ma vie; et, pour la première fois, dans une heure et demie de temps, je gagnai six mille livres à la roulette : j'eus assez de bon sens pour ne pas risquer de reperdre mon argent; et l'amour que j'avais pour les arts étant alors la seule passion à laquelle je fusse sensible, je partis trois jours après mon gain pour Rome.

Je pris auparavant des lettres de recommandation pour plusieurs personnes, et une entre autres du vicomte de Polignac (2) pour le

(1) Nous avons parlé de M. Case plus haut.
(2) La maison de Polignac, originaire d'Auvergne,

cardinal son frère. J'allai m'embarquer à Marseille et passai chez moi, sans que ma famille le sût; je ne vis que mon frère, qui vint m'accompagner jusque dans le vaisseau. J'eus un vent si favorable, que dans deux fois vingt-quatre heures je fus à Civita Vecchia. Là je pris une chaise de louage, qui dans huit heures de temps me mena à Rome.

J'allai le lendemain rendre mes lettres. L'évêque d'Halicarnasse, à qui j'étais adressé, me présenta au cardinal de Polignac : je dînai ce jour-là avec son éminence: elle me demanda ce qu'on disait en France de nouveau : on m'avait prévenu de ce que je devais répondre, s'il me faisait cette question : je lui dis qu'on était fort étonné qu'il eût demandé son rappel,

---

est une des plus illustres de France ; le vicomte dont il est question ici, était l'aîné de la famille et aïeul du duc de Polignac qui a joui d'une grande faveur sous le court règne de Louis XVI. Le cardinal était un homme du plus agréable esprit et du plus grand mérite; il est auteur de l'*Anti-Lucrèce*, poëme latin où la plus belle versification se trouve réunie à la force du raisonnement. Il fut envoyé à Rome après la mort d'Innocent XIII, arrivée en 1724, et y resta huit ans chargé des affaires de France; c'est dans cet intervalle que le marquis d'Argens alla le voir.

et qu'on disait hautement que les affaires de France en souffriraient beaucoup; il me parut satisfait. J'en demandai la raison quelque temps après à une personne de considération, qui pouvait et devait même la savoir. Voici ce qu'elle me dit :

Vous avez sans doute entendu parler de la conjuration des Marmousets : c'est le nom qu'on donne à la cabale que messieurs les ducs d'Egmont et de Gesvres avaient faite contre le cardinal de Fleury. Quoiqu'il n'y ait que ces deux jeunes seigneurs qui aient paru, il y avait des gens d'un âge plus avancé qui y prenaient part; mais ils avaient trop d'expérience et connaissaient trop la cour pour vouloir se découvrir entièrement; ils attendaient la réussite qu'aurait la démarche de M. d'Egmont, pour faire jouer les ressorts qu'ils avaient préparés. On prétend que le cardinal de Polignac n'ignorait point ce qui se passait, et qu'il se flattait, s'il arrivait un changement dans le ministère, d'occuper la place de celui qui serait disgracié. Vous savez, continua-t-il, le sort qu'eut M. d'Egmont; il fut exilé avec M. de Gesvres. Dès que le roi les eut disgraciés, toute la cour leur tourna le dos ; leurs familles mêmes semblèrent être bien aises de leur punition (1).

Le cardinal de Polignac ne parla plus de son retour en France. Cependant, soit que le premier ministre eût pénétré ses desseins, s'il

(1) On appela conspiration ou cabale des Marmousets, un projet mal conçu par quelques jeunes seigneurs de la cour de Louis XV, d'ôter l'autorité au cardinal de Fleury tout-puissant. Parmi eux se trouvaient les ducs d'Egmont et de Gesvres, que l'on prétend, surtout le dernier, avoir servi aux premiers amusemens de jeunesse du roi. Ils voulurent profiter de leur faveur pour éloigner le premier ministre ; celui-ci en fut instruit ; il fit exiler les ducs, ôter les places à d'autres personnes, envoya à leur régiment quelques autres, et méprisa le reste avec la hauteur calme d'un prêtre souverain qui s'était emparé de l'autorité suprême. L'on applaudit dans le temps à cette mesure du cardinal, parce qu'il aimait la paix, et que l'on craignait les brouillons et les intrigans dont on avait tant souffert sous le ministère précédent. Il ne fut cependant pas lui-même à l'abri des uns et des autres. Au reste ce ministre aurait pu tirer une vengeance plus éclatante du complot formé de le renverser, mais sa modération lui servit peut-être plus que n'aurait fait la vengeance.

Voici comme Duclos parle de cette *Conjuration des Marmousets* dans ses *Mémoires secrets*, « Le cardinal de Fleury avait fait admettre de jeunes seigneurs aux

est vrai qu'il les ait eus, soit qu'il les soupçonnât sans en être convaincu, le duc de Saint-Aignan fut nommé ambassadeur auprès de Sa Sainteté. Ce coup a surpris le cardinal ; il a compris qu'en arrivant en France, il serait obligé, n'ayant plus de crédit en cour, de se

amusemens du roi (Louis XV) et dans une sorte de familiarité ; ils la prirent pour de la confiance de la part de ce prince, et s'imaginèrent qu'ils pourraient se saisir du timon des affaires. Le cardinal en fut instruit et vraisemblablement par le roi même. Sous Richelieu, qui savait si bien faire un crime de la moindre atteinte à son autorité, et trouver des juges dont la race n'est jamais perdue, l'étourderie de ces jeunes gens aurait pu avoir des suites fâcheuses. Le cardinal de Fleury qui ne prenait pas les choses si fort au tragique, en rit de pitié, les traita en enfans, envoya les uns mûrir quelque temps dans leurs terres, ou devenir sages auprès de leurs pères, et en méprisa assez quelques autres pour les laisser à la cour en butte aux ridicules qu'on ne leur épargna pas. Il est inutile aujourd'hui de rechercher leurs noms, continue Duclos ; ils ne s'en sont fait depuis en aucun genre et sont parfaitement oubliés ; c'est ce qu'on appela alors la *Conjuration des Marmousets*. »

Nous avons rétabli dans le texte, d'après les *Mémoires de Richelieu*, les noms des Marmousets que le marquis d'Argens avait seulement désignés par la lettre initiale.

tenir dans son archevêché d'Auch, où il aurait tout le temps de s'ennuyer. La chose est effectivement arrivée, ainsi qu'il me le disait.

Je passai trois mois à Rome, uniquement occupé à voir tous les jours de nouvelles beautés ; j'étais plongé dans la peinture et dans la musique ; j'avais oublié qu'il y eût des femmes dans le monde, et je fusse parti de Rome sans y avoir pensé, si le chevalier de Chasse, avec qui j'étais logé dans la même auberge, ne m'eût fait connaître une jeune fille, bonne musicienne, chez laquelle il allait souvent. Nous y faisions de petits concerts : elle avait la voix fort belle, les yeux vifs, les façons tendres et engageantes, ainsi que toutes les Italiennes. Je n'avais rien dans le cœur : je fus bientôt amoureux d'elle et ne tardai pas à le lui apprendre. Je compris dès la première fois qu'elle n'eût point été fâchée d'être persuadée de ce que je lui disais : aussi fis-je de mon mieux pour lui prouver que mes sentimens étaient tels qu'elle les voulait ; je n'épargnai ni les soins ni les assiduités ; les sermens les plus inviolables furent mis en usage ; et, soit qu'elle les crût sincères ou non, elle m'avoua que je ne lui étais point indifférent : cet aveu me rendit sûr du reste. Les Italiennes n'aiment pas à demi ; elles ne savent point affecter un inutile mystère ; elles ignorent quand elles aiment la feinte et l'artifice, et ne connaissent que le langage du cœur. Avec des sentimens pareils un amant français va vîte en besogne. Aussi, dès que j'eus le cœur de Ninesina, c'était ainsi qu'on l'appelait, je tardai peu à être le maître de la personne.

Pour avoir plus de commodité, je pris un appartement dans son logis, où il y en avait plusieurs; il m'était par ce moyen plus aisé de tromper la vigilance de sa mère, qui la gênait assez, mon sort ayant été d'avoir toujours des mères diaboliques qui ont empoisonné les douceurs que je goûtais auprès des filles. Ninesina avait trouvé le secret de m'introduire toutes les nuits dans sa chambre sans qu'on s'en aperçût; il y avait six semaines que notre intelligence durait, lorsqu'un jour sa mère s'éveilla ; elle était pressée de quelque besoin ; et, ayant vainement cherché sous son lit un pot, elle passa dans la chambre de sa fille pour se servir du sien. Nous l'entendîmes venir ; et, comme nous ignorions quel était son dessein, je n'eus que le temps de me glisser sous le lit de Ninesina. Sa mère, en entrant, lui dit : Dormez-vous, ma fille ? Non, répondit-elle ; mais d'où vient

vient vous êtes-vous levée sans lumière ? Je cherche par-tout un pot, et je n'en trouve point, dit-elle ; je viens pour me servir du vôtre. Elle s'approcha à tâtons du lit ; et, passant sa main dessous, peu s'en fallut qu'elle ne me la mît sur le visage ; heureusement elle attrapa ce qu'elle cherchait. Ninesina parlait à sa mère et lui faisait mille questions pour qu'elle ne m'entendît pas respirer. Après cette belle expédition, elle se retira dans sa chambre, et je sortis de dessous le lit, bien résolu de ne me plus commettre à pareille aventure. Je ne voulus plus retourner les nuits chez Ninesina ; je me contentais de profiter des autres occasions que le sort m'offrait.

Six semaines de jouissance avaient fort abattu les fumées de mon amour ; une jeune Romaine dont je devins amoureux, acheva de les calmer : elle logeait auprès de l'auberge où j'allais manger. Lorsque je sortais de dîner, je m'amusais quelquefois à lui parler. Je pris du goût pour elle insensiblement ; et, quoiqu'elle n'en eût point pour moi, et qu'elle m'écoutât par simple coquetterie, je ne laissai pas de croire que je pourrais m'en faire aimer dans la suite.

Ninesina apprit des nouvelles de mon

amour. Elle m'en fit d'abord des reproches assez tendres; mais, voyant qu'ils ne servaient à rien, et que je n'allais presque plus chez elle, elle résolut d'en agir à la mode du pays, et de me faire assassiner. Je me promenais ordinairement à onze heures du soir sur le mont de la Trinité : c'est une promenade auprès de la place d'Espagne. Je ne me retirais d'ordinaire que fort tard; Ninesina savait ma coutume ; j'avais souvent été prendre le frais avec elle. Un soir, deux hommes fondirent sur moi le poignard à la main; l'un des deux dit: *amato il traditore Francese* (1)! Je n'eus que le temps de mettre l'épée à la main, et de m'appuyer contre la porte de la *Vigne Médicis*, vis-à-vis de laquelle j'étais. Comme les deux hommes qui m'avaient attaqué n'avaient que des poignards, je n'avais pas de peine à les éloigner avec mon épée ; je sentais même qu'ils m'attaquaient assez faiblement. Cependant, je n'osais point quitter le poste où j'étais, dans la crainte, si je l'abandonnais, que l'un des deux ne m'attaquât par derrière.

Lorsque j'étais dans cet embarras, je vis

(1) Il est aimé le traître de Français !

venir à moi deux Français, que je reconnus pour le chevalier de Chassé et pour le baron de Lignac : je les appelai par leurs noms : ils accoururent l'épée à la main. Mais quelle fut la surprise de Chassé, lorsqu'un de mes assassins l'appelant par son nom, lui dit : Arrête, Chassé ! ne défends point un traître. Cette voix, qu'il reconnut pour celle de sa maîtresse, le pétrifia. Quoi ! lui dit-il, c'est vous, Carestina ? Oui, oui, c'est elle, répondit Ninesina (car c'étaient là mes deux assassins) : c'est elle qui a voulu venger son amie. J'ai manqué mon coup cette fois, mais je réussirai mieux une autre. J'étais si étonné que je ne dis pas un seul mot. Ces femmes partirent dans le même instant; Chassé les suivit jusque chez elles.

Il parla à sa maîtresse, pour lui remontrer combien l'action qu'elle venait de faire était affreuse. Ecoute, Chassé, lui dit-elle; nous sommes amies et parentes, Ninesina et moi. Nous étions tranquilles avant de vous connaître; vous êtes venus troubler notre liberté; nous avons été assez faibles pour croire vos sermens ; nous nous sommes juré que nous nous aiderions mutuellement à poignarder nos amans, s'ils devenaient infidèles : que cet exemple te serve, car ton ami ne nous échappera pas. Dis-lui pourtant que je m'offre à lui faire obtenir le pardon de sa faute, s'il veut aimer Ninesina de bonne foi.

Chassé me redit le soir même toute cette conversation ; mais, loin d'être tenté de me raccommoder avec une pareille maîtresse, je partis le surlendemain de Rome, sans que personne en eût connaissance. J'attendais de jour en jour de l'argent de chez moi ; un négociant genevois, de qui j'étais connu, se chargea de retirer la lettre de change à son arrivée, et de me compter la somme. Je m'embarquai pour aller à Livourne, et ne fus pas tranquille que je n'eusse perdu de vue le dôme de Saint-Pierre

LIVRE QUATRIÈME.

Le bâtiment sur lequel j'étais était une felouque des plus petites. Nous étions huit ou dix passagers. Les deux premiers jours, nous eûmes beau temps; pendant la nuit du troisième, comme elle était fort obscure, notre pilote, d'accord avec les matelots, s'éloigna excessivement de terre, sans que nous pussions nous en apercevoir. Il était Génois; et la crainte de rencontrer quelque bâtiment de Corse, l'avait fait éloigner de la côte, cette île s'étant révoltée depuis peu contre la république de Gênes. Nous fûmes fort surpris le matin, lorsque nous nous aperçûmes que nous étions à plus de quinze lieues de terre.

Ce fut bien pis quelque temps après; le vent ayant fraîchi, la mer devint très-grosse; la tempête augmenta; nous jetâmes d'abord à la mer toutes les marchandises, pour soulager le bâtiment; l'orage était si violent, qu'il y avait peu d'apparence que nous pussions attraper la terre; les matelots se vouaient à toutes les vierges de l'Italie, la *Madona del monte negro*, *Madona del viaggio*, *Madona del horto* (1); un cordelier disoit son bréviaire en larmoyant; deux calvinistes genevois récitaient des psaumes de Marot (2) ; une vieille femme, auprès de qui j'étais, se trouvait si saisie par la peur, qu'elle allait du haut et du bas; sa fille, jeune beauté de quinze ans, versait des larmes. A chaque flot qui soulevait notre félouque, on eût dit que notre bâtiment était la tour de Babel, à force d'entendre hurler dans tant de langues différentes. J'avais pris ma résolution, et je lisais les *Pensées diverses* de Bayle, pour tâcher de me distraire. Les gens qui me voyaient lire,

(1) La *Notre-Dame du Mont-Noir*, la *Notre-Dame du Voyage*, la *Notre-Dame du Jardin*.

(2) Clément Marot fut valet de chambre de François I après avoir été page de Marguerite de Valois; il naquit à Cahors en 1495 ; poète aimable et spirituel, on a de lui, entre autres poésies, une traduction en vers des psaumes de David ; on les chantait à la cour de François I. Il était partisan de Calvin plutôt que Calviniste ; sa vie a été une suite de malheurs et d'imprudences. Il est mort à Turin en 1544.

avec assez de sang froid, se figuraient que j'étais un saint, à qui la tranquillité de sa conscience procurait ce repos.

Après dix heures de combat entre la vie et la mort, nous découvrîmes le port de Livourne, et, deux heures après, nous y entrâmes heureusement. Je n'avais fait vœu à aucun saint pendant la tempête; mais je m'étais bien promis à moi-même de ne plus me rembarquer; je ne gardai pas ma résolution, car je partis le lendemain pour Gênes, où je restai deux jours, et de là j'allai à Marseille.

Mon frère était de garde à l'entrée du port lorsque j'arrivai; il fut agréablement surpris; il pria un de ses amis de vouloir le relever de son poste; il me conduisit chez lui, où je ne restai que le temps qu'il fallait pour m'habiller, et, n'ayant rien à faire, j'allai à l'Opéra voir mes anciennes connaissances. La Motille n'y était plus; elle avait quitté depuis mon départ; mais je ne restai pas long-temps oisif.

Il y avait à Marseille une jeune fille nommée Chichote, dont le comte de Vintimille était amoureux; cette intrigue le dérangeait, et sa famille s'était plainte plusieurs fois. Pour l'obliger à l'abandonner, on fit faire une procédure contre elle, où l'on entendit des témoins, qui dirent ce qu'on voulut. On avertit ensuite le comte de Vintimille, que, s'il ne quittait pas sa maîtresse, on la ferait arrêter. Il était fort amoureux ; il trouva le moyen de la conserver malgré toutes ces poursuites : il la mit dans les chœurs de l'Opéra, et, dès ce moment, on ne put plus rien lui dire. Madame de Vintimille voyant qu'il n'y avait plus rien à faire de ce côté-là, fit donner un ordre à son fils de se retirer dans ses terres : j'arrivai dans ce temps-là.

Je connaissais Chichote avant mon départ ; je fus surpris de la voir à l'Opéra ; elle me raconta elle-même les raisons qui l'avaient obligée d'y entrer : elle ajouta qu'elle était si lasse des tracasseries qu'elle essuyait pour le comte, qu'elle était résolue de le quitter. J'avais toujours eu sur le cœur le tour que Vintimille m'avait joué auprès de la Catalane ; je pensai que c'était là une occasion de lui rendre la pareille : je m'offris à sa place ; Chichote crut d'abord que je badinais ; je l'assurai que je pensais très-sérieusement ce que je lui disais. Le chevalier de Bonneval, qui se trouvait présent à notre conversation, acheva de la persuader. Je soupai chez elle avec lui ; il fit le contrat de nos noces, qui fut que je paierais les dettes qu'elle avait contractées depuis que Vintimille était absent, et que je fournirais à sa dépense honnêtement et de la façon qu'il convenait. Je passai la nuit chez elle. Le lendemain, comme il fallait que je me rendisse chez moi, j'arrêtai deux chaises ; je me mis dans l'une, et Chichote occupa l'autre avec sa fille de chambre. En arrivant, je pris un appartement dans un endroit écarté pour ma maîtresse, en attendant que je visse de quelle façon tourneraient mes affaires. Mon père me reçut en bon père ; il ne me parut point que mon voyage d'Italie lui eût déplu ; il se contenta de m'exhorter à vouloir me fixer dorénavant ; cependant je partis bientôt pour prendre un nouvel état, et ce fut de son consentement.

Les projets que j'avais pu former furent tous renversés par la fameuse affaire du père Girard. Toute l'Europe a raisonné sur cette matière ; mais peu de gens ont su réellement de quoi il était question. L'entêtement et la prévention dans les deux partis a fait éloigner de la vérité les uns et les autres. Quoique ce procès ait décidé de mon sort et de mon état, je l'ai toujours examiné avec des yeux désintéressés ; la situation où j'étais de savoir les intrigues les plus cachées des molinistes et des jansénistes, m'a mis à même de pouvoir en porter un jugement équitable (1). Pendant la durée de cette affaire, j'ai pu, toutefois et quand je l'ai voulu, voir les procédures les plus cachées : j'ai parlé moi-même à la plupart des principaux témoins, et rien n'a pu échapper à ma curiosité.

La Cadiere, née à Toulon, était fille d'un marchand d'huile de la même ville; elle avait de beaux yeux, la peau blanche, un air de vierge, la taille assez bien faite : beaucoup d'esprit couvrait chez elle une ambition démesurée et une extrême envie de passer pour sainte sous un air de simplicité et de candeur : elle était âgée de dix-huit ou vingt ans lors de son procès.

Le père Girard, natif de Dole, était excessivement laid; il paraissait n'être occupé que du royaume des cieux. Sa vie se passait à faire

(1) Comme la belle Cadière avait été sanctifiée par et à la manière d'un jésuite, nommé Girard, il se faisait que les jésuites accusaient la fille d'imposture, afin de sauver le moine; mais les jansénistes, grands ennemis des jésuites leurs persécuteurs, soutenaient la vérité des faits allégués par la Cadière, et demandaient que Girard fût à son tour empalé tout vif.

des catéchismes, des exhortations et des sermons ; il excellait dans le talent de la chaire ; il avait dirigé un nombre infini de femmes du monde qu'il avait mises dans le chemin de la pénitence. Plusieurs filles, qui avaient fait des vœux monastiques sous sa direction, sont encore aujourd'hui l'exemple des couvens où elles vivent ; il exerçait ses talens avec un air de complaisance ; il était bien aise qu'on les connût, et, s'il avait l'esprit d'un habile jésuite, il en avait la vanité. La réputation de faire des saintes lui était aussi chère, que l'envie de passer pour telle était violente chez la Cadière.

On voit que, sans que l'amour et le sortilége s'en mêlassent, la ressemblance des caractères suffisait pour unir ces deux personnes. Avant l'arrivée du père Girard à Toulon, la Cadière avait déjà, par ses manières modestes, acquis la réputation d'avoir une vertu infinie; elle ne parlait que d'exhortations, de méditations, de componction, d'oraison : l'idée qu'on en avait n'était point renfermée dans une seule ville ; toute la gent mystique de la province en était imbue, et le père Girard la connaissait déjà sans l'avoir vue. La réputation du jésuite était aussi parvenue jusqu'à la

Cadière ; ils se regardaient mutuellement comme des sujets fort propres à augmenter la gloire l'un de l'autre.

Dans ces situations le père Girard partit d'Aix pour aller à Toulon : à peine fut-il arrivé que la Cadière se présenta pour être sa pénitente ; elle disait, en parlant de lui, qu'elle sentait que Dieu lui-même lui avait inspiré la pensée de le choisir pour directeur.

Le jésuite, de son côté, prônait par-tout la vertu de sa pénitente. Ce qu'il y a de plaisant, c'est qu'ils avaient trop d'esprit pour se confier mutuellement l'un à l'autre ; et, quoiqu'ils sussent tous les deux à quoi s'en tenir, chacun affectait de son côté d'être dans la bonne foi ; le jésuite paraissait surpris des prodiges que le ciel opérait par les mains de sa pénitente, et la Cadière recevait avec toutes les apparences possibles de la docilité la plus entière les exhortations mystiques du père Girard.

Les frères, le père, la mère de la Cadière furent les premiers à être trompés, et ils n'ont été désabusés que lorsqu'ils n'auraient osé l'avouer, sans perdre absolument cette béate. L'évêque de Toulon fut une des principales dupes de cette comédie ; il y donna de la meilleure foi du monde; c'était un caractère entièrement opposé à la Cadière; il avait autant de candeur et de simplicité qu'elle avait de ruse et de souplesse: aussi lui fit-elle voir bien du chemin en peu de temps.

Le jésuite de son côté poussait à la roue tant qu'il pouvait; les honneurs qu'on rendait à sa pénitente rejaillissaient en partie sur lui. La réputation de la Cadière excita l'émulation de bien des femmes; la distinction avec laquelle on la regardait leur fit venir l'envie d'être saintes; elles devinrent pénitentes du père Girard. Il les reçut toutes à bras ouverts, et leur prodigua les mêmes dons qu'à la Cadière. Les exhortations mystiques, les entretiens particuliers, si chers aux directeurs et aux dévotes, les lettres remplies de molinosisme, tout leur fut distribué.

Pour se rendre dignes de leur grand maître, ou pour égaler sa première pénitente, elles tâchèrent de l'imiter le plus qu'il leur fut possible. De là est venu le grand nombre de stigmatisées; car la Cadière ayant avec un onguent préparé fait une enlevure légère sur le dessus de ses pieds et de ses mains, deux jours après toutes voulurent avoir les mêmes marques, et dirent les avoir, quoiqu'il n'y en eût qu'une qui les eût. Celle-ci était la confidente de la Cadière, la dépositaire de ses plus grands secrets, et c'est ainsi qu'elle avait obtenu la communication de son onguent.

Cependant ces stigmates firent un bruit étonnant. Le jésuite, fin et rusé, vit que la chose était poussée trop loin, et il songea à tirer son épingle du jeu; mais comme il ne prévoyait pas ce qui arriverait, il ne prit pas assez de précautions. La Cadière lui ayant parlé des stigmates qu'elle disait que Jésus-Christ lui avait imprimées lui-même, le père Girard lui fit entrevoir quelques soupçons, et il ne put s'empêcher de dire qu'il semblait que la peau avait été brûlée avec quelque onguent. *J'ai une stigmate à côté du cœur, qui pénètre bien plus avant*, répondit la Cadière. Elle avait raison; dès sa jeunesse, elle avait eu des écrouelles, dont elle n'était point entièrement guérie au sein gauche.

Le jésuite fut curieux de voir si elle accusait vrai; il s'enferma imprudemment dans sa chambre, où elle lui montra cette prétendue plaie : c'est ici le fait du procès; c'est de cet enfermement que les jansénistes ont tant parlé, et qu'ils ont prétendu être une preuve incontestable du concubinage du jésuite avec sa pénitente; mais en vérité, quand on veut examiner les choses de sang-froid, on trouve sa justification dans ce où ses ennemis ont voulu trouver sa perte.

Il n'y a qu'à lire la déposition de la Cadière; elle dit que son confesseur étant entré dans sa chambre avec elle, en ferma la porte, et qu'il lui dit de se déshabiller; que lui, pendant ce temps-là, s'écarta dans un coin de la chambre, où il tourna le dos, et qu'ensuite ayant tiré son mouchoir de sa poche, il l'appliqua sur son sein pour ne pas voir la gorge découverte, en considérant la plaie qu'elle avait sur le sein. La servante, qui était curieuse de savoir ce que sa maîtresse faisait enfermée dans sa chambre, et qui l'examinait par le trou de la serrure, rapporte la même chose. L'affaire se passait dans un temps où l'on prétend que depuis long-temps le jésuite couchait avec elle. Je demande s'il peut tomber sous le sens de quelqu'un qui ne veut pas se refuser aux notions les plus claires, qu'un homme, qui a eu d'une femme les dernières faveurs, prenne de pareilles précautions? et à quel homme encore les fait-on prendre? à un homme à qui on attribue le sortilège, l'avortement, et les horreurs les plus abominables, car l'enfermement a été après tous ces crimes imaginaires. Soutenir pareille chose, c'est en vérité vouloir éprouver jusqu'où peut aller la licence du paradoxe.

L'amour n'était pas la faiblesse du jésuite; il était dans un âge où rarement le cœur est rempli de feux. L'ambition était chez lui la passion dominante; aussi vit-il avec peine qu'il fallait désormais qu'il séparât ses intérêts de ceux de la Cadière : elle avait poussé les choses trop avant par les stigmates; elle avait déjà débité son fameux Carême, c'est-à-dire un écrit qu'elle avait envoyé à l'Evêque, où elle prétendait avoir passé quarante jours sans manger. Il se passait peu de jours, qu'elle ne voulût faire quelque miracle.

Le père Girard fit pressentir à monsieur l'Evêque qu'il croyait que dans la conduite de sa pénitente il pourrait y avoir quelque chose de trop outré. Il sut engager adroitement la Cadière à se retirer au couvent d'Olioules, petit village à deux lieues de la ville, croyant qu'éloigné d'elle, il pourrait peu à peu s'en débarrasser.

Mais la Cadière continua à jouer son jeu; elle avait trop pris de goût à faire des miracles, pour vouloir s'arrêter en si beau chemin.

chemin. Dès qu'elle fut au couvent d'Olioules, elle comprit que, n'ayant affaire qu'à un nombre de femmelettes, elle serait moins contrainte dans la vraisemblance. Aussi est-ce là que se sont faits ses plus grands miracles qui, par la suite, ont été attribués comme sortilèges au jésuite.

Cependant les merveilles que la Cadière opérait dans ce couvent, faisaient un si grand bruit, que l'évêque crut devoir les examiner. Il alla à Olioules, et y mena le père Girard. Ce jésuite se fût passé volontiers de ce voyage. Quoiqu'il fût encore en commerce de lettres avec sa pénitente, il cherchait un prétexte pour finir entièrement; mais il n'osait le faire avec éclat. L'évêque, en examinant ce que lui dirent les religieuses, vint à ouvrir les yeux. Le bandeau tomba : il dissimula pourtant, pour éviter le scandale.

La Cadière ne tarda pas à s'apercevoir que son crédit n'était plus le même auprès de lui. Il y avait déjà long-temps qu'elle sentait que le jésuite était fâché qu'elle l'eût engagé si avant. Piquée contre lui, elle retourna à Toulon et choisit un autre directeur. Elle s'adressa à un carme, fameux janséniste, zélé pour le parti, et qui s'était maintes fois signalé contre la société des jésuites. Elle crut ne pouvoir mieux se venger qu'en choisissant un tel confesseur: la haine et la vengeance étaient les seuls mobiles qui fissent agir la Cadière au commencement ; mais bientôt l'Amour s'en mêla. Ce dieu ne perd jamais ses droits, non pas même avec les dévotes.

Le carme à qui elle s'était adressée, était beau, bien fait, les yeux vifs et brillans, l'air mâle et vigoureux, les dents belles, la main blanche et potelée; elle ne put le voir d'un œil indifférent. Les sentimens mystiques avaient répandu dans son cœur une disposition à la tendresse, qui n'attendait, pour se déterminer, qu'un sujet qui en fût digne. Le carme était connaisseur; il alla au-devant de sa pénitente, et lui épargna la honte des avances; il voulut bien en faire les frais.

Elle lui sut bon gré de l'avoir prévenue. Quand des cœurs sont épris et qu'ils veulent la même chose, on avance vîte chemin; aussi le firent-ils. La Cadière était en possession d'avoir, les matins, au chevet de son lit, son directeur. Dieu sait les instructions que lui donnait le carme. La servante dépose qu'elle entendit un jour, qu'étant seule avec lui, il lui donnait quelques coups sur les fesses, en lui disant : *petite coquine;* ce n'était pas là prendre la précaution de mettre un mouchoir sur la gorge, pour voir la plaie du sein.

L'amour ayant uni ces deux amans, leur haine mutuelle pour les jésuites se réveilla; ils jurèrent, dans leur transport amoureux, la perte de la société dans un de ses principaux membres.

Pendant que cette cabale se formait contre le père Girard, il prêchait tous les jours avec un applaudissement extraordinaire. Les autres dévotes qui lui restaient étaient plus aisées à conduire que la Cadière. Sa réputation augmentait; sa vanité et son orgueil triomphaient; il n'était point de père et de mère qui ne le souhaitassent pour directeur de leur famille, et cette passe même aigrissait la haine et le désespoir de la Cadière et de son amant.

Ils étaient résolus de le perdre; mais il fallait trouver des moyens sûrs. Ils crurent qu'ils devaient se venger eux-mêmes, et qu'ils ne devaient remettre ce soin à personne autre. La Cadière se chargea de porter les premiers coups; elle fit une déposition pardevant le lieutenant de Toulon, dans laquelle elle déclara que le père Girard, après avoir abusé d'elle, l'avait fait avorter; et comme par cette déclaration, elle aurait été aussi coupable que lui, il fallut avoir recours à l'unique moyen qu'il y avait, tout ridicule qu'il était; ce furent l'enchantement et le sortilége (1).

Autant de fois que j'ai considéré cette affaire, j'ai admiré comment sur cette simple déclaration il s'était trouvé un homme assez crédule pour donner dans une fable aussi bizarre; car enfin je veux que la Cadière eût

(1) Nous ne chercherons pas à contrarier ici le marquis d'Argens, qui semble vouloir excuser le père Girard; mais il est impossible de ne pas reconnaître dans la conduite de ce jésuite un libertinage à sa manière masqué sous les momeries du quiétisme et des extravagances religieuses, auxquels secrètement il ne croyait pas. L'on peut voir dans les pièces du procès mille faits qui conduisent à cette opinion. Au reste, le 10 décembre 1731, la grand'chambre du parlement d'Aix s'assembla et prononça l'arrêt qui décharge le père Girard des accusations intentées contre lui, et le met hors de cour et de procès (une voix de plus, il était condamné au feu); condamne la Cadière aux dépens faits devant le lieutenant de Toulon, et la met, ainsi que le carme et ses deux frères, hors de cour et de procès; renvoie le père Girard pour le *Délit commun* au juge ecclésiastique. (Voyez les *Causes célèbres*.)

été abusée par le jésuite, à quoi servait-il qu'elle vînt s'en plaindre? Voulait-elle être réparée en son honneur? comptait-elle que le père Girard l'épouserait? Comment! pour l'unique plaisir de la vengeance, elle étale sa honte aux yeux de l'univers! Quiconque peut acheter aussi cher le plaisir de se venger, ne fait pas grand cas de sa réputation. Je laisse l'idée du sortilége à part; elle doit paraître le comble du ridicule pour quiconque a la moindre notion d'un peu de philosophie.

Dès le moment que cette déclaration eut paru, l'univers entier en fut instruit. Il vint des ordres du ministre au premier président et au procureur-général, d'envoyer des copies de l'information à la cour. Cependant, la Cadière n'avait pas d'abord considéré combien grande était la démarche qu'elle avait faite. Étonnée dès le premier pas, elle se dédit de ce qu'elle avait avancé; et l'affaire allait être assoupie, lorsque les jansénistes, qu'elle avait mis en mouvement, rassurèrent la béate contre tous les événemens.

Elle refit une autre déclaration semblable à la première. Son carme parut alors sur les rangs. Il dit que sa pénitente lui ayant permis de révéler sa confession, il attestait qu'elle lui avait déclaré ce dont il était question dans le tribunal de la péniten e. Les scènes d'obsession et de possession, que la Cadière avoit représentées en sa chambre, furent mises au grand jour. La discorde secoua son flambeau entre les jansénistes et les molinistes, et les furies se partagèrent également dans les deux partis.

Comme on continuait toujours pardevant le juge de Toulon l'information de cette affaire, le père de Linière, confesseur du roi, écrivit aux jésuites de consulter avec leurs amis s'il était à propos de laisser cette affaire entre les mains du parlement, et que, s'il y avait la moindre chose à craindre, la cour leur donnerait des juges d'attribution. Le recteur porta cette lettre chez M. le Bret; plusieurs molinistes s'y assemblèrent. Ils examinèrent les choses le plus exactement qu'ils purent; et, ne voyant pas la moindre apparence de vérité à l'accusation, ils empêchèrent que les jésuites n'ôtassent la connaissance de ce procès au parlement. Ceux-ci y étaient portés de leur côté, parce que, croyant le père Girard innocent, ils sentaient que c'était le perdre que de montrer une protection si marquée.

Pendant que les molinistes travaillaient, les

jansénistes ne s'oubliaient pas. Ceux de Paris mendièrent de l'argent et des lettres de recommandation ; ceux de Provence leur envoyèrent en revanche des libelles et des mémoires. Le procès étant achevé d'instruire à Toulon, il fut porté pardevant le parlement d'Aix, où la Cadière demanda la cassation de la procédure. L'affaire fut plaidée à l'audience.

Le baron de Très, avocat-général, portait la parole pour les gens du roi. Les deux partis ont parlé avec tant de passion de ce magistrat, qu'ils ne lui ont rendu justice ni l'un ni l'autre. Les jansénistes ont voulu l'égaler à un Talon et à un de Lamoignon. Les molinistes ont écrit contre lui des invectives dignes plutôt de porte-faix que de gens à qui la probité doit être vénérable et chère. Quoique ma famille ait eu bien des démêlés avec lui, et que je ne l'aime point personnellement, je ne saurais en imposer à la vérité. Le baron de Très a de l'esprit, le don de la parole, un grand usage de son métier, et il est incapable des bassesses qu'on a voulu lui attribuer. Mais il n'a ni la science ni le génie que lui ont donnés les jansénistes, à moins que le mérite d'être leur ami à toute outrance ne donne toutes les vertus au suprême degré.

Dans le plaidoyer qu'il fit, sa passion l'emporta. Au lieu de balancer les raisons, il plaida plutôt en partie qu'en avocat-général. Il portait des conclusions contre son sentiment, que ses collègues lui avaient données : il les étrangla. Cependant, elles furent suivies, et la procédure fut confirmée.

Les deux partis se préparèrent alors plus que jamais. Il s'agissait du fond, et c'était la décision entière. Jusqu'ici, il n'y avait encore que les hommes qui eussent cabalé : les dames commencèrent à s'en mêler. Dès qu'elles eurent pris parti, elles entraînèrent avec elles leurs amans (1). La médisance, la calomnie, le mensonge, la fourbe, tout fut mis en usage. Il ne s'agissait plus ni de la Cadière, ni du père Girard, mais de deux partis qui divisent l'état, et qui, tôt ou tard, y causeront des troubles dangereux.

(1) Il n'est pas aisé de savoir si c'est manière de parler, ou si les femmes de ce temps-là avaient des amans, comme on a des amis, des parens ; mais, ce qu'il y a de certain, c'est que, dans le *temps de corruption* où nous vivons, l'on regarderait comme une exagération affectée et provinciale de placer ici des amans, comme si aucune femme n'était sans un pareil embarras à sa suite.

Aix n'était pas la seule ville où régnassent les divisions. La Provence entière était en feu, et le reste du royaume y prenait part. Les molinistes, craignant que leur parti ne fût pas assez fort, firent entrer au parlement un vieux conseiller, qui depuis vingt ans n'y avait mis le pied. Les jansénistes ne restèrent pas court; ils en firent revenir un de ses terres, où il était depuis quinze années.

Les dames agissaient aussi de leur côté. La marquise de Raymond, qui était brouillée avec un mari qu'elle avait épousé en secondes noces et dont elle n'avait point d'enfans, déshérita sa fille du premier lit en faveur de son époux, avec qui elle se raccommoda, à condition qu'il serait pour la Cadière.

Les jésuites ne donnaient rien ; mais ils promettaient beaucoup, et représentaient adroitement leur crédit et combien ils pouvaient être utiles. Jusques alors le parti janséniste n'avait point eu de chef marqué. Le président de Bandol se mit à leur tête; ce furent quelques-uns de ses amis qui lui firent faire cette sottise; car étant attaché à la cour par de grands bienfaits, ils le mettaient dans le risque de les perdre. Il n'était pas au nombre des juges; mais il avait un grand crédit dans le parlement : son autorité donna de nouvelles forces au parti. Une dame moliniste rendit son amant heureux, à condition qu'il serait pour le père Girard, et elle lui fit faire abjuration du jansénisme dans ses bras.

La division augmentait de jour en jour : tout était en combustion dans les familles ; chacun se déchirait par les médisances les plus atroces ; les juges étaient les moins épargnés. Il y avait des gens d'un mérite infini dans les deux partis; la passion les aveuglait ; ils se prêtaient aux choses du monde les plus criantes (1).

Les jansénistes furent les premiers à débiter des libelles diffamatoires. Les molinistes ne restèrent pas en arrière ; et, ce qu'il y a de surprenant, c'est que ces écrits étaient moins faits pour la défense du procès que pour porter des coups mortels à la réputation des plus honnêtes gens. M. le Bret, intendant et premier président, fut le moins ménagé : on

---

(1) Voilà bien l'esprit d'animosité provinciale; un pareil procès à Paris n'eût fait que prêter à rire ; le Marais seulement et quelques maisons de l'Ile-St.-Louis en auraient fait une chose sérieuse ; mais personne à la ville ou aux faubourgs n'eût voulu prendre parti pour ou contre la Cadière, que par propos de table et pour s'amuser de ce scandale jésuitique.

le regardait comme le chef des molinistes. Avant cette affaire, il était adoré dans la province, on rendait justice à sa probité et à son génie. Dès le moment qu'on le sut moliniste, il n'y eut point d'infamies qu'on ne vomît contre lui. Le président de Bandol, chef des jansénistes, se trouva dans le même cas : il y a peu d'hommes en France qui aient plus de candeur et de bonne foi, et il remplit sa place avec beaucoup de dignité; il n'en était pas moins chez les molinistes un homme sans foi et sans honneur, et, ce qu'il y a de remarquable, c'est que la plupart des gens qui se déchaînaient ainsi avaient été fort liés avec lui.

Parmi les magistrats dont on tenait des discours si étonnans, on ne faisait pas grâce à mon père; sa charge l'exposait à être mis plus souvent sur la scène que les autres (1); je me servais de certains mouvemens de dépit, que je voyais en lui, pour le dégoûter de me mettre dans la robe, et peu à peu je réussis, comme on verra dans la suite de ces Mémoires.

Le bas peuple était animé au dernier point contre les jésuites. Une semaine avant la dé-

(1) Il était procureur-général au parlement d'Aix.

cision du procès, les enfans quêtaient par les rues, avec une clochette, des fagots pour brûler le père Girard. Les jésuites ne paraissaient point impunément dans la ville, et la populace les maltraitait. Les molinistes n'ayant pas la force en main, étaient obligés de fléchir, bien résolus de se venger dès qu'ils le pourraient.

Le jour de l'arrêt étant arrivé, les juges entrèrent au palais à six heures du matin. Le père Girard et la Cadière furent confrontés ensemble pour la dernière fois. Quoiqu'on eût fermé l'enceinte du parlement, une présidente et une marquise du parti janséniste avaient trouvé le secret de se placer auprès de la porte de la première salle du palais. Lorsque le père Girard passa, elles ne purent s'empêcher de lui dire quelques injures. Le jésuite sut assez se contraindre pour leur faire une grande révérence avec un air riant.

Quelque temps après, la Cadière arriva; elles s'efforcèrent de la raffermir; elle n'en avait pas besoin; elle était sûre de son fait, et le père Girard savait aussi à quoi s'en tenir. Un mois avant que l'arrêt fut prononcé, on savait comment il serait; les deux partis avaient si bien pris leurs mesures, qu'ils étaient sûrs d'une égalité de voix; et, comme en matière criminelle il ne peut y avoir de partage, il fallait qu'on les mît tous hors de cour et de procès.

Ceux qui se sont étonnés de cet arrêt, n'ont aucune connaissance de l'histoire: il n'arriva alors que ce qu'on a vu arriver pendant deux cents ans en France, lors des troubles et des guerres civiles. Si on considère que la Cadière et le jésuite étaient devenus les moindres ressorts qui faisaient agir les juges, on pénétrera aisément que leur intérêt propre les conduisait. Il s'agissait d'une décision qui perdît un des deux partis; chacun croyait la religion de son côté, ou du moins faisait semblant de le croire; la cour était pour les uns, le peuple pour les autres; les injures, les invectives, les mauvais procédés avoient rompu entre eux toute la liaison et l'harmonie que la justice demande. Deux conseillers s'emportèrent jusqu'à un point si violent, qu'un des deux menaça l'autre de coups de bâton, pendant la séance de la chambre.

C'est là l'effet malheureux que produisent mille idées, que les prêtres et les moines nous inspirent dans la tendre enfance. Les plus grands crimes n'ont eu que le prétexte de la religion; la France rougira à jamais de la journée de la Saint-Barthélemy, et Paris pleurera éternellement le meilleur de ses rois assassiné au milieu de ses enfans.

Pendant que les juges étaient aux opinions, le peuple s'était assemblé en armes dans la place du palais ; il menaçait hautement les magistrats qui oseraient condamner la Cadière. Lorsqu'il apprit l'arrêt, sa fureur ne fut point appaisée; il voulait qu'on brûlât le père Girard; il poursuivit le carrosse du premier président, à coups de pierres; les juges qui avoient été pour lui furent fort heureux de s'enfermer dans leurs maisons. Le peuple reconduisit en triomphe les jansénistes; on alluma des feux de joie dans toute la ville, et on brûla des figures de paille habillées en jésuites. On fit de pareilles réjouissances, le même jour, à Toulon et à Marseille, où l'on avait envoyé des couriers extraordinaires. La Cadière fut remercier les juges qui avaient été pour elle, suivie de huit ou dix mille personnes.

Cependant le temps où les molinistes devaient reprendre le dessus approchait; le premier président commandait en Provence. Comme il n'avait pas cru que la chose allât si loin, il n'avait pas songé à faire entrer des troupes dans la ville ; il comprit la faute qu'il avait faite ; il envoya ordre au régiment de Flandre qui se trouvait dans la vallée de Barcelonette de venir à Aix ; la compagnie des grenadiers, qui avait marché sans séjour, arriva le lendemain de l'arrêt.

La surprise des jansénistes fut d'autant plus grande qu'ils ne s'y attendaient point ; elle augmenta bien davantage, quand ils apprirent qu'on avait arrêté quatre des principaux négocians de Marseille, qui avaient été mis dans la citadelle. La Cadière prit le parti de choisir une retraite où elle fût ignorée. Ce fut alors le temps des proscriptions ; les molinistes ne furent pas plus réservés que les jansénistes l'avaient été ; on arrêtait tous les jours un nombre infini de personnes ; les lettres de cachet arrivaient en foule, et une terreur panique avait saisi tous les cœurs (1).

Pendant que ma patrie était en proie à la dissention, je vivais assez tranquille avec Chichote ; elle était jolie et d'une humeur

(1) C'est au système d'ambition hypocrite de la dernière femme de Louis XIV, la marquise de Maintenon, qu'est dû l'ascendant qu'a long-temps eu en France la bêtise du molinisme et du jansénisme. Cette adroite

excessivement douce ; je l'avais logée dans une maison, à cent pas de la ville, pour être plus en liberté ; je passais avec elle, tête à tête, des jours entiers ; elle aimait la lecture ; dans les momens où elle s'y occupait, je dessinais, ou je peignais. Son caractère me convenait si fort que, ne pensant à aucun établissement solide, j'avais résolu de passer avec elle le reste de ma vie.

Mon père devait bientôt partir pour Paris. Il allait à la cour pour les suites de l'affaire de la Cadière. J'avais si bien travaillé à lui montrer le désagrément qu'on avait dans la robe, que je le fis consentir à me laisser entrer au service dès que nous serions à Paris. J'aimais trop Chichote pour la quitter ; je résolus de la mener avec moi. Je comptais d'entrer aux mousquetaires quelque temps, pour avoir l'agrément d'une compagnie de cavalerie. Elle partit huit ou dix jours avant moi, et m'attendit à Lyon, d'où je la conduisis moi-même jusqu'à Paris.

hypocrite trouvait, dans ces folies religieuses, un moyen de courber Louis XIV sous son autorité, sans qu'il crût lui obéir. Les petites idées soumettent les hommes aux femmes ; comme les grandes en rendent la possession douce et en font détester la domination.

Elle

Elle prit un appartement peu éloigné de l'hôtel où je logeais avec mon père, qui, restant presque toujours à Versailles, me laissait l'entière liberté d'être avec ma maîtresse. Plus je vivais avec elle, plus sa douceur me charmait; j'aurais voulu qu'elle eût vécu, avant d'être à moi, d'une façon plus réservée; mais je savais que, toute jeune qu'elle était, elle avait eu plusieurs amours; et, d'un autre côté, elle me paraissait si bien élevée, que je ne reconnaissais point en elle les façons d'une fille de l'opéra. Je la priai de m'apprendre de bonne foi ses aventures, l'assurant que je ne l'en aimerais pas moins.

» Je suis née à Angoulême, me dit-elle, fille d'un négociant qui avait plus de cent mille écus; mon nom n'est point Chichote; je m'appelle R.... J'ai un frère capitaine dans le régiment d..... et une sœur mariée à un des premiers d'Angoulême; c'est là, avec une autre de mes sœurs, que vous avez connue sous le nom de la d'Argenterie, tout ce qui me reste de parens. Mon père et ma mère étant morts, mon tuteur me mit dans un couvent, pour y être élevée jusqu'à ce que je fusse en âge de m'établir.

» Ma sœur d'Argenterie, quelque temps avant

la mort de ma mère, s'était laissée enlever par un officier, qui lui avait promis de l'épouser. Elle le suivit à Paris, où son amant la quitta; elle n'osa plus retourner au logis, et, n'ayant point d'argent, elle se vit obligée de donner dans des travers infinis.

» Elle était jeune et jolie; elle eut bientôt une foule d'adorateurs; elle n'en refusait aucun, et, dans deux ou trois ans, elle amassa près de dix mille écus de nippes ou de bijoux. Elle se ménageait si peu que M. Hérault (1) fut obligé de la faire arrêter.

» Comme elle avait changé de nom, ma mère ne put jamais avoir aucune de ses nouvelles. Après avoir été cinq ou six mois enfermée, elle fut remise en liberté; mais sa beauté ayant été excessivement flétrie par ses débauches, elle sentit que ses affaires iraient bientôt en décadence. Elle songeait à sortir de Paris, lorsque le hasard lui fit connaître une personne d'un caractère digne d'être associé au sien; c'était un jeune homme bien fait, né à Saint-Omer. Il était sous-diacre, et s'était sauvé des Cordeliers, où il avait fait des vœux monastiques. Il n'avait d'autre talent pour vivre que

---

(1) **Lieutenant de police de Paris.**

celui d'exceller à faire jouer de malheur; il était obligé de s'éloigner de Paris, où il commençait à être connu.

» Ces deux personnes se convenaient trop pour que la sympathie n'agît point; aussi résolurent-ils de rendre leur fortune commune. Ils formèrent le dessein d'aller à Lyon, et, dès le jour qu'ils sortirent de Paris, ils se dirent mariés ensemble. Cependant ma sœur avait appris que ma mère était morte; elle pensa que, ses charmes commençant à passer, si elle pouvait m'avoir en son pouvoir, le peu que j'avais de beauté augmenterait de beaucoup son revenu. Elle n'avait rien à espérer de la maison; mon père et ma mère l'avaient exhérédée en mourant; elle n'osait reparaître à Angoulême : elle ne laissa pas de s'y hasarder. Elle prit deux laquais et une femme de chambre, et, suivie de cet équipage, elle arriva avec son prétendu mari à Angoulême. Elle fit savoir à tous nos parens qu'elle avait été assez heureuse pour épouser un seigneur flamand, et qu'elle espérait qu'on voudrait bien ne la pas perdre dans l'esprit de son mari. La famille, trompée par des apparences si vraisemblables, lui fit mille politesses. Elle me rendit visite au couvent, et me fit présent d'un fort bel habit, qu'elle disait que son mari m'avait acheté; j'ai pourtant su depuis que c'était un de ses vieux habits qu'elle avait fait raccommoder.

» Après m'être venu voir deux ou trois fois, elle feignit d'être malade, et envoya prier les religieuses de vouloir bien m'envoyer chez elle, pour lui tenir compagnie deux ou trois jours. J'allai la voir avec plaisir : je lui trouvai l'air fort gai. Eh quoi ! ma sœur, lui dis-je; on disait que vous étiez malade ! C'est une excuse, me dit-elle, que j'ai prise pour te mener passer deux jours à la campagne. Moi, qui la croyais bonnement, je la remerciai. A l'entrée de la nuit, elle me mit dans une chaise avec son mari, et je fus bien étonnée lorsque j'appris, deux jours après, qu'elle me menait jusqu'à Lyon. J'étais si innocente, et je prévoyais si peu l'usage auquel elle me destinait, que je lui dis : Quand je retournerai, les religieuses me vont bien gronder.

» Dès que nous fûmes arrivés, elle reprit le nom de la d'Argenterie. Elle me menait tous les jours aux spectacles, parée superbement. J'étais montrée comme un bijou dont on veut se défaire. Un homme déjà âgé offrit cent louis; mais ma sœur pensa le dévorer à cette proposition. Il vit bien qu'il n'y avait rien à faire à si bon marché. Il en offrit deux cents : l'affaire fut terminée, et la chose ne fut renvoyée qu'au lendemain après dîné.

» Ma sœur me tint toute la matinée des discours où je n'entendais rien. Elle me disait qu'elle voulait me donner un secret d'avoir de l'argent et des robes tant que je voudrais, et qu'il ne fallait, pour cela, que suivre ses conseils. Elle me demanda ensuite si je n'avais jamais vu d'hommes nus. Ah! mon Dieu, que dites-vous, ma sœur, lui répondis-je! Voir un homme nu, c'est un grand péché. Bon, imbécille! me dit-elle: les religieuses te faisaient accroire ces contes-là; mais vois si toutes les jolies femmes n'ont pas d'amans: je veux t'en donner un. Non, je n'en veux point, lui dis-je.

» Pendant ces instructions, cet homme arriva. Ma sœur passa dans une autre chambre avec lui : il compta les deux cents louis. Elle m'appela alors, et, me laissant seule avec lui, elle ferma la porte à clef. Je me mis à pleurer, et j'appelai inutilement. Cet homme voulut profiter du temps, et gagner ses deux cents louis. Il m'enleva de terre dans ses bras, et me jeta sur un lit. Je redoublai alors mes cris; je le mordis, je l'égratignai, et, quelque effort qu'il fît, il fut obligé de me laisser. Ma sœur, qui écoutait à la porte, l'ouvrit dans ce moment. C'est un démon, lui dit cet homme; on n'en peut venir à bout. Vous êtes un benêt, lui dit-elle; je m'en vais vous la tenir. Elle me prit dans ses bras. J'eus beau verser des pleurs, et me défendre, je ne fus plus la maîtresse de résister; et ce malheureux, avec l'aide de ma sœur, vint à bout de ce qu'il voulait.

» Lorsqu'il m'eut quittée, je m'arrachai les cheveux; je voulais me jeter par la fenêtre; ma sœur eut beau vouloir m'appaiser, je fus deux jours à chercher le moyen de m'évader, résolue de tout entreprendre plutôt que de rester davantage avec elle. Elle s'en aperçut, et me promit que je ne reverrais plus cet homme.

» Elle ne m'aurait pas tenu parole, si elle n'eût été obligée de sortir de Lyon, et de se sauver trois jours après à Marseille. On avait eu des indices à Angoulême que j'étais à Lyon, et un de mes oncles était venu pour me ramener. Ma sœur, en ouvrant sa fenêtre, l'aperçut passer dans la rue. Elle ne douta pas qu'il ne la découvrît bientôt, et, dès la nuit même, nous nous embarquâmes sur le Rhône pour venir à Marseille. En y arrivant, nous fîmes la même manœuvre qu'à Lyon. Le comte de Vintimille me vit à la comédie ; il me parla plusieurs fois, et demanda permission à ma sœur de venir au logis : elle le lui accorda. Elle recevait tout le monde volontiers, et les amans qu'elle croyait ne pas être assez riches pour devoir aller jusqu'à moi, elle les gardait pour elle !

» Je voyais tous les jours Vintimille (1). Je vins à l'aimer autant qu'il m'aimait. Je n'osais point lui dire l'état où j'étais, de peur de le rebuter. Cependant, ma sœur me proposa de voir un riche négociant : je lui dis que je mourrais plutôt que d'y consentir. Elle fit semblant de ne plus y penser.

» Deux ou trois jours après, étant allé me promener avec elle sur le bord de la mer, elle me pria de visiter une guinguette qu'on avait bâtie sur le rivage, et qui paraissait fort jolie. Quelle fut ma surprise, en y entrant, d'y voir ce négociant dont elle m'avait parlé ! Je compris que j'étais trahie. Je trouvai la table mise avec une collation superbe ; je

---

(1) Nous avons déjà fait connaître plus haut ce jeune chevalier de Malte.

résolus de me tirer d'affaire en dissimulant. Je me mis à table et me contraignis le plus qu'il me fut possible; quelque temps après, je fis semblant d'avoir quelques nécessités; et, m'étant ôtée de table, je sortis de la maison et gagnai le plus vite qu'il me fut possible le grand chemin qui n'en était qu'à cent pas. Je rencontrai un paysan à qui je promis un louis, s'il me conduisait jusqu'à la ville, sans me quitter. Il fut fort étonné d'un gain aussi considérable, car nous n'en étions pas éloignés de la portée du fusil. Lorsque je fus arrivée, j'entrai dans la première boutique, et j'écrivis à Vintimille que je le priais de venir me trouver dans l'église des Augustins. Je lui envoyai cette lettre par le paysan.

» Une demi-heure après, il vint m'y joindre. Je lui appris mon aventure; il me jura mille fois qu'il mourrait plutôt que de m'abandonner, et me conduisit chez une femme de ses amies, chez laquelle il me mit en dépôt. Ma sœur ne me voyant point revenir, sortit de table pour me chercher; elle visita la maison du haut en bas, elle parcourut le jardin; enfin elle retourna à la ville, et elle envoya par-tout où elle croyait que j'aurais pu me retirer. Vintimille la tira de peine; il alla lui apprendre lui-même que je ne retournerais plus avec elle. Je l'avais mis au fait de toutes ses affaires; il fallut qu'elle filât doux avec lui, sans quoi il l'aurait fait arrêter elle et son mari. Je fus délivrée de tous deux peu de temps après; ils partirent, comme vous le savez, pour Livourne, où ils croyaient faire mieux leurs affaires. »

Cette histoire, dont je savais les principales particularités par plusieurs personnes d'Angoulême, m'attacha davantage à Chichote; je me félicitais d'être venu à Paris, où je pourrais vivre plus librement avec elle, lorsqu'il fallut que je pensasse à mon départ. Mon père avait demandé de l'emploi pour moi au duc de Boufflers; j'avais déjà un frère chevalier de Malte dans son régiment (1). Il me nomma à la lieutenance dans sa compagnie colonelle, et j'eus ordre de me préparer à partir.

J'annonçai cette nouvelle à Chichote. Quoi! me dit-elle en pleurant, vous m'abandonnez! Ah! je l'avais bien toujours prévu. Non, lui dis-je, vous ne me quitterez point. Je m'en

(1) Luc de Boyer d'Argens, né en 1713, reçu dans l'ordre en 1725.

vais joindre M. de Boufflers à Lille, et vous m'y suivrez. Je l'emmenai avec moi, et nous passâmes encore trois mois à Lille. Cependant il fallait que j'allasse à Givet, où se trouvait le régiment, pour me faire recevoir. Je ne pouvais pas conduire Chichote de garnison en garnison; je la renvoyai à Paris, où je chargeai un homme de lui fournir ce dont elle aurait besoin.

Dès qu'elle fut partie, je me disposai à quitter Lille; mais la dépense que j'y avais faite me retardait. Je devais considérablement, et j'attendais que mon père m'avançât de l'argent sur ma pension. Il avait appris que j'avais mené une fille à Lille avec moi. En vain lui écrivis-je plusieurs lettres, il ne daigna pas me faire réponse. Un ami que j'avais, nommé Renaud, me prêta généreusement la somme dont j'avais besoin, et ce n'est pas le seul service qu'il m'ait rendu à moi et à toute ma famille.

Lorsque je fus arrivé à Givet, je reçus plusieurs lettres de Chichote; elle m'écrivait de lui envoyer de l'argent et qu'elle en avait un besoin infini. J'étais dans l'impossibilité de le faire; l'ami à qui je l'avais adressée à Paris, la voyait tous les jours; l'occasion et le besoin d'argent le rendirent le maître d'un cœur que je perdais à regret, mais qui, dans la situation où j'étais, m'était à charge. Aussi ne fus-je point fâché, lorsque je sus qu'elle avait un autre amant.

Peu de temps après que mon intrigue avec Chichote eut fini entièrement, le régiment alla en garnison à Douai, et moi je me rendis à Lille, pour faire ma cour à M. le duc de Bouflers. Ce seigneur a de grandes qualités, sans avoir celle de se faire aimer ; il est bien fait ; il a du génie, de la valeur ; il est honnête homme, caractère rare à la cour : tant de vertus lui gagneraient tous les cœurs, s'il ne les écartait par sa fierté et par sa hauteur ; il est envié des grands et peu aimé des petits (1).

(1) Le duc de Bouflers, dont parle ici le marquis d'Argens, était fils du maréchal de Bouflers, si célèbre sous le règne de Louis XIV. Il fut envoyé à Gênes et y servit avec distinction en 1747. Cette ville était bloquée par les Autrichiens, il les força à se retirer ; il sauva la ville, mais il ne jouit pas de sa gloire : il mourut de la petite vérole le jour même où l'ennemi se retirait. Sa femme, la duchesse de Bouflers, est célèbre par les graces de son esprit, par les agrémens dont elle embellit la cour du roi Stanislas, à Lunéville, par ses liaisons avec Voltaire, et par la célébrité même du chevalier de Bouflers si connu par ses vers et par ses

Les bontés qu'il avait pour mon frère, et celles dont il m'honorait, m'avaient attaché à lui. Je faisais de fréquens voyages à Lille, ils furent interrompus tout à coup par une passion que je formai. J'avais retrouvé mon ami Clairac à Douai, où il était ingénieur employé dans la place; il m'avait mené dans la maison d'un conseiller au parlement, où il allait souvent : je devins amoureux de sa fille; elle n'était point jolie, mais elle avait infiniment de l'esprit. Clairac s'aperçut que j'avais du goût pour elle. Loin de m'en dissuader, il me fit entrevoir que je serais heureux si je persistais. Sa maîtresse allait passer

amours avec la belle Aline. Cette Aline est, suivant quelques personnes, madame de Boufflers elle-même ; ce que je ne prétends ni assurer ni démentir. On connaît ces jolis vers de la belle duchesse :

> Voyez quel malheur est le mien,
> Disait une certaine dame
> J'ai tâché d'amasser du bien,
> D'être toujours honnête femme,
> Je n'ai pu réussir à rien.

Et ceux-ci :

> De plaire un jour sans aimer j'eus l'envie,
> Je ne cherchais qu'un simple amusement :
> L'amusement devint un sentiment,
> Ce sentiment le bonheur de ma vie.

les avant-soupers avec la mienne, ce qui faisait une partie carrée. La demoiselle que j'aimais n'était pas assez novice dans le monde pour ne pas me deviner. Il est bien peu d'Agnès à un certain âge dans les garnisons; elle m'épargna des protestations inutiles, et, jugeant de mon amour plutôt par mes assiduités que par mes discours, je trouvai, quand je voulus lui apprendre que je l'aimais, qu'il y avait long-temps qu'elle le savait.

Je n'avais jamais su, lorsque j'aimais, faire des réflexions; je ne commençai pas cette fois-ci; je m'engageai avec autant de vivacité que si ç'avait été ma première passion. Clairac, qui jugeait de sang-froid combien il serait dangereux que j'allasse trop avant, m'aimait trop pour ne pas m'avertir. Marquis, me dit-il, j'ai cru, quand vous avez commencé d'aimer, que vous feriez de votre passion un amusement et point une affaire sérieuse; ce n'est pas ici une grisette que vous aimez, c'est une fille de condition : vous avez deux excès à éviter dans lesquels je vous vois tomber : le premier de donner votre maîtresse au public, et le second de promettre plus qu'il ne convient que vous teniez; songez perpétuellement que vous n'êtes point votre maître :

aimez, parlez, et n'écrivez jamais. De tout autre que de Clairac je n'aurais point écouté de pareils discours : venant de lui, j'y réfléchissais malgré moi.

Ma maîtresse me paraissait tous les jours plus aimable; je badinais, je folâtrais avec elle, mais c'était tout; nous étions heureux, lorsqu'en jouant à quadrille, nous avions pu nous serrer le pied ou nous dire un mot à l'oreille; j'étais accoutumé à quelque chose de plus réel : je m'en plaignis, on se fâcha, je ne me rebutai point, je boudai, je parus triste; enfin je fis si bien, que je vis que j'aurais tout ce que je voudrais, si je voulais manquer aux leçons de Clairac : le pas était glissant. Comme un amant, on me donnait le cœur; comme un homme qui promettait de devenir époux, on m'offrait le reste; je pris un milieu. Mon ami m'avait dit de ne point écrire, mais il ne m'avait pas défendu de faire pressentir que j'écrirais; je promis donc tout ce qu'on voulut, et je pris l'Amour pour témoin de mes sermens : j'en fis tant qu'on voulut, et on les crut assez sincères pour s'y fier entièrement.

Le premier moment où je vis ma maîtresse seule fut dans un salon à côté de celui où l'on jouait : nous y passâmes un quart d'heure sans lumière; mais dans ce que nous faisions l'Amour nous éclairait avec son flambeau. Pour ne donner aucun soupçon à sa mère, il fallut rentrer dans l'assemblée; nous nous mîmes à jouer à quadrille : ce jeu nous parut si fade, en songeant à celui que nous venions de quitter, que le seul espoir de trouver quelque autre moment favorable put nous consoler; il fallut pourtant que je me résolusse à rester quelque temps sans voir ma maîtresse. Le régiment reçut ordre d'aller au camp de Richemont; je promis de revenir dès que le camp serait fini, et je tins exactement ma parole. Le régiment étant allé en garnison à Maubeuge, je fus passer mon hiver à Douai. Il est vrai que Clairac m'y détermina autant que l'Amour, et que le plaisir d'être avec mon ami eût suffi pour m'y conduire. Je fus quatre mois uniquement occupé de mon amour, et je retrouvai de temps en temps le moyen de passer quelques quarts d'heure dans le même salon où mon bonheur avait commencé, et de les employer aussi utilement que la première fois.

Ma joie et mon bonheur n'étaient troublés que par l'exécution de mes sermens, qu'on me demandait assez souvent : on en vint jusqu'au point que je vis qu'il fallait songer à finir. Clairac reçut dans ce temps-là ordre de partir de Douai pour aller à Valenciennes; je partis aussi pour aller à Maubeuge joindre le régiment, qui devait passer en Allemagne, pour aller au siége de Kehl.

Peu d'officiers étaient préparés à faire la campagne. Vingt-deux compagnies des grenadiers avaient passé Kehl, qu'il y avait des paris à Strasbourg qu'on n'aurait pas la guerre. Enfin l'ordre pour la marche de l'armée arriva. Nous passâmes ce fleuve sur deux ponts, et l'armée campa le soir avec tant de confusion, que, si les ennemis avaient eu le moindre camp volant, ils nous eussent enlevé un ou deux quartiers qu'on n'aurait pu secourir. Nos officiers-généraux avaient perdu l'usage de la guerre, et Kehl fut rendu avant qu'on eût pu régler au juste le campement. Le régiment ayant monté la tranchée, j'étais détaché de piquet ce jour-là, et je m'amusais à voir tirer des bombes d'une de nos batteries. Un éclat qui revint pensa me couper le pouce : heureusement j'en fus quitte pour une meurtrissure assez considérable.

La campagne finie, je partis pour aller chez
moi

moi faire une compagnie dans le troisième bataillon qu'on formait. Je rencontrai à Avignon, dans l'auberge, un négociant de Marseille, qui revenait de Barcelonne; je lui demandai ce qu'il y avait de nouveau : J'ai vu, me dit-il, dans ce pays-là, une personne qui est actuellement aux eaux de Balaruc, et qui m'a souvent parlé de vous. Je le priai de me dire qui c'était. C'est madame Sylvie, me répondit-il ; elle vous aime toujours. De qui parlez-vous-là, lui dis-je? Vous ne la connaissez pas ; si vous saviez la manière dont elle en a agi à mon égard. ... Je la sais mieux que vous, me répondit-il, et c'est vous qui l'ignorez ; quand vous étiez en prison dans la citadelle, on était résolu de ne vous faire sortir que lorsqu'elle serait mariée. Cependant, comme on voyait que, si elle ne s'établissait point, on ne pourrait pas vous tenir toujours prisonnier, l'intendante lui dit que votre famille allait vous envoyer dans les Indes, si elle restait fille plus long-temps. On avait retenu à la poste toutes vos dernières lettres. La tendresse qu'elle avait pour vous la fit résoudre à faire ce qu'on voulut; elle se maria et se rendit malheureuse, pour vous rendre heureux; elle a toujours été, depuis son établissement, d'une tristesse infinie et d'une santé fort faible ; les médecins lui ont ordonné les eaux de Balaruc, où elle est actuellement.

Ce récit me rendit plus amoureux de Sylvie que je ne l'avais jamais été ; je voulais partir pour aller la voir ; mais il fallait que je me rendisse à Aix, et je me déshonorais, si j'avais fait autrement. Je me contentai de lui écrire et de lui offrir tout ce qui dépendait de moi. Elle me répondit qu'elle était sensible aux marques de tendresse que je lui donnais, mais qu'elle ne voulait de moi d'autre bienfait que la satisfaction de me parler encore une fois. Je l'assurai que, d'abord que mes affaires seraient finies, j'irais lui jurer que je l'aimais plus que jamais.

Je comptais partir, lorsque je fus obligé de quitter le régiment de Bourbonnais. Mon frère, qui était officier dans le même régiment, était à Malte, et il arriva dans le temps que j'allais faire ma compagnie ; les autres étaient données, et cette affaire lui eût coûté sa fortune. Il prit ma place ; j'avais toujours eu une envie démesurée d'entrer dans le régiment de Richelieu ; j'avais une estime si parfaite pour le colonel, que je me faisais un plaisir de pouvoir lui être attaché par quelque endroit. Je lui écrivis pour lui demander une compagnie dans son troisième bataillon, s'il y en avait de vacantes. Il me fit la grace de m'en accorder une ; je pensai donc à la lever le plus tôt qu'il me serait possible, et ces embarras m'empêchèrent d'aller joindre Sylvie, qui avait repris dans mon cœur la place qu'elle y avait eue avec plus d'empire que jamais. Elle fut obligée de retourner en Espagne auprès de son mari, et moi je conduisis ma compagnie à Besançon, où étaient nos deux premiers bataillons, et où s'assemblait le troisième (1).

L'image de Sylvie me suivait partout ; j'attendais avec impatience que la campagne fût finie pour aller la voir. J'étais résolu de passer jusqu'en Espagne, s'il le fallait ; les apprêts que nous étions obligés de faire pour la campagne aidèrent à me distraire de ma mélancolie. Nos deux bataillons partirent pour aller aux lignes d'Etlingen, et nous vîmes avec regret que nous ne les suivions pas ; mais M. le duc de Richelieu, en passant à Besançon,

(1) Le marquis servait alors dans le régiment de *Richelieu*.

nous consola par l'espoir qu'il nous donna de les rejoindre bientôt (1).

Il est peu d'hommes en Europe qui ne connaissent ce seigneur; les savans le regardent comme un savant; les politiques, comme un homme profond dans ce qui regarde les intérêts des princes; les gens de cour, comme le parfait modèle de l'homme aimable et poli; mais on ne juge que médiocrement de toutes les qualités qui sont en lui, si on ne le connaît particulièrement; c'est toujours un homme du premier ordre, mais c'est un homme au-dessus de l'homme pour ceux à qui il veut bien se livrer.

Il tint à son troisième bataillon la parole qu'il lui avait donnée, et nous reçûmes ordre de partir de Besançon pour aller à Strasbourg. Nous comptions passer le Rhin tout de suite en y arrivant, et aller au siége de Philisbourg; mais le maréchal du Bourg ayant besoin de troupes, nous retint auprès de lui.

Las de vivre dans l'oisiveté, tandis que les

(1) Le duc de Richelieu se nommait Louis-François-Armand Duplessis, duc de Richelieu; il était maréchal de France et membre de l'Académie Française. Il naquit à Paris le 10 mars 1696, et mourut en août 1788 âgé de quatre-vingt-douze ans.

autres étaient à l'armée, je fus joindre M. le duc de Richelieu à Philisbourg (1).

Je ne décrirai point les attaques ni les fortifications de cette place; je passe rapidement à ce que j'ai vu au siége. Philisbourg avait été investi le 23 de mai 1734 par trente bataillons et par les régimens de Condé et de Vitry-Dragons, sous les ordres du marquis d'Asfeld, que le maréchal duc de Berwick avait détaché du camp de Bruchsal. La tranchée avait été ouverte la nuit du premier au second juin; et les pluies abondantes qui étaient survenues vers le milieu du siége, jointes au débordement du Rhin, qui avait inondé le terrain de l'attaque, faisaient douter du succès du siége.

Ce fut encore pis dans la suite; les eaux du Rhin avaient monté à un point étonnant et rempli nos tranchées. Une armée considérable

(1) Philisbourg, autrefois Undensheim, est une ville d'Allemagne au cercle du Haut-Rhin, bâtie en 1618; elle est forte et regardée comme une des clefs de l'Allemagne. Elle a été prise et reprise nombre de fois par les Suédois, les Impériaux, les Français; elle a été démantelée par les Français en 1800; elle appartient au margrave de Bade; elle est située sur la rive droite du Rhin, à l'embouchure de la Saltza, à 134 lieues de Paris et 24 nord-est de Strasbourg.

par le nombre de ses troupes et par la réputation du prince Eugène était arrivée au secours de la place (1); nos soldats avaient à essuyer tout à la fois le grand feu des assiégés, les ardeurs du soleil, les incommodités de la pluie, les inondations du Rhin. Cependant leur intrépidité et leur grandeur d'ame étaient toujours les mêmes; ils traversaient hardiment de longues inondations, où l'eau leur venait plus d'à mi-corps, portant leurs armes et leurs habits au-dessus de leurs têtes; ils marchaient

(1) Le prince Eugène de Savoie naquit à Paris en 1663 d'Eugène Maurice, comte de Soissons et d'Olimpe Mancini, nièce du cardinal Mazarin. Il porta quelque temps le petit collet sous le nom d'*abbé de Carignan*. Le roi Louis XIV lui refusa un régiment après lui avoir refusé une abbaye. Il alla servir en Allemagne contre les Turcs. Louvois, ayant su cela, dit « qu'il ne rentrerait jamais en France »: J'y rentrerai un jour en dépit de Louvois, répondit le prince en apprenant ce propos du ministre. Les batailles d'Hochstet (1704), de Turin (1706), d'Oudenarde (1708), où il battit les Français, furent une noble vengeance qu'il tira du mépris que Louis XIV avait fait de lui. Il fut général des troupes impériales, gouverneur de la Lombardie; et, après avoir acquis la réputation méritée d'un des plus grands généraux, il mourut à Vienne à l'âge de soixante-treize ans, en 1736.

avec gaîté sur les revers de la tranchée; ils demandaient à grands cris qu'on refusât à l'ennemi toute capitulation; ils ne craignaient que de perdre l'occasion de signaler leur courage et leur zèle, et ils souhaitaient ardemment qu'on les menât à l'ennemi.

Le jeune prince de Conti ne contribuait pas peu à leur inspirer cette ardeur. Il était l'idole de l'armée, et il faut avouer qu'il le méritait : héritier des vertus de son grand-père, héros dans un âge où les autres ne sont encore qu'au premier pas dans le chemin de la gloire, il animait les officiers par son exemple, et les soldats par ses bienfaits (1).

(1) C'est de Louis-François de Bourbon, prince de Conti, IVe. de ce nom, qu'il s'agit ici; il naquit à Paris le 13 août 1717. C'était un prince plein de courage, d'amabilité et d'esprit. Il se distingua de la manière la plus brillante dans la guerre d'Italie en 1744; la bataille de Coni qu'il gagna sur le roi de Sardaigne, a prouvé son habilité et son courage à la guerre. De retour à Paris, il cultiva les lettres et les arts avec goût, et protégea les gens de lettres. On l'a peint assez bien dans ces vers:

> Des héros de son sang il augmenta l'éclat;
> Mécène des savans, idole du soldat,
> Favori d'Apollon, de Thémis, de Bellone,
> Il protégea les arts et défendit le trône.

J'arrivai sur ces entrefaites à l'armée. Le duc de Richelieu était brigadier de tranchée ce jour-là, et j'y passai la nuit avec lui. Le lendemain il me présenta à M. le duc de Vaujour, avec qui il était fort uni.

La ressemblance de caractère des deux me frappa. J'avais trouvé de l'esprit, de la science, un génie supérieur au duc de Richelieu : je retrouvai tout cela chez le duc de Vaujour, et je n'y connus de différence que l'expérience que donnent dix ou douze années de plus ou de moins. Les belles qualités de ces deux ducs me paraissaient d'autant plus aimables que je les trouvai rares parmi ce grand nombre de courtisans et de seigneurs dont l'armée était remplie. Si on eût compté tous ceux dont le mérite ne consistait qu'en fourgons et en chevaux de main, le nombre n'en eût pas été petit. Après avoir été quelque temps à Philisbourg, il fallut que je songeasse à retourner à Strasbourg, où mon service m'appelait.

La veille de mon départ, il pensa arriver à mon frère de Bourbonnais un accident dont j'aurais été la cause innocente. Il était venu me voir au camp du régiment, qui se trouvait si exposé au canon de la place, que, malgré les épaulemens qu'on avait faits, nous avions tous les jours des chevaux et des soldats tués dans leurs tentes. J'avais reçu mon frère dans celle d'un officier de mes amis; un boulet de canon passa tout au travers, et emporta la moitié de *la Marquise*, sans toucher heureusement à quatre personnes qui étaient dedans, et fut, à vingt pas de là, casser la cuisse à deux chevaux. On trouva dans la suite le moyen d'empêcher les ennemis de tirer dans le camp, en jetant une bombe au milieu de la ville chaque fois que leur boulet y venait.

A peine fus-je à Strasbourg, que le bataillon reçut ordre d'aller joindre les deux autres. Nous atteignîmes l'armée comme elle filait vers Spire, où nous restâmes sous les ordres de M. le duc de Noailles. De là, nous nous avançâmes jusques à deux lieues de Worms. J'y reçus une lettre de ma chère Sylvie. Elle m'apprenait qu'elle passerait l'hiver en France, et que, si je pensais toujours de même, il ne tiendrait qu'à moi qu'elle ne se justifiât de tout ce que j'avais pu lui imputer. Cette nouvelle me causa une joie sensible; mais comme je n'ai jamais pu goûter de bonheur parfait, il m'arriva un accident dont je me ressentirai le reste de ma vie.

J'étais nommé pour aller au fourrage; le détachement que je devais commander était en bataille depuis long-temps à la tête du camp; je voulus piquer mon cheval pour le joindre plus tôt; c'était dans un chemin glissant: il s'abattit sous moi, et me culbuta. L'effort que je fis me causa une incommodité qui m'empêcha de pouvoir monter à cheval davantage. Je fus obligé d'aller à Spire, et, n'y trouvant point de logement, je retournai à Philisbourg, chez le chevalier de Clairac. L'armée ayant repassé le Rhin, elle fila du côté de Strasbourg. Ma maladie m'obligea d'y demeurer près d'un mois dans le lit. La seule consolation que j'eus était d'avoir de temps en temps des nouvelles de Sylvie; mais je me vis encore dans l'impossibilité de l'aller joindre.

Ma santé s'étant un peu rétablie, j'allai à Paris pour savoir si je ne pourrais pas me faire guérir entièrement. Les médecins me dirent que j'étais trop âgé pour pouvoir l'espérer. Ne pouvant plus monter à cheval, ni faire aucun exercice violent, je résolus de quitter le service.

J'écrivis à mes parens qu'ayant trente ans, je croyais que c'était là l'âge où il convenait de m'établir, et que je lui serais obligé d'y penser sérieusement. Ma mère me répondit qu'elle ne s'opposait point à mon mariage, mais que mon père ni elle ne pouvaient me rien donner; que, n'étant pas d'humeur à planter des choux dans leurs terres, il leur fallait du bien pour vivre à la ville, ainsi qu'il convenait au rang que mon père y occupait; que, désormais, elle ne pouvait plus me donner que la moitié de la pension qu'on me faisait. Cette lettre me résolut entièrement à quitter le monde. La tendresse que j'avais reprise pour Sylvie m'avait ouvert les yeux sur tous mes égaremens. J'employai le temps que je passai à Paris à me remettre dans l'usage de peindre, pour m'amuser dans la solitude où je comptais me renfermer dès que j'aurais vu Sylvie. Un voyage que j'ai été obligé de faire éloigne encore pour quelque temps le plaisir que j'aurais de la revoir, et la tranquillité dont j'espère de jouir bientôt (1).

Le Marquis d'Argens veut parler du voyage qu'il fit en Hollande; c'est là qu'il se mit à écrire les *Lettres Juives* et quelques autres écrits dont nous avons parlé dans la notice qui suit celle de sa vie. Mais il ne nous apprend point ce que devint la belle Sylvie; il paraît qu'il ne lui resta pas long-temps fidelle, puisque nous avons vu qu'il se lia avec mademoiselle Cochois, dont il fit ensuite la Marquise d'Argens.

Au reste, cette lacune n'ôte rien à l'intérêt de ses *Mémoires*, qui en reçoivent un très-grand de la vie même de l'Auteur, de ses traits d'originalité, et des liaisons qu'il conserva pendant vingt-sept ans avec Frédéric II.

FIN DES MÉMOIRES.

AVERTISSEMENT
SUR
LES LETTRES
DU MARQUIS D'ARGENS.

Nous avions d'abord projeté de supprimer les Lettres suivantes, comme n'offrant point une liaison bien étroite avec les *Mémoires*; mais en y réfléchissant davantage, nous avons remarqué qu'elles donnaient une idée assez juste de l'état des arts, des mœurs et des opinions de plusieurs nations à l'époque où elles ont été écrites ; et déjà à cet égard elles nous ont paru mériter d'être conservées. En second lieu, on y trouve diverses anecdotes sur les Courtisanes avec qui l'Auteur et de jeunes gens du grand monde eurent des aventures qui peignent très-bien le caractère de la société d'alors; enfin, il y a des réflexions plus judicieuses peut-être que dans les autres Lettres du même Auteur; raisons qui nous ont paru suffisantes pour les conserver. Voyez ce que nous en avons dit dans l'*Avertissement de l'Éditeur.*

LETTRES

DU

MARQUIS D'ARGENS,

SUR DIVERS SUJETS.

1740.

LETTRE I.

Vous croyez, monsieur, m'avoir fait une grande grace, en bornant les éclaircissemens que vous me demandez sur les différens peuples que j'ai vus, à deux seuls points. Je ne sais si vous avez réfléchi qu'ils emportent avec eux l'examen de plusieurs autres. Vous voulez, dites-vous, que je vous instruise de leur façon de penser sur la religion, et de l'état où sont chez eux les arts et les sciences. Quelque pénible que soit ce que vous exigez, vous avez trop d'empire sur mon cœur pour que je puisse vous le refuser. La sincérité, dont j'ai toujours fait gloire, vous sera garant de la vérité des faits que j'avancerai; et, s'il en est quelqu'un qui vous paraisse douteux, vous verrez aisément, en approfondissant, que je ne l'ai écrit qu'après l'avoir mûrement examiné.

Je commencerai par les Italiens. Leur pays est le centre et la patrie des arts; c'est chez eux que la peinture, la sculpture et l'architecture se sont dépouillées de cette barbarie dans laquelle les Goths et les Vandales les avaient plongées. La tranquillité dont les états du pape jouissaient avant Charles-Quint, avait favorisé l'avancement et pour ainsi dire la perfection des arts. La rapidité avec laquelle ils furent portés au plus haut degré est surprenante. Pierre Perugin, maître de Raphaël, avait lutté pendant un temps contre le mauvais goût; mais n'ayant pas assez d'imagination ni de génie pour le surmonter entièrement, ses tableaux, où on voyait éclater des beautés inconnues jusqu'alors, étaient remplis de mille défauts. La peinture était chez

chez lui dans son enfance (1). Dix ou douze ans après, elle fut poussée par son écolier au point le plus parfait. Michel-Ange, aidé de l'antique, porta dans le même temps la sculpture au plus haut degré; et Jean de la Porte, qui fut son maître dans cet art, était aussi éloigné de son élève que Pierre Perugin l'était de Raphaël. Ces deux grands hommes en

(1) Pierre Perugin naquit à Pérouse, d'où lui est venu son nom. On dit de lui qu'il était fort avare, qu'il portait toujours avec lui sa cassette, qu'elle lui fut un jour enlevée, et que le chagrin qu'il en eut le fit mourir en 1524, âgé de soixante-dix-huit ans.

Michel-Ange était de l'ancienne maison des comtes de Canosse; son père se nommait Buonari Simoni. Il naquit dans le pays d'Avezzo en 1474 : il fut nourri aux environs de Florence par la femme d'un sculpteur; ce qui lui faisait dire *qu'il avait sucé, en naissant, le lait de la sculpture.* Ses plus beaux morceaux en ce genre sont à Florence dans la chapelle des ducs, et à Rome dans l'église de *Saint-Pierre-aux-Liens.* Son chef-d'œuvre de peinture est le *Jugement universel.* Michel-Ange est mort à Rome en 1564, âgé de quatre-vingt-dix ans.

Le Titien naquit en 1477 dans le Frioul Vénitien. Il a vécu près d'un siècle dans l'opulence, et recherché de tout le monde. Charles-Quint lui a fait faire trois fois son portrait; et il disait, à cette occasion, qu'il avait reçu trois fois l'immortalité des mains de Titien.

formèrent un nombre d'autres, qui, quoique moins parfaits qu'eux, firent des ouvrages dignes de l'admiration de la postérité. L'Italie n'eut plus de ville considérable qui n'eût quelque habile peintre. Le Titien, les deux Carache, Jules-Romain, le Tintoret, Paul de Vérone, le Dominicain, le Corrège, vécurent tous à peu près dans le même temps.

Henri III, lorsqu'il passa à Venise, alla rendre visite à ce peintre. Il mourut en 1576, âgé de quatre-vingt-dix-neuf ans.

Augustin et Annibal Carache étaient frères et natifs de Bologne. Ils y établirent, avec Louis Carache leur cousin, une célèbre école. Annibal mourut, en 1603, des suites de la tristesse que lui causa l'ingratitude du cardinal Fernèse, dont il peignit la galerie, qui est un chef-d'œuvre. Augustin naquit en 1557, et mourut en 1605 : il était non seulement peintre, mais excellent graveur. Il a laissé un fils naturel connu sous le nom d'Antoine Carache, mais qui mourut jeune, donnant déjà de grandes espérances.

Jules Romain était élève de Raphaël ; il a excellé dans tous les genres. On cite sa *Gigantomachie*, ou Guerre des Géans, comme son plus bel ouvrage. Il est mort à Mantoue en 1546, âgé de cinquante-quatre ans. — Le Tintoret, dont le véritable nom était Jacques Robasti, fut ainsi nommé, parce qu'il était fils d'un teinturier. Il a fait beaucoup d'ouvrages, tous d'un grand mérite. Il est mort à Venise, l'an 1594, âgé de quatre-

Cette quantité d'habiles gens garantit l'Italie de retomber dans l'ignorance des arts, lors de la guerre de Charles-Quint et de François 1er, qui troublèrent ce pays, et du théâtre de la tranquillité en firent le théâtre du sang et du carnage pendant le cours de leurs règnes.

Il semblait que le nombre des peintres et

vingt-deux ans. — Paule Véronèse, ou de Vérone, était fils d'un sculpteur; ce grand peintre mourut à Venise, où il s'était établi, en 1588, âgé de cinquante-huit ans. — Le Dominicain; son nom de famille était Dominico Zampiery. Il vainquit par le travail la pesand'esprit qu'il reçut en naissant, il était plein d'enthousiasme pour son art dans lequel il se distingua éminemment : le Poussin faisait le plus grand cas du Dominicain. Il est mort en 1641, âgé de soixante ans. — Le Corrège naquit en 1494, selon les uns, et 1475 suivant d'autres. Il était de Corrège, ville du Modenois Il a peint des vierges et des enfans, et excellait dans cette partie; il est mort d'une pleurésie à quarante ans. — Le Guide, distingué par la grandeur, la noblesse, le goût, la délicatesse de ses tableaux, naquit à Bologne en 1575, et mourut en 1642. Il était grand joueur; et les tourmens attachés à cette passion abrégèrent ses jours. — Carlo Marate était de la Marche d'Ancône : il naquit à Cameranoen 1635; c'était un des plus gracieux peintres de son temps : il est mort en 1713, âgé de quatre-vingt-huit ans.

des sculpteurs dût augmenter à proportion. Cependant, trente ou quarante ans après ces grands hommes, à peine l'Italie en a-t-elle compté un ou deux par siècle. Elle a eu depuis cent ans le Guide et le Carlo Maratte, dont les noms iront à la postérité. Le reste est aussi inconnu que le sont les derniers ouvrages de Rousseau (1), ou les tragédies

(1) C'est de Jean-Baptiste Rousseau, que l'on a appelé le Pindare Français, qu'il s'agit ici : cet homme célèbre naquit en 1671 ; son père était maître cordonnier à Paris. M. de Bonrepeaux, ambassadeur de France en Danemarck, se l'attacha en 1680. Le maréchal de Tallard en fit son secrétaire, lorsqu'il passa à Londres. Ce fut dans cette ville qu'il vit l'aimable et généreux Saint-Evremond, un des hommes qui ont le mieux su l'art de vivre heureux et long-temps. Il accueillit le jeune Rousseau. Il revint en France et préféra l'étude et la société des Muses aux places lucratives qui lui furent offertes par MM. Rouillé et Chamillart. On connaît la ténébreuse affaire de quelques couplets pleins de fiel et de grossièreté, qui le força de quitter la France; il trouva auprès du comte de Luc, notre ambassadeur en Suisse, des secours et de la consolation ; c'était le temps où les grands seigneurs aimaient et attiraient près d'eux les gens de lettres, sans éprouver de basse jalousie ou craindre une sotte rivalité. Rousseau ne fut pas moins chéri du prince Eugène, qui l'emmena à Vienne ; enfin ne pouvant rentrer en France, il se retira à Bruxelles, où il mourut en 1741.

de la Serre. Lorsque j'étais en Italie, je n'ai connu que Solimaine à Naples, et Trevisani à Rome, qui méritassent l'estime des connaisseurs. Le plus jeune des deux avait soixante-douze ans. Solimaine avait atteint au grand; le Trevisani allait au gracieux, il dessinait correctement. Il y avait dans son coloris quelque chose de fade et de gris, défaut ordinaire de l'école romaine. Un peintre de portraits, nommé David, est au-dessous de bien de nos barbouilleurs de province (1); il passait cependant pour le plus supportable qu'il y eût à Rome. Jugez combien il était éloigné de Rigaud et de l'Argilière (2).

La sculpture a eu un sort pareil à la peinture. Michel-Ange eut plusieurs successeurs illustres; un des plus fameux fut la Legarde. A la fin du siècle passé, l'Italie avait encore des hommes célèbres dans cet art (3); le cava-

(1) On pense bien que ce David n'a aucun rapport avec le David d'aujourd'hui, un des plus grands peintres de la France.

(2) Hyacinthe Rigaud, né à Perpignan en 1663, mort en 1743; c'était un très-bon peintre en portraits, il approchait de Vandick. La ville de Perpignan lui décerna le rang de noble pour reconnaître ses talens.

(3) Jean Bernini, ordinairement nommé le cavalier Bernin ou Bernini, naquit à Naples, et se distingua dans

lier Bernin et Camillo Roscondi étaient de ce nombre; actuellement il n'y a pas un sculpteur qui soit connu. Un pensionnaire de l'académie de France, habile quoique jeune, appelé Bouchardon, était ce qu'il y avait de mieux à Rome (1); M. le duc d'Antin l'a fait revenir en France depuis peu de temps.

la sculpture et les arts mécaniques; il fut employé par plusieurs papes et par plusieurs souverains : la reine Christine alla lui rendre visite. On l'appela en France en 1665, pour travailler au dessin du Louvre; il s'en retourna avec une forte pension de Louis XIV. Il entreprit ensuite la statue équestre du roi; c'est celle que l'on voit à Versailles, près la pièce d'eau. On lui remit pour ce travail un bloc de marbre superbe; il y travailla pendant quinze ans; mais, à cause du peu de ressemblance de cette statue avec le roi, on la métamorphosa en Curtius, romain qui se dévoua à sa patrie, en se jetant dans un abîme, d'après le conseil des Augures de Rome. Le cavalier Bernini est mort à Rome, en 1680, âgé de quatre-vingt-deux ans.

(1) Bouchardon, né en 1698, a été un des plus grands sculpteurs de son temps; il étudia sous Couston, et remporta le prix à l'Académie en 1722; il y fut reçu à son retour d'Italie, et nommé sculpteur du roi. Il mourut à soixante-quatre ans, en 1762. C'était un homme plein de douceur, de talent, de bonté; il avait des mœurs simples, un jugement excellent, un sens droit. Ses ouvrages l'ont immortalisé.

Dans l'idée que vous vous êtes faite, vous croyez sans doute que tous les peintres d'Italie étaient des Raphaël, ou du moins que le moindre surpassait de beaucoup nos Français; il est vrai qu'ils sont éloignés de la perfection de ceux qui sont morts, mais ils sont au-dessus de ceux qui vivent.

Rigaud et l'Argilière n'ont eu pour le portrait que le Titien qu'on puisse leur opposer. Le Carle Maratte, dans ses derniers temps, en a peint quelques-uns : on voit qu'ils sortent d'une habile main; cependant ils n'effacent pas les nôtres, et on peut donner la préférence à ceux de Rigaud et de l'Argilière, sans craindre de passer pour injuste ou pour prévenu en faveur de sa patrie. Nous avons autant d'avantage pour l'histoire que pour le portrait; le Moine, Case, Vanlo, sont au-dessus des peintres qui se trouvent aujourd'hui en Italie.

Vous me demanderez sans doute quelle est la raison de ces changemens, et comment ces fameuses écoles de Rome, de Boulogne, de Venise, ont pu cesser tout à coup. Je vous répondrai qu'il en est des grands hommes qui excellent dans les arts comme de ces feux aériens qui ne paraissent que dans certaines saisons, ou comme de ces prodiges qui ne sont produits que dans une longue suite de siècles. Il est aussi difficile à la nature de former un homme tel que Michel-Ange ou Raphaël, qu'il est rare qu'elle enfante souvent des Virgile et des Horace. Pour produire des chefs-d'œuvre dans les arts et dans les sciences, ce n'est point assez que l'exemple des grands hommes, le loisir de travailler, l'application assidue; il faut encore un génie supérieur; il faut que le Ciel, en nous créant, ait mis en nous une disposition naturelle pour aller à la perfection que ne donne point l'étude la plus pénible et la plus longue.

Si vous examinez les arts en France, vous connaîtrez aisément la vérité de ce que je vous dis. François 1er les amena d'Italie dans son royaume ; ils y parurent comme une fleur brillante qu'un même jour voit éclore et flétrir ; les guerres civiles qui survinrent pendant cinq ou six règnes, les firent gémir dans l'obscurité. Ils commencèrent à reparaître sous Henri IV. Le cardinal de Richelieu, le restaurateur, le père, le protecteur des sciences et des arts, prépara par les bienfaits, dont il encouragea les hommes médiocres qui vivaient de son temps, cette foule de peintres illustres, de sculpteurs et d'architectes habiles, qui vécurent sous le siècle de Louis XIV. Ce fut alors qu'on vit le Poussin, le Sueur, Jouvenel, le Brun, Girardon, le Gros, Puget, rivaux des Carrache, des Guide, et des Bernin, moins loués qu'eux, peut-être aussi louables. Voilà le temps où les beaux-arts ont été chez nous dans leur plus haut degré; on peut remarquer leur naissance sous Henri IV, et leur enfance sous le cardinal de Richelieu. Si on avait pu les perpétuer dans leur degré de perfection, Louis XIV l'aurait fait par l'aisance, le soulagement, les commodités, qu'il leur avait procurés dans son royaume. Cependant les académies de peinture et de sculpture, enrichies des plus belles figures moulées sur les antiques, et ornées des tableaux des plus célèbres peintres; les jeunes gens en qui on reconnaît de la disposition entretenus à Rome aux dépens du roi; les pensions accordées à ceux qui se distinguaient par leur savoir, tout cela n'a pu empêcher que les arts n'aient infiniment tombé en France depuis vingt ans. Ceux qui passent pour y exceller aujourd'hui sont au-dessous de leurs maîtres et bien inférieurs au Poussin et à Jouvenel (1); ils ont pourtant des avantages que les autres n'avaient pas. Avant

(1) Le marquis d'Argens écrivait ceci vers 1740.

M. le Brun, il fallait qu'un peintre et qu'un sculpteur allassent chercher bien loin, et avec des peines infinies, ce que la grandeur et la magnificence de Louis XIV a rendu commun dans son royaume.

Avouez donc que les ouvrages des grands hommes, le loisir de travailler, l'espérance même des honneurs ne peuvent élever quelqu'un jusqu'au degré où le génie seul a droit de conduire ceux qu'il veut distinguer des autres.

Peut-être dans le moment que je vous écris, il est quelqu'un de ces génies heureux, qui se développe; et, dans cinq ou six ans d'ici, nous pourrons voir les ouvrages de quelque Romain, ou Vénitien, auprès de qui ceux de nos Français d'aujourd'hui paraîtront fort inférieurs.

Les arts auront en Italie un avantage pour former de grands hommes beaucoup plus tôt qu'en France. Les égards qu'on a pour ceux qui s'y distinguent, et les honneurs qu'on leur rend, sont des appas plus séduisans que les récompenses pécuniaires dont on paie le mérite chez nous.

En France, Rigaud est estimé de quelques connaisseurs. Cinq ou six seigneurs de la cour, et quelques gens de condition, auront pour lui des égards. Le reste du royaume ne distingue pas un peintre d'un cordonnier, ni un sculpteur d'un savetier. Un provincial dont le nom se terminera en *ac*, et dont tout le mérite est de chasser, de jurer Dieu, et de battre des paysans, se croirait déshonoré s'il savait toucher une palette, ou un pinceau (1). En Italie, au contraire, il est peu de gens qui ne sachent dessiner assez pour pouvoir se connaître en tableaux. On ne rougit point dans ce pays de savoir s'occuper agréablement; l'ignorance profonde paraît aussi ridicule aux seigneurs romains, que la fureur des seize quartiers, dans un homme qui meurt de faim, paraît absurde aux Anglais, et aux Hollandais. Ne croyez pas que je veuille vous dire que les arts soient universellement méprisés en France; je sais qu'ils y fleurissent encore : mais vous m'avouerez aussi qu'ils sont bien déchus de ce qu'ils étaient sous Louis xiv et sous le duc d'Orléans. Il faut espérer que la fin de nos guerres les ranimera plus que jamais.

(1) Il y a de l'exagération dans ce reproche ; les anciens seigneurs français, les gens aisés, avaient le goût des beaux arts; un petit nombre seulement conservaient les mœurs grossières dont parle l'auteur.

LETTRE II.

Il y a plus de différence entre les caractères des comédiennes italiennes et celui des françaises, qu'il n'y en a entre notre opéra et le leur. L'éducation, le préjugé, la coutume, les récompenses sont les quatre choses qui produisent l'éloignement qu'il y a des mœurs et de la façon de vivre des unes aux autres.

Il semble que nous ayons été jaloux du progrès qu'avait fait notre théâtre et de l'applaudissement qu'il a eu chez toutes les nations. Nous avons affecté de répandre l'ignominie et l'infamie sur ceux qui, par leur talent, illustrent notre patrie (1) Contens de louer et d'estimer le poète, nous avons poussé le mépris

(1) Ce préjugé contre les personnes de théâtre n'a plus la force qu'il avait du temps du marquis d'Argens, quoique depuis quelques années on dirait qu'il veut en reprendre. Au reste, ce n'est pas la profession qui a jeté sur les acteurs, et sur-tout sur les actrices et comédiennes, une certaine défaveur et quelque nuance de mépris; c'est aux détestables mœurs qu'elles affichent,

jusqu'à l'excès pour les comédiens, quoique le public leur fût autant redevable de ses plaisirs qu'aux auteurs mêmes. La Chammêlé, Baron (1), Beaubourg ont été, dans leur art, d'aussi grands personnages que Corneille et

à leur rouerie, à leur libertinage et au dévergondage fastueux de quelques-unes d'elles qu'on doit l'attribuer. Comment estimer cordialement des personnes qui semblent professer l'indifférence la plus entière pour les vertus domestiques et pour le respect dû aux sentimens honnêtes ?

(1) Michel Baron, le célèbre acteur, était fils d'un marchand d'Issoudun, qui préféra la profession du théâtre à celle de son père. Il entra dans la troupe de la Raisin, et ensuite dans celle de Molière. Ses grands talens comme acteur sont connus ; ses intrigues avec la Guérin, femme de Molière, qu'elle fit mourir de chagrin, le sont moins.

Molière, fatigué des tourmens de jalousie que la Guérin lui donnait, résolut de donner des soins à Baron, qui était jeune et beau. Il le tenait chez lui comme son enfant, et cultivait en lui les dispositions qu'il y remarquait à devenir bon comédien. Il le gardait à vue dans l'espérance d'en être le seul maître ; mais cela ne lui servit à rien, il était écrit dans le ciel qu'il serait tourmenté de toutes les manières. Le duc de Bellegarde fut un de ses plus redoutables rivaux : l'amour que ce seigneur avait pour Baron, allait jusqu'à la profusion. Il lui fit présent d'une épée, dont la garde était d'or massif, et rien ne lui paraissait cher de ce qu'il

Racine. Il faut autant de peine, de soin, de travaux, de génie et de naturel pour former un grand comédien, que pour faire un grand poète : l'un est même plus rare que l'autre. Nous voyons dix poètes fameux dans le siècle d'Auguste. Roscius est le seul bon comédien qu'il ait produit.

pouvait souhaiter. Molière s'en étant aperçu, fut trouver Baron jusques dans son lit, pour empêcher la suite d'un commerce qui le désespérait; il lui représenta que ce qui se passait entre eux ne lui pouvait faire aucun tort, parce qu'il cachait son amour sous le nom de l'amitié, mais qu'il n'en était pas de même du duc; elle le pourrait perdre entièrement, sur-tout dans l'esprit du roi, qui avait une horreur naturelle pour toute sorte de débauches; que pour lui il était résolu de l'abandonner, s'il n'en voulait suivre ses avis qui ne tendaient qu'à le rendre heureux: il accompagna ses réprimandes de quelques présens, et fit promettre à Baron qu'il ne verrait plus le duc. Molière se crut très-heureux par cette assurance, mais ce bonheur ne fut pas de durée; et sa femme qui était née pour le faire enrager, vient troubler ses nouvelles amours. Tant qu'elle avait demeuré avec son mari, elle avait haï Baron, comme un petit étourdi qui les mettait fort souvent mal ensemble par ses rapports; et comme la haine aveugle aussi bien que les autres pasions, la sienne avait empêché de le trouver joli amant. Mais lorsque, la Guérin ayant quitté Molière, il n'y eut plus d'intérêt à démêler entre elle et Baron, et qu'elle

Lorsque j'examine ce qui peut avoir occasionné ce caprice, je n'en saurais deviner la cause. Successeurs des Grecs pour le goût du théâtre, pourquoi n'avons nous point imité leur façon de penser sur ceux qui le font

lui eut entièrement abandonné la place, elle commença à le regarder sans prévention, et trouva qu'elle en pouvait faire un amusement agréable.

La pièce de *Psyché* que l'on jouait alors seconda ses desseins, et donna naissance à leurs amours. La Guerin représentait Psyché à charmer; et Baron, dont le personnage était l'amour, y enlevait les cœurs de tous les spectateurs. Les louanges communes que l'on leur donnait les obligèrent de s'examiner de leur côté avec plus d'attention, et même avec quelque sorte de plaisir. Baron se fut à peine aperçu du changement qui s'était fait dans le cœur de la Guerin en sa faveur, qu'il y répondit aussitôt; il fut le premier qui rompit le silence par le compliment qu'il lui fit sur le bonheur d'avoir été choisi pour représenter son amant, et qu'il devait l'approbation du public à cet heureux hasard, qu'il n'était pas difficile de jouer un personnage que l'on sentait naturellement, et qu'il serait toujours le meilleur acteur du monde si les choses étaient de la même manière. La Molière répondit que les louanges que l'on donnait à un homme comme lui étaient dues à son mérite, et qu'elle n'y avait nulle part; que cependant la galanterie d'une personne qu'on disait avoir tant de maîtresses ne la surprenait pas,

valoir? Je ne puis revenir de ma surprise, lorsque je regarde la sépulture accordée avec peine à Molière, à qui notre nation est plus redevable qu'aux gens à qui on élève des mausolées. L'Europe entière nous regarde, ou comme des barbares, ou comme des in-

et qu'il devait être aussi bon comédien hors du théâtre que sur la scène. Baron, à qui cette manière de reproche ne plaisait pas, lui dit, avec son air indolent, qu'il avait à la vérité quelques habitudes que l'on pouvait nommer bonnes fortunes; mais qu'il était prêt à lui tout sacrifier, et qu'il estimerait davantage la moindre de ses faveurs, que le dernier emportement de toutes les femmes. La Molière fut enchantée de cette préférence, et l'amour propre qui embellit tous les objets qui nous flattent lui fit trouver un appas sensible dans le sacrifice qu'il lui offrait de tant de rivales. Il y a apparence qu'ils se fussent aimés long-temps, si la jalousie de leur mérite ne les eût pas brouillés. Quoique la Molière aimât Baron, elle n'avait pas perdu l'envie de faire des conquêtes nouvelles, et le soin de plaire l'occupait autant que sa passion. Baron, de son côté, qui ne trouvait dans la Molière qu'un plaisir sans utilité, n'avait eu garde de bannir ses soupirans; aussi tous deux conservèrent le commode, l'agréable et le nécessaire; mais cette politique ne leur réussit pas, et ils s'aperçurent que deux personnes d'un même métier peuvent difficilement s'accorder ensemble. La Molière ou Guérin, qui était la

sensés,

sensés, quand on apprend, dans les pays étrangers, qu'une actrice, qui fut unique dans son genre, et qui joignit mille vertus aux plus rares talens, a été enterrée à la voirie, et qu'on lui a refusé une grace qu'on accorde à des scélérats qui meurent sur l'échafaud.

personne du monde la plus prévenue de sa beauté, sentit quelque honte de voir que son amant était son plus dangereux concurrent, et qu'il lui enlevait tous ses adorateurs; elle lui en fit de cruels reproches, qu'elle prétexta du chagrin qu'elle avait de ce qu'un homme pour qui elle faisait paraître de l'estime s'abandonnait à une aussi horrible débauche. Baron, tout en colère, lui répondit que ce n'était pas l'amour qui la faisait parler, mais la rage de voir que, par ses assiduités, il éloignait tous ses amoureux; qu'il voyait bien qu'elle ne pouvait plus se contenir; que néanmoins il fallait prendre des prétextes de rupture plus honnêtes que ceux dont elle autorisait ses reproches; qu'elle devait savoir qu'il n'était pas d'humeur à la contraindre, et qu'il promettait de ne jamais mettre d'obstacle à l'envie qu'elle avait d'être coquette; ils se dirent encore plusieurs choses outrageantes, et ne laissèrent pas de se raccommoder avant de se quitter; mais ce fut pour peu de temps, car la jalousie que le mérite inspire fait des ennemis irréconciliables : de sorte que leur antipathie devint plus grande qu'auparavant. Molière eut quelque satisfaction de les voir désunis, et reprit pour Baron, malgré son ingrati-

Les Italiens sont bien éloignés d'avoir des préjugés aussi ridicules. Véritables amateurs des beaux arts, ils se gardent bien de flétrir ceux qui les font briller. Senesini, Scalsi, Fafarlini sont aimés, chéris à Rome : non seulement on ne les regarde pas comme in-

tude, ses soins accoutumés, mais pourtant avec moins d'attache.

Cette anecdote, que nous tirons d'une Vie manuscrite de la Guérin, qui se trouvait dans la bibliothèque de feu M. le président de Menières, mort en 1778, valait la peine d'être connue; et, quoiqu'elle annonce une assez grande dépravation dans ce célèbre acteur, elle n'empêcha pas qu'il ne fit paraître sur la scène de très-grands talens : on l'appelait le *Roscius* de son siècle. Il disait lui-même que tous les cent ans l'on voyait un César, mais qu'il en fallait deux mille pour produire un Baron. Un jour son cocher et son laquais furent battus par ceux du marquis de Biron avec qui Baron vivait en familiarité. « M. le marquis, lui disait-il, vos gens ont maltraité les miens, je vous en demande justice ». Il revint plusieurs fois à la charge, se servant toujours des mêmes termes de *vos gens* et *des miens*. M. de Biron, choqué du parallèle, lui dit : « Mon pauvre Baron, que veux-tu que je te dise, pourquoi as-tu des gens. »

Baron avait reçu tous les dons de la nature ; il donnait un nouveau lustre aux pièces qu'il jouait. Il mourut en 1727, âgé de soixante-dix-sept ans.

dignes de la sépulture ; mais lorsqu'on sera assez malheureux pour être obligé de leur rendre les derniers honneurs, on joindra, avec le regret de les perdre, tout ce qui pourra faire connaître combien on les estimait.

Ce ne sont pas les seuls Italiens amateurs du spectacle qui pensent de cette façon. Les Anglais, qui se sont acquis à bon droit la réputation de penser juste, nous ont fait sentir notre barbarie dans les honneurs funèbres qu'ils ont rendus à la célèbre mademoiselle Oldfields, la le Couvreur de Londres, enterrées au milieu de leurs rois et de leurs généraux.

Ce sont ces distinctions et ces récompenses qui inspirent aux comédiennes italiennes des sentimens qui sont inconnus aux nôtres ; elles participent à tous les honneurs de la société civile ; elles sont encouragées par les égards qu'on a pour leur talent, et, leur profession n'ayant rien que de brillant, elles tâchent de ne point se rendre méprisables par des débauches outrées.

Nos comédiennes françaises au contraire semblent vouloir profiter de l'idée que nous avons d'elles ; elles usent de l'avantage d'être regardées comme libertines, et, comme leur art les expose à être méprisées, elles ne sont plus retenues par des sentimens qui leur deviennent inutiles. Je sais qu'il en est quelques-unes que leur tempérament, soutenu par un caractère d'honneur, a garanties de ces excès, et qui, malgré le préjugé commun, ont forcé le public à leur accorder son estime. Il est vrai que ce cas arrive beaucoup plus aisément chez les comédiennes que chez les filles de l'opéra : ces dernières regardent la vertu comme un pays inabordable.

Nous ne devons accuser que nous du peu de conduite de nos actrices. Lorsque j'avilis quelqu'un, que je l'abaisse, que je le plonge dans le néant, que je le couvre d'ignominie, j'éteins en lui toutes les semences d'honneur, j'étouffe dans son cœur tout sentiment de la vraie gloire, et je ne laisse d'autre passion en lui que l'intérêt et l'amour du gain.

L'avidité des richesses est encore pour nos filles de l'opéra un appas plus séduisant que pour nos comédiennes : celles-ci ont pour la plupart de quoi vivre; mais les autres, et principalement celles qui sont dans les chœurs, n'ont pas de quoi acheter des gants et de la poudre de leurs appointemens; il faut nécessairement qu'elles fondent leur cuisine sur la bourse d'un amant.

Les chanteuses italiennes ont des gages très-considérables. La Faustine, en Angleterre, avait près de trente mille livres par an de notre monnaie. Comme il n'y a jamais plus de trois ou quatre femmes dans un opéra, elles ont toujours des appointemens qui vont au-delà de leur nécessaire.

Je ne saurais mieux vous faire connaître la différence des mœurs de notre opéra à celles du théâtre italien, que par la vie abrégée de deux ou trois de nos actrices, opposée à celle de quelques chanteuses d'Italie. Je me flatte que ce parallèle vous réjouira. Vous l'aurez par la première poste.

LETTRE III.

De mille aventures galantes que m'offre le Palais-Royal, je me contente d'en choisir une ou deux des moins chargées d'incidens (1). Je commence par la Campoursi, que vous connaissez. Son père montrait à jouer de la

(1) L'auteur, dit le *Palais-Royal*, parce qu'au temps où il écrivait, l'Opéra était au Palais-Royal.

La Campoursi était une actrice de l'opéra, plus connue par ses intrigues et son libertinage que par son talent. Les filles d'opéra ont toujours été regardées, et non sans cause, comme des *filles* ; avec cette différence que les premières joignent à tous les désordres de l'inconduite de celle-ci une insolence et un manège d'intrigues qui rendent leurs sociétés le tombeau des plaisirs, de la fortune et de la jeunesse des malheureux qui les fréquentent ; elles sont à la galanterie ce que sont les maisons de jeux à la passion de jouer ; au lieu d'y trouver à se satisfaire, on n'y rencontre que des regrets, la rage de se perdre, et l'impuissance d'y résister.

viole. Le joli minois de la Granier, c'était ainsi qu'on appelait sa fille, lui attirait un grand nombre d'écoliers. Parmi ces jeunes gens, il y en eut un qui sut mieux l'art de plaire que les autres ; il toucha le cœur de la jeune Granier. Le ciel ne l'avait pas douée d'un tempérament fort cruel ; elle aimait trop son amant pour le faire languir, il fut heureux. Son bonheur fut interrompu par le départ de sa maîtresse, dont le père vint à mourir. Elle partit avec sa mère et une de ses sœurs, pour aller à l'opéra de Marseille. L'éloignement eut bientôt effacé le souvenir de son amant ; mais son cœur était trop tendre pour rester sans occupation. Elle prit du goût pour un acteur appelé Galaudet, jeune homme d'une jolie figure. Il ne fut pas long-temps à s'apercevoir de sa bonne fortune. Il aima tout autant qu'il était aimé. Plaisirs secrets, jouissance parfaite, tout lui fut prodigué. Mais comme c'est le sort de l'amour de s'éteindre lorsqu'il n'a plus rien à desirer, la Granier s'aperçut que les feux de Galaudet devenoient moins violens ; elle se flatta de les ranimer par un peu de jalousie, et voulut lui donner un rival. Elle choisit un nommé Campoursi qui, touché des agaceries de sa nouvelle maîtresse, lui offrit de l'épouser. Elle y consentit d'autant plus aisément, que son amant quitta l'opéra dans ce temps-là pour aller à Lyon. Le mariage fut conclu aussitôt que proposé.

La Campoursi, c'est ainsi que je l'appellerai dorénavant, n'avait pas fait choix par goût de son époux; aussi, dès le troisième jour de ses noces, elle lui donna pour collègue le comte de Vintimille.

Pendant un temps, elle se contenta d'un seul amant; mais, Vintimille ayant été obligé d'aller pour quelques mois dans ses terres, le duc de Popoli passa, malheureusement pour lui, à Marseille; il vit la Campoursi à l'opéra, elle lui plut; les premières propositions se firent par une coiffeuse, et le marché fut conclu à vingt-cinq louis. Le duc soupa dès le soir même avec elle; il fut si content de sa bonne fortune, qu'il ajouta vingt louis à ceux qu'il avait promis. Il lui fit présent d'un cachet d'or qu'il lui envoya le lendemain; et la Campoursi, dans quinze jours de temps, tira bien de son nouvel amant deux cents pistoles, ou en argent, ou en bijoux. Le duc étant parti pour l'Italie peu de jours après, l'opéra vint à Aix. La Campoursi y fit un nouvel amant appelé de Jouques, aussi aimable qu'il était facile à tromper : il ne languit pas davantage que ses prédécesseurs, et, dès le second jour, il fut le possesseur des charmes les plus secrets de sa maîtresse.

Elle avait avec elle une sœur qu'on appelait Toinon. Comme sa présence était quelquefois incommode, de Jouques résolut de lui trouver un amant qui l'occuperait, et empêcherait qu'elle ne lui fût à charge. Il choisit pour cet emploi un jeune conseiller au parlement, nommé Monvalon, qui accepta cette charge avec plaisir. La difficulté était de voir Toinon en liberté ; elle était toujours avec sa sœur, qui ne la quittait que dans les momens où elle était avec son amant, et alors elle la remettait en garde à sa mère. La cause de ces soins redoublés pour Toinon consistait dans un prétendu pucelage, qu'on disait qu'elle avait, et dont on exigeait cinquante louis. Monvalon n'était point en état de donner pareille somme, et il voulait pourtant trouver le moyen de se rendre heureux.

Pour y réussir, il s'avisa d'un plaisant expédient. Un jour que la Campoursi ne chantait point et qu'elle avait mené sa sœur avec elle à l'opéra : Tu devrais bien, dit Monvalon à de

Jouques, me rendre un service signalé; si tu pouvais mener ta maîtresse dans quelque endroit, où tu l'occupasses assez gracieusement pour l'obliger à y passer une demi-heure, je prendrais ce temps-là pour obtenir les dernières faveurs de Toinon. Je t'entends, répondit de Jouques, je vais proposer à la Campoursi de descendre dans sa loge, et je te promets, si elle y consent, de l'amuser de façon qu'elle ne pensera pas à sa sœur. Ce projet réussit ainsi que ces amans l'avaient projeté. La Campoursi, auprès de qui de Jouques faisait des prodiges, s'applaudissait d'être seule avec lui; elle ne se figurait pas qu'il y eût rien à craindre pour sa sœur, qu'elle avait laissée dans l'amphithéâtre.

Cependant cette cadette s'occupait aussi gracieusement que son aînée. A peine Monvalon avait jugé que son ami retenait l'argus de Toinon, qu'il était sorti avec elle de la salle de la comédie, et, dans le premier détour de la rue, il était entré dans une maison qu'il connaissait, et où il trouva toute l'aisance dont il avait besoin pour l'expédition qu'il allait faire. Comme il craignait que de Jouques ne retînt pas la Campoursi assez long-temps, il fut obligé de se contenter, dans moins de demi-heure, de donner trois seules marques de sa tendresse à Toinon, qui, malgré le soi-disant pucelage et la demande des cinquante louis, lui parut n'être point novice dans pareil cas ; il arriva assez à temps pour que la Campoursi, qui était encore entre les bras de Jouques, qui s'était surpassé, ne pût avoir aucun soupçon.

Quelque temps après cette aventure, il en arriva une à de Jouques, qui ne lui fut pas aussi agréable. Le duc de Popoli était revenu d'Italie ; il passa par Aix et voulut voir la Campoursi. Ayant su qu'elle avait un amant en titre, il lui fit proposer un rendez-vous secret. La dame lui avait trop d'obligation pour lui refuser cette bagatelle ; il ne fut différé que jusqu'à neuf heures du soir. Le duc se rendit à cette heure chez elle. De Jouques ignorait parfaitement ce qui se passait. Sa maîtresse lui avait dit qu'elle se trouvait incommodée, et qu'elle se coucherait de fort bonne heure ; il l'avait cru pieusement et s'était retiré. Le hasard lui fit rencontrer le marquis d'* qui le mena avec Monvalon souper chez la Catalane, dont il était amoureux, et qui logeait dans la même maison que la Campoursi.

Sur la fin du repas, Monvalon s'étant levé de table, descendit dans la cour pour quelques nécessités. En passant devant la chambre de la Campoursi, il aperçut un homme assis sur les pieds de son lit, et la servante qui portait un consommé. Surpris de la vision, il remonta chez la Catalane, et dit à de Jouques : Je crois, mon ami, que la dame de tes pensées se doit trouver mieux; car j'ai vu un homme, en habit galonné avec un point d'Espagne en or, qui lui faisait avaler un bouillon. De Jouques crut d'abord qu'il plaisantait; mais l'habit galonné d'un point d'Espagne en or ayant frappé la Catalane : Je parie, dit-elle, que c'est le duc de Popoli. Je ne sais, continua Monvalon, si c'est un duc ou un marquis; mais je sais bien que, si c'est un médecin, son déshabillé n'a rien de lugubre.

De Jouques voulut descendre pour voir ce dont il était question : on lui fit comprendre combien serait sot le personnage qu'il jouerait, et que ce qu'il y avait de mieux pour lui était d'avaler la pilule. Je vais voir, dit la Catalane, si c'est le duc de Popoli; et, si sa porte n'est plus entr'ouverte, nous attendrons qu'il sorte; nous n'avons qu'à descendre dans la salle sans faire du bruit. Ce parti fut jugé le plus sage;

ils n'attendirent pas long-temps à être éclaircis. Il était deux heures après minuit ; et le duc qui, selon toutes les apparences, avait bu la moitié du bouillon qu'on avait porté à la Campoursi, n'ayant pas jugé qu'il eût assez rétabli ses forces pour travailler jusques au jour, sortit une demi-heure après. La Catalane le reconnut, Monvalon en rit, et de Jouques en resta pétrifié.

Comme son air embarrassé augmentait les plaisanteries qu'on lui faisait : Vous avez tort, dit-il, de croire que je sois sensible autant que vous vous le figurez à cette aventure ; la manière dont je la prendrai vous désabusera. Il tint parole. Le lendemain il fut le premier à en badiner, et vécut toujours avec sa maîtresse, comme s'il ne s'étoit passé rien du tout. Son système était qu'il fallait que chacun fît son métier, et qu'un homme qui aimait une fille de l'opéra devait savoir qu'elle ne faisait pas vœu de chasteté.

Deux jours après cette aventure, il en arriva une à peu près semblable à Monvalon. Il avait, à force d'y penser, trouvé le secret de voir sa maîtresse en particulier. L'endroit qu'il avait choisi n'était pas à la vérité bien charmant ; mais enfin l'amour lui en rendait l'odeur moins désagréable. Le frère de de Jouques, appelé d'Arbaud, officier des galères, qui venait souvent chez la Campoursi, s'aperçut du manège de Toinon.

Il avait une fort belle bague, dont elle avait envie. Il lui proposa de la troquer pour un des rendez-vous qu'elle donnait à son amant. Le parti fut accepté après maintes minauderies. Monvalon se trouvant pressé de quelque nécessité fut fort étonné de voir la porte des lieux secrets fermée et d'y entendre un bruit qu'il était coutumier d'y causer; la curiosité l'ayant porté à regarder par la serrure, quelle fut sa surprise d'y voir d'Arbaud avec sa maîtresse, qui ne s'amusaient pas à perdre le temps en discours frivoles! Il fit un tapage enragé à la porte. Ah! de par tous les diables, disait-il, vous paierez les cinquante louis, M. d'Arbaud; il ne sera pas dit que vous veniez dépuceler *gratis* d'honnêtes filles de l'opéra. Les amans furent obligés d'ouvrir la porte. Toinon eut recours aux larmes; d'Arbaud paraissait honteux du cas: Ho, ho, disait Monvalon, et qui a appris à M. d'Arbaud les plaisirs qu'on goûte dans ces retraites odoriférantes? Je croyais être le seul à qui le chemin en fût connu; puisqu'il n'en est point ainsi, je lui cède tous mes droits : allez, vivez en paix tous les deux, croissez et multipliez ; je ne vous troublerai plus dorénavant. Il leur tint parole, car il quitta Toinon dès ce moment.

Quelque temps après, l'opéra retourna à Marseille ; et Vintimille étant arrivé de ses terres, de Jouques comprit qu'il allait être sacrifié à l'ancien amant ; il se retira, et prit lui-même son congé. Vintimille se remit avec la Campoursi ; mais ils ne restèrent pas long-temps ensemble. Il avait appris une partie de la conduite de sa maîtresse, et des gens charitables prirent le soin de ne pas lui laisser ignorer le reste. Ils se brouillèrent ; et Vintimille s'étant attaché ailleurs, la Campoursi partit pour l'opéra de Lyon.

En y arrivant, elle y trouva Galaudet, cet acteur de l'opéra, qu'elle avait aimé autrefois ; ses feux se rallumèrent ; elle ne put le voir sans sentir qu'il lui était toujours cher. L'absence avait aussi réveillé l'amour de son amant : ils s'aimèrent de nouveau ; mais il leur arriva une étrange catastrophe, quelque temps après le renouvellement de leur connaissance. Ils se plaignirent tous deux que l'amour leur avait prodigué des fruits, dont les fleurs se sèment dans les temples de Cythère. Ils s'accusèrent mutuellement de l'altération de leur santé. Les chirurgiens, qui se mêlèrent du cas, leur certifièrent en forme que leur maladie était certaine. Galaudet fit un éclat infini; il prétendit que sa maîtresse seule pouvait lui avoir fait présent du bijou dont il était possesseur. La Campoursi jura devant le corps des filles de l'opéra, auquel présidait la Mariette, qu'elle n'avait vu que lui, et qu'elle ne doutait point qu'il ne fût cause de l'état douloureux où elle était. Ce procès n'ayant pu être plaidé sans que le public en fût informé, la Campoursi quitta Lyon, et fut à Paris quelque temps à chercher pratique. Comme elle est fort jolie, elle n'eut pas de peine à trouver. Le comte de M..... fut quelque temps sur son compte. Elle a passé de lui au comte de S... F...., et est entrée depuis à l'opéra de Paris, par le crédit de sa bonne amie la Mariette.

LETTRE IV.

LETTRE IV.

Le premier amant de la Mariette fut le comte de Mirand. Elle était danseuse à l'opéra de Toulouse, lorsqu'il devint amoureux d'elle. Il fut bientôt aimé. Aussi le méritoit-il par sa figure, par son esprit, et par les manières qu'il avait pour elle. Ces bonnes qualités ne le mirent cependant pas à couvert de ses infidélités.

La première que sa maîtresse lui fit fut en faveur d'un Albanais nommé Marc, venu à la suite de l'ambassadeur de..... Il la vit, il en devint amoureux. Il étoit riche et bien fait. En faut-il davantage pour émouvoir une fille de l'opéra ? *Amour, tu perdis Troyes. Or, précieux métal, que tu gagnes de cœurs !* Le comte fut sacrifié, et l'Albanais obtint autant de rendez-vous qu'il en voulut.

Il sembla que le ciel voulût faire tomber sur lui la perfidie de sa maîtresse. L'ambassadeur...... devint amoureux d'elle, et trouva mauvais qu'un gentilhomme de sa suite voulût disputer le cœur d'une femme qu'il aimait. L'Albanais ne croyait point que l'amour exigeât des égards; et, quand il l'aurait cru, il était trop amoureux pour en avoir. La haine et le dépit agissant sur l'ambassadeur, il l'accabla d'injures, et le toucha si fort que l'Albanais s'oublia jusqu'au point de porter la main sur son maître. Celui-ci jura de le faire périr. Il se plaignit au ministre. L'infortuné amant de la Mariette fut réduit à se sauver; et, quelque temps après, se trouvant sans argent dans le cœur du royaume, où il se tenait caché, il fut obligé de s'engager. L'ambassadeur étant retourné à..... Marc crut pouvoir reparaître. Il était soldat, et n'avait pas un sou pour se dégager. Heureusement son capitaine était de Toulouse. La Mariette, touchée du souvenir des plaisirs passés, obtint son congé absolu. N'ayant plus aucune ressource, il se mit danseur à l'opéra. Vous l'avez revu depuis à Marseille, où la Mariette arriva peu après. Elle y fit, au bout de huit jours, la conquête d'un nommé Bouisson, à qui, pendant dix-huit mois, elle a fait plus verser de pleurs que les sœurs de Phaéton n'en répandirent.

Il aimoit véritablement, et n'était point du tout aimé. Comme il payait excessi ement, il passait pour l'amant en place. La Mariette avait soin de lui choisir bon nombre de substituts. Le chevalier d'Albert-Saint-Hippolite était le premier. On prétend même qu'il était le maître du cœur, et que les autres, ainsi que Bouisson, n'étaient faits que pour apporter à l'offrande. Son départ pour Lyon fut un coup de poignard pour son amant. Le pauvre garçon fut près d'un an à pouvoir se consoler.

Elle n'était point d'une pareille affliction. Aussi ne fut-elle pas long-temps sans faire un nouvel amant. Elle choisit Terrasson, conseiller à la Cour des Monnaies, qui jouissait de trente mille livres de rente. Quoiqu'il fût marié, cela n'empêcha pas que ses affaires ne fussent bientôt conclues. Mais ce fut si malheureusement pour lui, que dans deux ans il fut réduit au point d'abandonner sa femme, ses enfans, et de faire une banqueroute de plus de cinq cent mille livres.

LETTRE V.

L'histoire de Mariette vous aura laissé quelque chose de rude dans l'esprit. Celle des deux Gaumini l'adoucira. Vous connaissez la cadette, qui chante dans les chœurs à Paris, et vous pouvez avoir vu l'aînée à Rouen et à Bordeaux. Il lui est arrivé à Toulouse une aventure assez plaisante.

Le baron de S.... en était excessivement amoureux. Elle se figura qu'il l'aimait assez, pour pousser la folie jusqu'au point de l'épouser. Elle le proposa au baron, qui, surpris d'une extravagance pareille, ne put s'empêcher de lui dire ce qu'il pensait d'une telle proposition.

La Gaumini ne se rebuta point par le peu de réussite qu'avait eue une première tentative; elle revint souvent à la charge, et le menaça de le quitter entièrement. Le baron qui l'aimait à l'excès, n'osait rompre avec elle ; il songeait à gagner du temps tant qu'il pouvait. Enfin fatigué de ses importunités, il eut recours à un stratagème des plus comiques.

Il avait un homme d'affaires, qui demeurait dans une de ses terres auprès de Toulouse. Il lui proposa de s'habiller en prêtre et de le marier avec sa maîtresse dans la chapelle du château. Le domestique consentit à tout ce que voulut son maître. Le baron, charmé de l'expédient, qu'il avait trouvé pour jouir en paix de sa maîtresse, lui dit qu'il était résolu à l'épouser, mais qu'il fallait, par les égards, qu'il devait à sa famille, que ce mariage fût ignoré. Il ajouta qu'il avait gagné un prêtre, qui les épouserait dans une de ses terres.

La Gaumini, au comble de la joie, voulut partir sur-le-champ. Il n'y avait que deux lieues de Toulouse au château du baron. Ils y arrivèrent à l'entrée de la nuit. L'homme d'affaires s'était déjà masqué. Les amans passèrent dans la chapelle et reçurent la bénédiction nuptiale du prêtre, après quoi ils retournèrent à Toulouse.

La Gaumini resta un an dans la bonne foi. Mais le baron étant venu à se dégoûter, lui apprit l'état et le nom de celui qui les avoit mariés. Cette nouvelle la rendit furieuse. Elle vouloit porter ses plaintes au parlement. Les amis du baron lui conseillèrent de ne point laisser éclater cette affaire. Il donna cinq cents écus à la Gaumini, et le mariage fut rompu.

Elle alla ensuite à Lyon, où elle ruina un négociant. De là elle vint à Marseille; mais n'ayant trouvé que des amans, qui ne suffisoient pas à la dépense qu'elle faisoit, elle alla à Rennes, où je crois qu'elle est encore.

Sa sœur, que vous voyez tous les jours dans les chœurs, à Paris, perdit son pucelage pour douze cerises, c'est d'elle-même que je le sais. Elle étoit fort jeune. Un homme, l'ayant emmenée dans sa chambre, sous prétexte de lui faire présent d'une corbeille de fruits, en eut les dernieres faveurs; et, comme il n'était ni amant ni discret, il fit venir un de ses amis, qui s'étoit caché dans une chambre prochaine, et qui fut aussi heureux que lui. Elle eut ensuite plusieurs amans, parmi lesquels elle aima à la fureur un comédien, nommé du Lac, dont elle eut un enfant. Ayant été obligée de le quitter, elle entra à l'opéra de Marseille; de là, elle alla à Lyon, où elle resta quelque temps. Dans la suite, la Mariette trouva le moyen de la faire entrer dans les chœurs à Paris.

LETTRE VI.

Je vais vous mettre à même, par le récit des aventures d'une comédienne italienne, de comparer les mœurs des deux théâtres. Angelina naquit à Naples de parens excessivement pauvres ; son père était sculpteur en bois, mais si ignorant dans son métier, qu'il l'avait grand'peine à entretenir sa femme et sa fille ; vis-à-vis de chez lui logeait un jeune homme, nommé Antonio, fils d'un riche négociant : il voyait souvent Angelina ; il en devint passionnément amoureux, et fut assez heureux pour ne lui être pas indifférent. Quelque distance qu'il y eût entre eux deux, il demanda à son père la permission d'épouser Angelina ; ce fut inutilement. Ce négociant, uniquement touché de l'appas des biens, s'emporta contre son fils et lui défendit absolument de voir sa maîtresse.

Antonio était trop amoureux pour obéir ; il continua ses assiduités auprès d'elle. Son père l'ayant appris, crut que l'absence le guérirait : il l'envoya en Espagne auprès d'un commerçant de ses amis. L'adieu de ces amans fut tendre ; ils versèrent des pleurs, ils se plaignirent du sort, ils firent mille sermens de ne s'oublier jamais ; mais enfin il fallut céder, Antonio partit pour Cadix.

Angelina, éloignée de lui, se consola dans l'espérance de le revoir. Quel fut son désespoir, lorsqu'elle apprit que le vaisseau sur lequel il était, avait été pris par un corsaire d'Alger ! La nouvelle de l'esclavage de son amant pensa lui coûter la vie ; les pleurs étaient la seule consolation qu'elle eût dans son malheur.

Au milieu de ces inquiétudes, elle se vit réduite à de nouveaux embarras : son père, ennuyé d'un métier qui ne lui donnait pas de quoi vivre, quitta la sculpture ; et s'étant aperçu que sa fille avait une fort belle voix, il la fit entrer à l'opéra de Naples.

Dans peu de temps elle fit de si grands progrès dans la musique et dans le goût du chant, qu'elle gagna bientôt des appointemens considérables. De Naples ayant été à l'opéra de Gênes, elle y apprit une nouvelle qui redoubla tous ses malheurs.

Le père d'Antonio avait été obligé de faire banqueroute pour la perte d'un navire. Il était réduit dans l'état le plus pitoyable. L'amoureuse Angelina ne put savoir la situation du père de son amant, sans y être sensible ; elle lui fit remettre quarante pistoles à Livourne, où il avait été obligé de se sauver, sans qu'il pût connaître la main charitable d'où lui venait ce bienfait.

Elle n'oubliait pas cependant de travailler aux moyens de tirer son amant d'esclavage ; elle épargnait le plus qu'il lui était possible, et amassait ainsi de l'argent pour sa rançon. L'occasion lui eût procuré le moyen d'abréger tant de soins, si elle avait pensé comme nos comédiennes françaises. Le marquis Massimiani, gentilhomme romain, vit Angelina à l'opéra de Gênes ; il en devint éperdument amoureux, et fit tout ce qu'il put pour s'en faire aimer, mais inutilement. L'idée d'Antonio était trop parfaitement gravée dans son cœur, pour que rien pût l'en effacer : il lui offrit mille pistoles pour le prix des dernières faveurs ; c'était la rançon de son amant : le pas était glissant. Elle crut qu'elle serait indigne de lui, si elle lui procurait la liberté par un moyen aussi honteux. Elle refusa généreusement les offres du marquis, qui, surpris de trouver sa maîtresse inattaquable de tous côtés, se douta qu'elle avait le cœur pris.

Il la pria de l'avouer naturellement. Angelina lui raconta de quelle manière elle s'était attachée à Antonio et les mesures qu'elle prenait pour sa liberté. Le marquis, touché au vif de la générosité et de la vertu d'une fille aussi sage, la força d'accepter quatre cents pistoles qui manquaient à l'argent qu'elle avait épargné pour la rançon de son amant, qui montait à huit cents. Au lieu de votre amour, lui dit-il, belle Angelina, accordez-moi dorénavant votre amitié : votre candeur et votre constance me la rendent chère. Je veux que vous me regardiez comme votre frère, et vous verrez que je vous servirai utilement.

Il lui tint parole ; et, par son crédit, les affaires du père d'Antonio s'accommodèrent en partie. Angelina remit les huit cents pistoles au résident de France, qui les fit tenir à Alger au consul de la nation, pour payer la rançon d'Antonio. Cet amant fortuné arriva à Gênes peu de temps après.

Sa maîtresse, après ce qu'elle avait fait, crut pouvoir espérer que le père ne s'opposerait plus au mariage de son fils. Le marquis

Massimiani se chargea de lui en écrire. Le négociant, qui avait mille obligations à ce seigneur, dont il ne pouvait pénétrer la cause, n'hésita pas un moment à consentir à ce qu'il voulait. Le seul éloignement de son fils, dont on ne lui avait pas appris le retour, semblait rendre ce consentement inutile; mais quelle fut sa joie, lorsqu'il le vit arriver chez lui dans le temps qu'il s'y attendait le moins, et qu'il apprit qu'il devait sa liberté à sa maîtresse ! Angelina resta encore quelque temps à l'opéra après son mariage : elle entra ensuite dans les concerts du cardinal Ottoboni; et, ayant, par sa conduite, gagné de quoi rétablir entièrement les affaires de son beau-père, elle se retira avec lui.

Cette histoire a quelque chose de si sage et de si vertueux, que vous penserez qu'il est imposible d'en tirer un juste préjugé pour les mœurs des autres comédiennes italiennes ; j'en conviendrai avec vous : mais examinez-les toutes, et vous ne verrez jamais dans leur conduite des déréglemens outrés. Vous avez connu la Cossoni à Londres; elle avait un amant : pourrait-on se récrier là-dessus sans une espèce de pédantisme ou de cagoterie ? Une femme peut avoir une inclination, sans qu'on soit en droit de la mépriser. Il n'est pas un homme qui ait le moindre usage du monde, qui ne soit pénétré de la vérité de cette proposition, qu'il faut qu'une femme soit plus sage pour n'avoir qu'un amant, que pour n'en point avoir. Quel effort fait-elle de se passer d'un plaisir qu'elle ignore ? mais lorsqu'elle a senti la douceur d'être trouvée aimable, que l'amour lui a prodigué ses faveurs les plus chères, qu'elle a été initiée aux mystères les plus cachés, je soutiens qu'il faut une vertu infinie pour ne pas succomber à la tentation de multiplier ces plaisirs. Vous savez la maxime de Bussi : *Ce n'est pas l'amour qui nous perd, c'est la manière de le faire* (1). Je finis par cette réflexion. Il y aurait du ridicule à exiger que les comédiennes italiennes fussent plus sages que les autres

(1) Bussi Rabutin, lieutenant-général des armées du roi, et mestre-de-camp, général de la cavalerie légère, a laissé différens écrits très-instructifs sur les mœurs et les personnes de la cour de Louis XIV. Il encourut la disgrace du roi, pour avoir parlé trop librement de lui dans son *Histoire Amoureuse des Gaules*, ouvrage très-curieux et très-licencieux. Les *Mémoires*

femmes; c'est bien assez qu'étant plus exposées qu'elles, elles aient autant de vertu. Si, après avoir lu ma lettre, vous n'êtes pas de mon sentiment, examinez à Paris la troupe française et l'italienne, vous y verrez des argumens vivans et démonstratifs.

de Bussi Rabutin sont bien écrits; ils font connaître sa vie et plusieurs traits de celles des personnes avec lesquelles il avait vécu. Né en Epiry en Nivernais en 1628, il mourut à Autun, en 1693, âgé de soixante-quinze ans. Le style de Rabutin est en général clair, énergique, quoique souvent exagéré.

LETTRE VII.

Il ne peut y avoir parmi les Italiens ni historiens ni philosophes; les grands sujets sont défendus chez eux. L'inquisition est ennemie de la méthaphysique; cette science donne à l'esprit trop de liberté : la vérité de l'histoire passée ne peut se montrer dans un pays où elle condamne perpétuellement les actions et la conduite de ceux qui vivent. Les Italiens n'ont qu'un seul historien; encore est-il vénitien; Fra Paolo a saisi le moment pour écrire que la République était brouillée avec la cour de Rome.

Vous connaissez leurs bons poètes, le Tasse, l'Arioste, le Guarini, le Pétrarque. Depuis eùx, le temps n'a pas formé de poètes qui les aient égalés, ou même approchés. Les théologiens écrivent perpétuellement en Italie, et ne causent jamais de schismes; ils font de gros volumes qu'ils n'entendent point, et ils n'exigent pas que les autres les entendent. Plus une chose est obscure et mystérieuse, et plus elle devient respectable pour le petit peuple. Les grands ne se donnent ni la peine de la croire, ni celle de l'éclaircir. Je pense qu'après les Hollandais, il n'est pas de peuple qui ait autant de bon sens. Pendant six mois que j'ai été à Rome, j'ai toujours vu, dans la conduite des gens chargés des affaires, la sagesse la plus consommée.

On s'égosille, dans les pays protestans, à force de crier contre la cour de Rome. Le pape et les cardinaux sont ordinairement le sujet des déclamations des réformés ; j'en ai fait convenir plusieurs, avec qui j'ai été en société à Rome, que c'était bien injustement. Le luxe des cardinaux, dont on parle tant, a beaucoup moins de splendeur et de faste que la simplicité chrétienne d'un évêque anglican, dont les revenus sont fort considérables et qui porte le titre de lord. Il est vrai que quelques cardinaux, qui ont de grands biens de patrimoine, soutiennent la dignité de leur rang ; mais n'est-ce pas exiger une chose absurde que de vouloir réduire plusieurs fils de maisons naturelles, qui sont revêtus de la pourpre, à la façon de vivre d'un curé janséniste, ou d'un ministre luthérien, qui ne crie si fort que parce qu'il ne peut jouir d'un pareil bonheur?

Depuis que l'inquisition est établie à Rome, je doute qu'elle ait jamais fait arrêter un étranger. Lorsqu'il y en a quelqu'un qui tombe dans un cas de sa juridiction, elle se contente de lui ordonner de sortir de l'Italie. Il est aisé de constater la vérité des faits que j'avance. Nombre de Français et d'Anglais ont été à Rome et ne s'y sont pas plus contraints qu'ailleurs; la chose leur est impossible. Vous n'avez jamais ouï dire que qui que ce soit se soit plaint d'avoir été arrêté. Ce n'est pas la faute de bien des réformés : ils parlent aussi librement à Rome qu'à Londres; mais les Italiens n'y font pas attention; et, s'ils ne voyaient pas des Anglais qui affectent de parler et de tourner le dos dans les églises lorsqu'on dit la messe, je crois qu'ils ignoreraient s'il est des réformés.

Il n'en est pas de même chez les protestans, il semble que l'idée de la cour de Rome soit un poison qui les rende furieux; quelques ministres se prêtent à cette manie et la poussent jusques à l'excès. Je ne sais si vous avez jamais
lu

lu un livre fait par M. Jurieu (1), intitulé : *l'Accomplissement des prophéties, ou la délivrance prochaine de l'église; ouvrage dans lequel il est prouvé que le papisme est l'empire anti-chrétien, que cet empire n'est pas éloigné de sa ruine, que la persécution présente peut finir dans trois ans et demi; après quoi commencera la destruction de l'Antechrist, laquelle s'achèvera dans le commencement du siècle prochain.* Ce livre est en deux volumes *in-*12. L'auteur y a expliqué à sa mode toute l'Apocalypse, et a prétendu démontrer la vérité de son sentiment. Je ne conçois pas comment un homme qui avait du génie, car on ne saurait lui en refuser, a pu donner dans une pareille vision. Ce qu'il y a de plus étonnant, c'est qu'il croyait fermement que Dieu avait fait naître le roi Guillaume pour être l'exécuteur de ses grands desseins et pour détruire les persécuteurs de France. *Il s'imagina,* dit l'auteur de la Vie

(1) Jurieu est connu par son impétuosité religieuse et ses déclamations en faveur du protestantisme. C'était un homme qui n'écoutait que la passion dans les disputes où il ne fallait consulter que la raison. Il est coupable, aux yeux de la postérité, de s'être joint aux ennemis de Bayle, pour persécuter ce grand homme.

de Bayle, qu'il devait lui-même aider à la chose; et, après avoir rêvé toute une nuit, il se figura avoir trouvé une manière de ponton pour faire débarquer en France autant de soldats qu'on voudrait, en dépit des milices qui seraient sur les côtes.

Cependant ces écrits, tout ridicules qu'ils sont aux yeux d'un philosophe, ont persuadé plus de réformés que les ouvrages du ministre Claude, pleins de force et d'érudition. Le peuple veut être leurré de chimères. Dès le commencement de la séparation des protestans, on l'amusait de pareilles sottises. J'ai lu à Worms un livre de Luther; le pape y est peint à la tête avec ses habits pontificaux; il a de grandes oreilles d'âne et une troupe de diables auprès de lui qui lui mettent la tiare sur la tête. Le peuple n'a pas été le seul sur qui de pareilles folies aient fait quelque impression; il y a eu des gens de lettres à qui elles ont paru une suite de la révélation de Dieu. Voici les termes dont se sert Sleidan (1): *Luther fit faire une peinture pour rire, ce semble, toutefois prédisante ce qui devait*

---

(1) Histoire de l'état de la Religion et République sous Charles-Quint, par Jean Sleidan, liv. 16, p. 264.

advenir. Le pape, revêtu, chevauche une grosse truie qui a amples tetins, laquelle il broche de ses esperons. Cependant il fait la bénédiction à ceux qui d'aventure se rencontrent ; de la gauche il tient l'excrément humain encor tout chaud. La truie, sentant l'odeur, lève le groin vers sa proie. Mais lui se moquant d'elle, et reprenant l'excrément, il faut, dit-il, que tu endures que je monte dessus toi, et que je te donne de mes esperons maugré que tu en ayes ; il y a long-temps que tu me romps la tête du Concile pour me diffamer plus librement : voici le Concile que tu me demandes. Par cette truie, il signifiait l'Allemaigne. Plusieurs papistes reprenaient en lui les railleries comme messéantes et peu honnêtes ; mais il avait ses raisons qui le mouvaient, et gens sensés estimaient qu'il voyait plus loin ; car même, en ses livres, on trouve plusieurs prophéties des choses de grande conséquence jà accomplies.

Vous voyez que ces sortes d'images étaient regardées comme quelque chose de bien essentiel à la dispute dont il s'agissait. Qu'aurait-on dit, grand Dieu, si M. de Meaux avait été mettre pareille pasquinade à la tête de ses Variations ? Si les théologiens qui ont causé des différends dans la religion, il y a deux cents ans, revivaient aujourd'hui, ils seraient étonnés de voir combien les habiles gens qui sont venus après eux, ont poussé loin une matière qu'ils n'entendaient que médiocrement. Calvin et Bèze seraient fort heureux de servir de frères lais à Dumoulin et à M. Claude. Je ne pense pas que les théologiens catholiques du colloque de Poissy eussent brillé auprès de MM. Nicole et Arnaud et de M. de Meaux.

LETTRE VIII.

La bonne philosophie est inconnue en Espagne ; il n'est pas de pays dans l'Europe, où il soit plus expressément défendu de penser et d'agir en conséquence. Il en coûta cher à Galilée d'avoir rendu publique une découverte que la vérité a confirmée. En un mot, ce philosophe fut enfermé dans l'âge le plus avancé, pour avoir démontré une proposition que l'ignorance des moines n'approuvait point. C'aurait été encore pis en Espagne.

Les Italiens n'écrivent pas, mais ils pensent ce que les autres écrivent. Gênés par l'inquisition, ils se contentent de nourrir leur esprit des ouvrages des autres nations. Les Espagnols n'écrivent ni ne pensent. Leurs livres philosophiques sont des ramas d'idées fausses et gigantesques, puisées dans les ouvrages inintelligibles d'Aristote et de ses disciples, dont les moines leur permettent la lecture.

L'étude de la philosophie ne sert chez eux qu'à augmenter les ténèbres et le chaos de leur imagination.

Leurs bibliothèques ne sont composées que de théologiens, de romans et de poètes. Ils ont eu quelques grands écrivains; mais, quelque talent que la nature leur eût prodigué, ils n'ont pu s'affranchir entièrement du génie de la nation. Vous connaissez la Conquête du Mexique; cette histoire est un morceau à comparer avec ce que l'antiquité nous a laissé de plus parfait. L'auteur est malheureusement tombé dans le récit d'une foule de miracles, dignes d'être écrits par un père Servite ou par un Mathurin.

Miguel de Cervantes est le seul Espagnol dont les ouvrages ne soient pas mêlés de plusieurs traits de dévotion. Il n'a pourtant pas été entièrement exempt du défaut de sa nation; et, tout grand homme qu'il était, n'a-t-il pu éviter cet écueil dans l'histoire de l'Esclave Algérien: il fait avoir plusieurs conversations à sa maîtresse avec *Lesa Maria*; *la Madona* vient toutes les nuits lui ordonner d'aller en Espagne, et le nœud de cette épisode, une des plus touchantes du livre, n'est fondé que sur un miracle.

Quelque génie qu'ait un auteur, il ne peut jamais vaincre entièrement les préjugés de l'éducation. Tout homme qui connaîtra les mœurs des peuples, distinguera de quelle nation est un auteur, dans quelque langue qu'il ait écrit. Je n'ai jamais lu de livres anglais, où il n'y ait quelque chose contre les français; d'italiens où il ne se trouve d'idées folles; d'espagnols qui ne soient farcis de miracles, et de français où l'auteur ne se loue dans sa préface.

La dévotion des écrivains espagnols s'étend jusqu'à leur théâtre. La Vierge, les apôtres, saint Jérôme, saint Chrysostome, les mystères les plus augustes de la religion, sont le sujet de plusieurs de leurs comédies. Ce n'est pas que le bien des poètes, et entre autres don Lope de Vega, excellent comique, n'ait fait des pièces profanes; mais elles ne plaisent qu'aux grands et à quelques gens de bon goût. Le peuple aime mieux voir deux Saints sur le théâtre qu'Achille et Agamemnon.

Tout homme en Espagne qui sait lire et signer son nom, prend grand soin d'orner son nez d'une paire de lunettes fort amples, dût-il voir beaucoup moins que s'il n'en portait pas. Il faut qu'il se résolve de passer pour ignorant, ou de se soumettre à l'usage.

On dit que ce pays est le pays de la galanterie. Je le regarde comme l'antipode. Peut-on appeler galanterie de racler, pendant toute une nuit, une maudite guitarre sous une fenêtre; d'entendre huit ou dix messes, pour donner de l'eau bénite, en sortant de l'église, à sa maîtresse, et de se morfondre à lorgner à la promenade de deux cents pas de loin? Ceux qui ont parlé de cette façon n'ont connu les amours des Espagnols que dans des romans faits à Paris.

Le cérémonial est une des choses que cette nation observe avec le plus d'exactitude. Les affaires les plus pressantes, dussent-elles péricliter, il faut que l'étiquette soit respectée. Les titres sont ici en si grande abondance que, joints à la quantité des noms de baptême, un homme peut former un volume de leur seule énumération. Je vous envoie, pour vous amuser, l'adresse de l'Epître dédicatoire de l'Histoire du règne d'Auguste II, roi de Pologne, dédiée par l'abbé de Parthenay à l'ambassadeur d'Espagne.

LETTRE IX.

Le quart des habitans de Bruxelles sont appelés *monseigneur* (1). Il y a plus d'Excellences dans cette ville qu'il n'y a à Rome d'évêques *in partibus*. En Flandre, tout est baron, comte, marquis. Les Allemands sont des bourgeois sur le préjugé de la noblesse, eu égard aux Flamands. Un homme, dès qu'il s'éveille le matin, prend grand soin de se dire à lui-même qu'il est gentilhomme; le reste de la journée, il ne le laisse ignorer à personne; et quiconque l'approche, l'apprend bon gré malgré qu'il en ait. Les seigneurs bruxellois sont dans une consternation infinie de ce que la présence de l'archiduchesse

---

(1) Bruxelles était du temps où écrivait le marquis d'Argens, peuplé d'une foule de nobles et de grands seigneurs qui fréquentaient la cour du gouverneur-général.

les empêche de se promener dans la ville en carrosse à six chevaux. Leurs seize quartiers sont blessés de n'être voiturés que par deux.

La peinture est ici dans un triste état. Il ne reste plus de l'école de Rubens et de Van Dyk, que quelques tableaux dans les églises et dans les cabinets des curieux. Les peintres répandus aujourd'hui dans la Flandre, sont de véritables barbouilleurs. Il y en a un à Bruxelles qui copie parfaitement. Mais qu'est-ce que cela, eu égard aux grands hommes qui ont vécu dans ce pays ?

Une comédie française de Province roule dans les grandes villes. Je lui ai vu estropier le Rhadamiste de Crébillon.

Rousseau est ici (1). On y pense sur lui comme nous faisons à Paris. On estime son édition de Soleure ; on ne lit point ses derniers ouvrages.

(1) Voyez plus haut ce que nous avons dit de J. B. Rousseau. Après avoir joui quelque temps de l'amitié du duc Daremberg, il se brouilla avec lui, quitta Bruxelles, et y revint mourir.

LETTRE X.

Tout livre en Allemagne, qui n'est pas en trois volumes *in-folio*, est regardé comme nos brochures de deux ou trois feuilles d'impression le sont à Paris. Un auteur allemand, dont la matière ne sera pas vaste, s'il n'a ni commentateur ni glossateur, ne passe guère six ou sept volumes. Mais si un commentateur a pris soin de l'éclaircir, ses remarques font aller le livre jusques au douzième volume. Il arrive quelquefois qu'on donne de nouvelles explications sur le commentaire. Alors un auteur fait une bibliothèque; vous me demanderez de quoi sont remplis ces *in-folio: Sunt verba et voces, prætereaque nihil.*

Il n'est pas que vous n'ayez jeté les yeux sur le *Theatrum vitæ humanæ* en dix volumes énormes; vous y trouverez moins de bonnes choses que dans la seule première feuille du dictionnaire de Bayle.

Il y a pourtant de grands hommes en Allemagne. Vous avez lu le traité *de Jure belli et pacis*, de *Grotius* (1); ouvrage utile aux princes et aux peuples : *le Droit de la Nature et des Gens*, par le baron de Pufendorff, qui était allemand, ne lui est pas inférieur, et on estime avec raison son Introduction à l'Histoire Universelle. Ces deux ouvrages n'ont rien de l'horrible chaos des livres des savans en *us*.

La poésie n'est pas faite pour les Allemands; Pégase seul peut les inspirer; les muses fuient une langue aussi dure. Charles-Quint disait que, s'il voulait parler à Dieu, ce serait en espagnol, à sa maîtresse en italien, à ses amis en français, à ses chevaux en allemand. Leurs comédies et leurs tragédies sont si mauvaises, qu'ils ne se donnent pas la peine de les voir représenter. Il y a des troupes françaises dans toutes les cours d'Allemagne.

Les beaux arts sont chéris et cultivés dans ce pays ; et, quoiqu'il n'y ait pas de peintres ni de sculpteurs d'une grande réputation, les étrangers qui excellent y sont parfaitement reçus.

(1). *Grotius* est né en Hollande, mais a écrit cet Ouvrage en Allemagne.

La musique y est fort aimée, et sur-tout l'italienne. C'est le goût de l'Europe entière. On n'y méprise pourtant pas la nôtre, et les Allemands ne se laissent pas aisément surprendre à la prévention.

Ils sont francs et honnêtes gens, braves soldats, remplis de candeur et de probité, incapables de se prévenir pour une nation plutôt que pour l'autre. Quoique nous soyons en guerre, la vérité n'en doit pas moins être dans la bouche d'un Français, qui fait gloire de l'aimer.

LETTRE XI.

MILLE gens en France regardent les Turcs comme une nation barbare, à qui le ciel n'a donné que les idées les plus communes et les plus grossières. On revient bien de ce préjugé, pour peu qu'on les ait fréquentés. Quand je vous parle des Turcs, ce sont des levantins, ou sujets du Grand-Seigneur, des Arabes et des Persans. Je ne comprends point cette foule de voleurs et de bandits; ramas et excrément de toutes les nations, établis sur la côte d'Afrique.

Pendant six ou sept mois que j'ai demeuré à Constantinople, j'ai étudié avec un soin infini les mœurs et les coutumes des habitans. J'ai reconnu dans tous les musulmans beaucoup de bon sens, de probité et de candeur. Les banqueroutes si fréquentes en France sont presque inconnues dans le levant. La bonne foi y sert de notaire. On y ignore les contrats d'assurance et de garantie. Les dépôts s'y font sur la bonne foi, ou tout au plus sous un seing privé. Il serait absurde de croire qu'il n'arrive jamais aucune friponnerie. Les Turcs sont hommes et sujets à l'humanité ; mais sur ce qui regarde la probité, je les crois plus exacts que les autres.

Nous les regardons comme des gens à qui les sciences sont inconnues. C'est avec aussi peu de raison. Ils n'étudient pas le grec et le latin. Ces langues ne leur sont d'aucun usage ; mais il y a des collèges publics, où ils apprennent l'arabe et le persan. Leurs meilleurs écrivains ont écrit dans ces langues, et ce sont les seules qui leur deviennent nécessaires. Il n'y a, chez les Turcs, ainsi que chez nous, que deux sortes de personnes qui s'appliquent à l'étude, les ecclésiastiques et les gens de loi, ce qui revient à nos théologiens et à nos gens de robe. Il leur serait aussi inutile d'entendre saint Augustin, saint Thomas, Cujas et Bartole, qu'aux nôtres de savoir les commentaires sur l'Alcoran, le recueil des Fetfa des Muphtys, et les ordonnances du Grand-Seigneur.

Ils ont quelques historiens assez bons, mais en fort petit nombre. Les philosophes ne leur manquent pas. La plupart sont arabes et persans, mauvais, obscurs et diffus, mais pourtant plus sensés, plus nets, plus intelligibles et moins en état de brouiller le jugement, que le docteur Scot et les autres docteurs subtils de l'école. Lisez Avicenne et Averroès, vous n'y trouverez rien qui approche du ridicule des *à parte rei*, ou *à parte mentis*. Que dirait un Turc, si, après dix ans d'étude, son maître ne lui avait rempli l'esprit que de mots bizarres de forme substantielle, d'argument *in baroco*, de syllogisme *in baralipton?* Il jugerait de nous peut-être moins avantageusement que nous ne pensons de lui.

La poésie n'est pas inconnue chez ces peuples; ils ont plusieurs poètes. A la vérité, ces écrivains ont le cerveau un peu échauffé, et leurs métaphores et leurs images sont excessivement hyperboliques. Il y a pourtant du beau et du bon dans leurs ouvrages.

Je connaissais un jeune poète turc, nommé Achmet Chelebi, qui parlait fort bien italien; il m'a appris une chose assez particulière, et qui eût servi infiniment à madame Dacier dans ses disputes sur Homère. Comme nous parlions souvent des talens que demande la poésie, il me dit que la langue persane et l'arabe étaient une des choses des plus essentielles à la versification turque, par la quantité de mots et de tours de phrases qu'on était obligé d'emprunter de ces langues étrangères, pour donner à la turque plus de force et plus de douceur en même temps. Comment, lui dis-je! vous mêlez des termes et des expressions de plusieurs idiomes dans vos poésies? c'est ainsi, me dit-il, que tous les ouvrages qui sont pour les savans, doivent être écrits; cette langue s'appelle *le turc farci;* on ne la parle que dans le sérail et chez les gens de science: l'arabe sert à donner plus de force, le persan plus de tendresse; et le mélange de ces trois idiomes ne fait qu'un langage plus parfait. Il y a, à la vérité, bien des livres qui ne sont écrits que dans un seul idiome: tels sont principalement les historiens qui doivent être à la portée de tout le monde; mais pour les poètes, sur-tout les bons, ils se servent du turc, de l'arabe et du persan, selon qu'ils jugent qu'il convient à leurs ouvrages.

Je trouvai ce qu'Achmet Chelebi m'avait dit si extraordinaire, que j'en parlai au comte d'Aillon, neveu du marquis de Bonac, qui savait parfaitement le turc; il me dit la même chose. Le Noir et Fournetis, deux dragomans de l'ambassadeur, me confirmèrent dans cette opinion.

J'ai réfléchi depuis que c'était avec quelque espèce d'injustice que monsieur de Fontenelle avait comparé Homère, lorsqu'il avait employé plusieurs dialectes dans son Iliade, à un homme qui composerait un poëme, en picard, en champenois, en languedocien et en breton. Ces idiomes n'ont point entre eux le même rapport que les dialectes différentes des Grecs. Il y a même apparence qu'il en était chez les Grecs comme chez les Turcs, c'est-à-dire, que leurs savans se servoient de ce qu'ils trouvaient de beau dans les idiomes différens. Aussi voyons-nous que Pindare en a employé quelquefois deux différens dans ses odes.

Je ne fais point cette réflexion pour condamner monsieur de Fontenelle. Les grands hommes tels que lui méritent que, quelque raison qu'on croie avoir, on suspende son jugement ; et, quand il y aurait encore plus d'apparence à ce que je dis, l'autorité d'un génie aussi beau et aussi étendu me ferait douter de la justesse de mon raisonnement.

Les Turcs sont mauvais musiciens, ou, pour mieux dire, ils ne le sont point du tout. Ils jouent de la guitarre, du tambourin, du tympanon quelques airs qu'ils apprennent par routine, comme nos borgnes et nos aveugles apprennent à jouer du violon et de la vielle.

J'ai vu des comédies turques à Constantinople. Les troupes qui jouent devant les hommes n'ont point de femmes, et il n'y a point d'hommes dans celles qui représentent devant les femmes. Ces comédiens n'ont pas de salle ; on les envoie chercher dans les maisons des particuliers qui veulent les voir. Les pièces qu'ils représentent sont des impromptu, tels que la plupart des scènes de notre ancien théâtre italien. Voici le sujet d'une pièce que je vis représenter chez l'ambassadeur de Moscovie :

Un père part de Constantinople pour s'en aller à Alep. Il recommande à son fils une esclave géorgienne, qu'il avait achetée et dont il était amoureux. Son fils devient lui-même sensible aux attraits de la maîtresse de son père. Il ne peut s'empêcher de le lui dire ; elle l'écoute, et vient à l'aimer à son tour. Le fils forme le dessein de l'enlever et d'aller à Andrinople. Le père arrive dans ce temps-là et rompt tous les projets. Le fils tombe dans une affreuse mélancolie. Le père, craignant que son fils ne meure, cherche le sujet de sa tristesse ; et l'ayant appris, il lui donne sa maîtresse, dont il lui fait un sacrifice.

Vous voyez qu'il n'y a rien d'extravagant dans ce sujet. Il est vrai que la pièce dure trois ans, au lieu de la règle des vingt-quatre heures; que les bienséances n'y sont pas mieux observées, et que le style en est si ordurier, qu'il n'y a point de soldat aux gardes qui ne fût scandalisé de certaines scènes.

Les comédiens qui jouent les rôles des femmes sont des jeunes gens d'une très-jolie figure. J'ai vu chez la femme du chancelier de France, nommée madame Belin, une troupe de comédiennes turques. Nous étions cinq ou six, qu'on avait fait entrer en secret. J'ai trouvé une troupe aussi mauvaise que l'autre; celle des hommes me paraissait même plus supportable.

———

LETTRE XII.

Je n'avais pas moins envie de m'instruire de la religion des Turcs, que de leur façon de penser sur les sciences. Achmet Chelebi n'était pas propre à me fournir ces éclaircissemens; il était aussi mauvais Turc, que bien des poètes français sont mauvais catholiques. Je sentais qu'il ne me donnerait que de nouveaux doutes sur le ridicule affreux que nous attachons à la croyance musulmane. Je voulais un homme, qui, persuadé de sa religion, voulût la défendre sincèrement. Je me faisais un plaisir de voir si on pourrait excuser cet amas d'extravagances qui sont répandues dans l'Alcoran. Un médecin juif me fit connaître un effendi, appelé Osman, grand théologien turc, et parlant parfaitement l'italien.

Je lui proposai d'abord plusieurs questions. La première fut sur la façon dont Mahomet avait étendu sa religion, je veux dire, sur les violences et les brigandages qu'il avait exercés, pour la faire recevoir. Écoute, me dit-il, tu es dans le préjugé de tous ceux de ta nation : notre prophète ne s'est porté à ces excès que parce qu'il y a été forcé par le Tout-puissant qui voulait l'obliger à punir un peuple, dont les vices avaient comblé la mesure. Regarde dans la Bible, qui est un livre sacré dans ta religion, tu verras que Dieu ordonna aux Juifs de massacrer et d'exterminer jusqu'aux enfans à la mamelle de certaines nations qui avaient mérité sa colère. Pourquoi loues-tu et approuves-tu dans les uns ce que tu blâmes dans les autres ? avant de condamner une action, il en faut regarder le motif; d'ailleurs Mahomet avait des droits pour recouvrer le *chérifat* de la Mecque, que ses ancêtres avaient possédé pendant plusieurs générations; et, ayant été traversé dans cette entreprise par plusieurs princes voisins, il usa de représailles. Si tu veux regarder Mahomet comme l'envoyé de Dieu, tu ne peux point lui faire un crime d'avoir obéi, ainsi que les chefs du peuple juif firent autrefois. Si tu veux le considérer comme un prince, pourquoi condamnes-tu en lui ce que tu loues dans Alexandre, dans Jules César et dans une partie des monarques du monde ?

Notre prophète n'a jamais condamné personne à mort, à cause de sa religion; il s'est contenté d'imposer un tribut à ceux qui ne vouloient point embrasser la loi. Regarde toutes les religions; tu les verras permises et exercées au milieu de la ville impériale avec autant de tranquillité que dans les états de ton prince.

Je viens, continua *Osman Effendi*, à la pluralité des femmes et à la liberté que nous avons d'entretenir plusieurs concubines; cette maxime, que vous condamnez vous autres chrétiens, est aussi ancienne que le monde. *Lamech* n'épousa-t-il pas deux femmes peu de temps après la création de la terre, c'est-à-dire dès qu'il y eut quelques femmes de plus qu'il n'y avait d'hommes? Cependant il ne fut pas censuré de Dieu pour une telle conduite. Jacob ne prit-il pas les deux sœurs en mariage dans le même temps, et n'avait-il pas, outre cela, des concubines? David le prophète n'eut-il pas plusieurs femmes; et, dans les derniers jours de sa vie, qui furent destinés à la pénitence, se fit-il un scrupule de faire choix d'une jeune beauté? Salomon, le plus sage des rois, inspiré de Dieu, n'en fut point abandonné, pour avoir un nombre infini de concubines, mais pour avoir idolâtré par complaisance pour elles ; ce qui lui fût également arrivé, s'il n'en eût eu qu'une et qu'il l'eût assez aimée pour passer la complaisance jusqu'à cet excès horrible. Considère combien notre coutume est plus utile à la société que celle des chrétiens. Lorsqu'une femme chez toi se trouve stérile, son mari devient inutile à l'état ; il est puni lui-même, sans l'avoir mérité, des défauts de son épouse, et privé pour jamais du doux nom de père. De là viennent les mauvais ménages et la débauche outrée dans laquelle se plongent ceux de ta religion, et que tu reproches à tort aux musulmans, à qui la loi divine, que leur a donnée leur grand prophète, permet par une sage maxime la pluralité des femmes, que la nature semble nous conseiller.

Tu te récries mal à propos sur les plaisirs de notre paradis ; les railleries que tu en fais ne décident rien, à moins que tu ne veuilles exiger que des plaisanteries servent de raisons. Je veux te convaincre, poursuivit Osman, par tes propres préjugés. Tu penses qu'un jour tu reprendras ton même corps et que tu seras dans le paradis comme tu es actuellement dans le monde : or si tu crois donc que l'odorat, la vue, le goût, le toucher, seront rendus aux hommes, comme il faut nécessairement que cela arrive pour qu'ils aient leurs corps parfaits, quelle difficulé ou plutôt quelle honte trouves-tu aux plaisirs délicieux que Mahomet nous promet? Lorsque Dieu créa Adam et Eve dans l'état d'innocence, supposé qu'ils y eussent toujours resté, n'auraient-ils pas goûté les charmes de l'amour, ses transports, ses soupirs, cette jouissance, qui nous attend dans le ciel? tout cela ne leur eût point paru honteux; ils auraient pourtant été dans un état aussi pur et aussi saint que celui où seront les justes. S'il y avait de la bassesse à contenter des desirs aussi innocens que ceux de l'amour, il y en aurait autant à jouir des plaisirs des autres sens. Or c'est ce qui n'est point, puisque les anges mangent en paradis : aussi est-il dit dans la Bible, que la manne, que le Tout-puissant fit tomber dans le désert en faveur des juifs errans, était la nourriture des anges.

Quelque faibles que fussent ces raisons, j'étais surpris de voir qu'elles eussent une apparence de bon sens : je ne m'étais pas persuadé qu'on pût colorer de pareilles impertinences. Son excuse, pour la pluralité des femmes, n'était pas ce qui me surprenait;

j'avais fait les mêmes réflexions que lui sur leur stérilité, et il est peu de gens à qui elles ne soient venues dans l'esprit. Mais, quant au ridicule paradis de Mahomet, j'ignorais entièrement ce qu'il pourrait me dire. *Nihil est tam absurdum quod disputando non fiat probabile.*

Je comptais que cette conversation ne servirait qu'à m'éclaircir si les Turcs avaient quelque idée de leur religion, qui pût en pallier le ridicule. Elle produisit en moi une réflexion que j'ai fait faire depuis à bien de mes amis protestans et arméniens. Messieurs, leur ai-je dit, vous ne voulez que l'Écriture, et vous l'expliquez à votre fantaisie. Les Turcs en font de même. Elle leur sert à prouver que les anges mangent en paradis. Je ne suis pas plus obligé de croire l'un que l'autre. Vous permettrez, dans le doute, que je m'en rapporte à Origène, à Tertulien, aux premiers pères de l'église. Ils avaient vu les disciples du Messie, ou peu s'en faut. Vous aurez assez de bonne foi pour m'avouer qu'ils devaient être mieux instruits que ceux qui sont venus douze ou quinze cents ans après.

LETTRE XIII (1).

C'est ici le pays du bon sens et de la liberté : la première de ces qualités entraîne l'autre nécessairement. L'homme, en Hollande, n'est sujet qu'aux lois : ce sont elles seules qu'il craint et qu'il respecte. Libre dans tout ce qui ne va point contre l'état, il ne connaît d'autres maîtres que la vertu et son devoir.

On croirait qu'il y a deux nations en Hollande : le bas peuple et les bourgeois. Le caractère des uns est aussi éloigné de celui des autres, que celui des Français l'est des Portugais. Les bourgeois sont affables, polis, serviables, incapables d'aucun mauvais procédé. La populace y est brutale et insolente jusqu'à l'excès. Il est difficile de la réduire à changer. On peut faire des lois qui ordonnent de servir

(1) Cette lettre comme les précédentes datent d'environ 1740.

l'état, de payer des impôts ; mais on n'en fait point sur la politesse, et tout ce qui n'a pas force de lois n'oblige en rien les Hollandais. Une espèce d'égalité, qu'il faut qu'il y ait dans les républiques, est en partie la cause de l'insolence du peuple. Un seigneur des états généraux, dont le carrosse rencontre en chemin le chariot d'un paysan, doit se ranger ainsi que le manant. Il faut que tous les deux aient la moitié de la peine. Ses valets se garderaient bien d'insulter le charretier, ou encore moins de le battre. Il est citoyen de la république, il ne reconnaît le magistrat que lorsqu'il est dans ses fonctions. Ailleurs, chacun est égal.

De cette liberté naît l'amour de la patrie. Chaque Hollandais regarde la république comme une bonne mère dont il doit conserver les priviléges. Ces sentimens sont si parfaitement gravés dans les cœurs, que rien ne peut les en effacer. La différence de religion, partout ailleurs si nuisible, ne cause pas le moindre trouble. Celle de l'état est la protestante ; mais, loin de tyranniser les autres, elle assure leur repos.

De ce ramas de religions s'élève une foule de grands hommes et d'illustres écrivains. La liberté qu'ils ont de donner l'essor à leur génie leur donne un avantage considérable sur les autres savans.

La Hollande semble être la patrie des philosophes. Libres du joug qu'on impose ailleurs à la raison, ils sont les maîtres d'en faire usage.

C'est à la sage police de ce pays que l'Europe est redevable des ouvrages des plus grands hommes. Sans cette liberté si bien établie, la moitié des œuvres de Bayle n'eussent jamais vu le jour. Une foule de moines eussent fait supprimer l'impression, ou, peut-être, l'auteur gêné n'eût jamais songé à composer ses livres.

Le commerce est l'occupation d'une bonne partie des Hollandais. Comme il n'y a guère d'autre noblesse chez eux que celle que donnent la vertu et le mérite, on y voit peu de ces illustres fainéans, dont le métier est de ne rien faire, et souvent de mourir de faim. Un commerçant ici ne croit point que son état soit vil; et comment le penserait-il, puisqu'il est tous les jours à même, en sortant de son magasin, de remuer l'Europe entière ! Il y a tel marchand à Rotterdam et à Amsterdam, dont la voix peut décider du sort de la guerre ou de la paix.

On ne se prévient point dans ce pays ni

pour ni contre aucune nation. L'esprit, la science, le mérite sont chers aux Hollandais partout où ils le trouvent ; je les ai entendu parler de nos dernières guerres ; ils ne dissimulaient point leurs avantages, mais ils ne cachaient pas leurs pertes. Plusieurs, avec qui j'ai été en relation, rendaient justice à la sagesse de notre ministère d'à présent ; ils louaient la conduite et le secret des affaires ; ils avouaient que ceux qui sont à la tête de l'état le conduisaient parfaitement, et j'ai trouvé chez eux cent fois plus de candeur que chez des Français, à qui j'ai entendu tenir là-dessus des discours pitoyables.

Le duc de Richelieu a été quelque temps en Hollande. On dit ici de lui ce qu'on en dit à Paris : aimable, poli, plein de génie, gagnant tous les cœurs et fait pour être aimé, voilà comme le représentent tous ceux qui m'en ont parlé ; tous m'ont tenu le même langage. On est heureux, quelque rang qu'on ait, lorsqu'on peut avoir une pareille réputation dans l'Europe entière.

Plusieurs personnes m'ont demandé s'il y avait chez nous d'autres seigneurs de son caractère ; je leur ai répondu que j'en connaissais qui méritaient les mêmes éloges. Vous voyez bien que cela tombe sur M. le duc de Vaujour, et sur M. le comte d'Ayen. Quoique je n'aie pas l'honneur de reconnaître le dernier, je ne craignais point de dire qu'il était fait pour plaire. La voix du peuple est la voix de Dieu; il est estimé trop généralement, pour que j'eusse peur de mentir en le louant.

J'ai été, pendant mon séjour à la Haye, à un fort beau concert que donne le célèbre Francisco Lopez de Liz, juif portugais, qui a des richesses immenses. Cette assemblée se tient chez lui, tous les mardis, dans une salle superbe par la dorure et les ornemens; tout honnête homme peut y aller, il est sûr d'être parfaitement bien reçu. Les rafraîchissemens et les confitures y sont répandus avec profusion. On dit que la dépense de ce concert va à plus de quatre-vingt mille livres de notre monnaie par an; je le croirais sans peine. Je n'ai vu chez aucun prince souverain rien d'aussi magnifique.

J'ai eu une conversation assez plaisante, avec ce riche particulier, sur les filles de l'Opéra; il doit les connaître mieux que personne; elles lui ont assez coûté : c'est en vérité un fort honnête homme et généralement aimé dans ce pays. Après avoir été deux heures avec lui, il a eu une impatience infinie de me connaître. Quelque fâché que j'aie été de ne pouvoir pas le satisfaire, je n'ai point voulu violer la ferme résolution que j'avais prise de ne point me nommer en Hollande.

Je vous enverrai au premier jour mes doutes métaphysiques; j'achève de les mettre en état de paraître; j'y joindrai une petite brochure latine, intitulée : *Superstitionis arcana revelata.*

FIN.

TABLE
DES MATIÈRES
CONTENUES
DANS CET OUVRAGE.

A

Actrices. Leur libertinage les a fait désigner sous le nom de *filles*, page 358.

Alger. Notice sur ce pays, 184. Autres détails sur Alger, 187.

Aline. Héroïne d'un roman que l'on croit être madame la duchesse de Boufflers, 316.

Allemagne. Considérations sur les savans, les lettres et l'esprit public en Allemagne, 395.

Amour - Peintre. Titre d'une brochure imprimée en 1751, où l'on tourne en ridicule les amours du Marquis d'Argens et de mademoiselle Cochois, 45.

Angélina. Comédienne de Naples; ses amours; ses aventures, 373.

Angleterre. Sa déclaration de guerre, et les motifs qu'elle donna des hostilités en 1756, 38.

Argens (Marquis d'). Son caractère; sa naissance; ses voyages, 1 et 8. Son voyage auprès de Frédéric II, 13. Sa conduite en arrivant à Berlin, 15. Il reçoit la clef de chambellan, et un traitement du roi, 15. Il se fixe à Berlin, 16. Comparaison du Marquis avec Algarotti, Voltaire, Maupertuis, *ibidem*. Bons mots du Marquis à Frédéric, 17 et 18. Scène plaisante du Marquis avec son domestique, 21; ses tracasseries avec Voltaire, 24. Il épouse mademoiselle Cochois. Embarras de faire connaître le mariage à Frédéric, 43. Manière singulière dont on s'y prend, *ibidem*. Son aventure de l'Extrême-Onction que lui administre Frédéric II, 49; autre aventure où l'on mystifie un pasteur de la Poméranie, 51. Son zèle et son attachement pour Frédéric II, 40. Plaisante aventure relative au portrait de ce roi, 41; il fait l'amour à mademoiselle Cochois, 47. Plaisante scène entre lui et Frédéric qui veut lui faire épouser une vieille dame, 55. Il boude Frédéric II, 57. Le roi veut lui faire juger une pièce de vers qu'il a faite, 58. Tour que lui joue le roi en lui faisant cadeau d'une maison, 61. Son aventure lorsqu'il alla à cheval attendre le roi à son retour à Berlin, 64; sa peur d'être empoisonné. Scène bizarre qu'il fait à ce sujet, 69; sa superstition, 72; son voyage à Aix, 74. Plaisant tour que Frédéric lui joue, 75. Plaisante réception que le roi lui fait à son retour de Provence, 77. Dialogue entre un Capucin et un Officier espagnol, par le Marquis d'Argens, 81. Son second voyage en France; négociations; difficultés avec Frédéric à cet égard, 87; sa maladie, sa mort. Monument que lui a élevé ce roi, 90 et 91. Ses Ouvrages; remarques sur leur objet et leur caractère, 93. Ses premières amours avec Sylvie, comédienne d'Aix, 118. Aventure fâcheuse qui lui arriva dans ses amours avec Sylvie, 144. Il part pour l'Espagne avec Sylvie, 155; ce qui lui arrive à Barcelone, 156. Ses tentatives pour se marier avec Sylvie, en Espagne, 161; il est arrêté et mis à la citadelle de Barcelone, 164. Intrigues, démarches, aventures qui en résultent, 168 et suiv. Notes sur ces deux frères, chevaliers de Malte, 177. Il part pour Constantinople avec M. d'Andresel, 181. Récit des événemens de son voyage, 182 et suivantes. Arrivée du Marquis à Tunis; ses aventures dans cet état d'Afrique, 198 et suivantes. Il arrive à Candie, 211. Ses aventures dans l'île de l'Argentière, 311 et suivantes; son arrivée à Constantinople, et ses aventures dans cette ville, 221. Il revient à Aix chez son père, 230. Aventure relative à un mariage qu'il projetait, *ibidem*. Ses amours avec une comédienne, nommée Catalane, 238 et suivantes. Il va à Paris avec son père, 242; il y fait connaissance de mademoiselle Besaudin, 246.

Argens (madame la Marquise d'). C'est la seule dame avec la célèbre danseuse Barbarini que Frédéric ait logées dans son palais, 60.

Argenterie (d'). Nom d'une fille, sœur de Chichotte, 307. Voyez *Chichotte*.

Argentière. Isle de l'Archipel. Aventure qui arrive au Marquis d'Argens, et son libertinage avec une fille de cette île, 211 et suivantes.

Arts (Beaux). Considérations sur leur état en France, 344.

Astrée. Note sur ce roman de d'Urfée, 237.

B.

Babet, sœur de mademoiselle Cochois; le rôle qu'elle joue dans les amours de sa sœur avec le Marquis, 46.

Barbarini (madame), célèbre danseuse, aimée de Frédéric, 60.

Baron. Notice sur ce comédien, sur ses amours, et ses liaisons avec Molière, 349.

Bernini (le cavalier). Notice sur ce sculpteur italien, 341.

Besaudin (mademoiselle). Ses amours avec le Marquis d'Argens, 245 et suivantes.

Biron (duc de). Note sur ce seigneur français, 191.

Bonac (M. de), ambassadeur à Constantinople. Notes sur sa naissance, ses emplois, son caractère, 192.

Bouchardon. Sculpteur français, 342.

Bouflers, (duc et chevalier de). Notes sur ces deux personnes, 315.

Bouflers (madame la duchesse de). Vers de cette dame, 316.

Bret (M. le), intendant de Languedoc, 298.

Bruxelles. Usages de cette ville à l'époque de 1740, 393.

Buchwalde (madame). Vieille dame que Frédéric II s'amusa à vouloir faire épouser au Marquis d'Argens, 56.

C.

Cadière. Histoire scandaleuse du procès du jésuite Girard, et de la demoiselle Cadière de Toulon, 282 et suivantes.

Cadière. La Cadière et le jésuite Girard, 101.

Campoursi. Actrice de l'Opéra ; ses amours et ses aventures, 358.

Carache (Antoine et Annibal), peintres italiens, 338.

Case. Note sur ce peintre en portraits, 243.

Catt (M). Favori de Frédéric II, ce qu'il était, 77.

Cervantes (Michel). Considérations sur cet écrivain espagnol, 390.

Chichotte. Aventures du Marquis d'Argens avec cette fille à Marseille, 279.

Chichotte. Sa naissance ; ses aventures, 305.

Clélie. Note sur ce roman, 236.

Clément Marot. Note sur ce poète français, 278.

Cochois (mademoiselle). Maîtresse, puis épouse du Marquis d'Argens ; son mariage avec lui, 43.

Comédien. Comparaison des comédiens et comédiennes d'Italie avec ceux et celles de France, 348 et suivantes.

Conspiration des Marmousets. Intrigue ourdie contre le cardinal de Fleury, 269.

D.

D'Argens. Voyez Argens (*Marquis d'*).

Dominicain (le) Peintre italien, 339.

E.

Éguilles (M. d'), président au parlement d'Aix, frère du Marquis d'Argens, 87.

Entrecasteaux. Note sur cet officier de marine, 120.

Espagne. Considérations sur la philosophie, les lettres et l'esprit public en Espagne, 389.

Évremond (saint). *Voyez* Saint-Évremond.

F.

Faquirs. Leurs austérités, 99.

Femmes. Pluralité des femmes chez les Turcs, 407.

François Xavier, dit l'apôtre des Indes. Notes sur ce personnage, 216.

Frédéric-Guillaume 1, roi de Prusse ; son caractère singulier et brutal, 9.

Frédéric 11, roi de Prusse ; sa fuite, sa prison, ses occupations à Custrin, 12 ; sa conduite dans le commencement de la guerre de sept ans envers la France, 29. Vers qu'il fit contre la France à cette époque, *ibidem*. Ses défaites, ses succès dans la guerre de sept ans, 30 et 33 ; il veut se tuer. Vers qu'il fait dans cette occasion, 34. Il écrit au Marquis d'Argens sur les revers et les succès de la guerre de sept ans, 37. Il n'est pas content du mariage du Marquis avec mademoiselle Cochois, 43. Son arrivée à Berlin après la campagne. Réception que l'on lui fait. Aventures du Marquis d'Argens dans cette occasion, 65 et 67. Il fait un mandement d'évêque contre le Marquis d'Argens, 75.

G.

Gassendi. Note sur ce philosophe, 235.

Gaumini (les sœurs) chanteuses de l'Opéra ; leurs amours ; leurs aventures, 372.

Girard. Le jésuite Girard et la Cadière, 101. Procès de ce jésuite et de la demoiselle la Cadière, 281 et suivantes. Jugement prononcé dans son procès avec la demoiselle Cadière, 292.

Guérin, femme de Molière. Anecdote sur cette comédienne, 349.

Guide (le), peintre italien, 339.

H.

HOLLANDE. Considérations sur la liberté et les mœurs hollandaises à l'époque où écrivait l'Auteur, 411.

I.

ITALIENS. Considérations sur le génie, le goût et la littérature des Italiens, 382 et suivantes.

J.

JANSÉNISTES ET MOLINISTES. Leurs intrigues pour et contre le Père Girard dans son procès scandaleux avec la Cadière, 295.

Jésuites. Leurs intrigues pour sauver le Père Girard, accusé de séduction et de scandale honteux avec la demoiselle Cadière, 297.

Jules Romain, peintre italien, 338.

Jurieu. Notice sur ce savant, et son livre de l'*Accomplissement des Prophéties*, 385.

L.

LIVOURNE. Note sur ce port célèbre de la Toscane, 355.

Locke. Note sur ce philosophe anglais, 233.

M.

Maintenon (la Marquise de). Son zèle à seconder les troubles et les persécutions religieuses, 303.

Marate. (Carlo) peintre italien, 339.

Mariette. Actrice de l'Opéra ; ses amours ; ses aventures, 369.

Marmousets. Voyez *Conspiration des Marmousets.*

Marquis d'Argens. Voyez ARGENS (*Marquis d'*).

Michel-Ange, peintre italien, 337.

Montemar. Aventure arrivée à la fille de ce seigneur espagnol, 159.

Motille. Fille avec qui le Marquis d'Argens se met en ménage, 259.

N.

Neveu. Fille d'opéra entretenue par un négociant de Lyon, 263.

Nicolaï. M. de Nicolaï rapporte plusieurs anecdotes sur Frédéric et le Marquis d'Argens, 65 et 69.

Ninesina. Fille avec laquelle le Marquis d'Argens fit connaissance à Rome, 273.

P.

Paradis des Turcs. Considération sur ce point de la doctrine musulmane, 408 et suivantes.

Peautrier, négociant de Lyon, entreteneur d'une fille d'opéra, 263.

Peinture. Comparaison de la peinture italienne et française, 335 et suivantes.

Perugin, peintre italien, 337.

Peste de Marseille. Ses ravages, 117.

Polignac. Notice sur cette illustre maison, 266.

Polignac (cardinal de), 267.

Poligamie. Considérations sur la poligamie des Turcs, 407.

Pollnitz. Le baron de Pollnitz, ses aventures et ses ouvrages; était de la société de Frédéric II, 20.

Pompadour. Vers de Frédéric II contre madame de Pompadour, 28. Anecdotes sur cette dame et Frédéric II, 31.

Popoli (le duc de). Un des amans de la Campoursi, 363.

Q.

QUINTUS. Officier au service de Prusse; son aventure avec le Marquis d'Argens, 58.

R.

RELIGION. Rapports que le Marquis d'Argens trouve entre celle des Chrétiens et celle des Indiens, 96 et suivans.

Rigaud, peintre français, 341.

Rousseau (Jean-Baptiste). Menée de Voltaire auprès du Marquis d'Argens relativement à ce poète lyrique, 35. Notice sur ce poète lyrique, 340.

S.

SAINT-ÉVREMOND, homme du monde et homme de lettres du siècle de Louis XIV; sa comparaison avec le Marquis d'Argens, 1.

Sculpture. Comparaison de la sculpture italienne et française, 341 et suivantes.

Sestos et Abydos. Faits historiques et vers sur ces deux endroits, 220.

Sylvie. Commencement des amours du Marquis avec cette comédienne, 118 et suivantes; récit qu'elle fait de son histoire au Marquis, 134; son mariage supposé; ses malheurs et ses amours en Espagne, 172 et suivantes.

T.

Thiébault (M.), auteur d'un bon ouvrage intitulé, *Mes Souvenirs à Berlin*, cité dans plusieurs endroits de la Vie du Marquis d'Argens.

Titien (le), peintre italien, 337.

Turcs. Considérations sur les mœurs et les usages des Turcs, 398 et suivantes. Considérations sur leurs religions, 405.

V.

Véronèse (Paul), peintre italien, 339.

Villedieu (madame de). Notice sur cette dame et ses écrits, 234.

Vintimille (le chevalier de), un des amans de la Campoursi, 360. Note sur ce chevalier de Malte, 242.

Voltaire. Ses tracasseries avec le Marquis d'Argens, 24.

Fin de la Table des Matières.

www.ingramcontent.com/pod-product-compliance
Lightning Source LLC
Chambersburg PA
CBHW050917230426
43666CB00010B/2218